sapientia
サピエンティア65

民主主義に未来はあるのか？

Can Democracy Survive?

山崎 望［編］

法政大学出版局

民主主義に未来はあるのか？／目次

序論　民主主義の危機をめぐる言説圏の系譜学

山崎　望

1　民主主義の危機？

現在の国際政治は、米中間で覇権をめぐる相克が顕在化している。バイデン大統領は、米連邦議会における初演説で、米中関係を念頭に「民主主義と専制の競争」と世界情勢を捉えた。国際政治においてアメリカの民主主義が挑戦を受けており、危機的な状況に置かれているという認識は世界の多くの人々に共有されている。

しかし問題は国際政治の文脈や、アメリカ一国だけに限定されるものではない。国民国家という政治共同体を前提として、自由主義と結合した民主主義、換言すれば「ナショナルな自由民主主義」は、二〇世紀後半にグローバルな規模で定着してきた。しかし近年、ナショナルな自由民主主義が危機にさらされている、と指摘する議論が注目を集めている。[1]「民主主義に未来はあるのか？」という問いは、民主主義が危機にさらされている現在、切実なものとして世界の人々に共有されている。

政治体制の正統性原理としての自由民主主義は、[2]自由主義と民主主義という二つの思想が結合したものである。両者の内実は多義的であり、歴史的な変遷を遂げてきたが、本論では、自由主義を絶対的な権威や権力に対抗して個人の自由や自律を重視する思想として、民主主義を多数者である平等な民衆による自己支配の過程として捉えよう。さらに自由主義は私的所有権を重視する経済的自由と、表現の自由や結社の自由にみられる政治的自由に分けられる。この自由民主主義が国民国家と結合したものがナショナルな自由民主主義である。

もっとも、歴史的に長い期間、対立していた自由主義と民主主義が結合した自由民主主義の成立は遅く、おおむね二〇世紀前半の西欧や北米など一部の地域で、また定着したと評価されるのは第二次世界大戦以後の自由主義陣営の一部の地域にとどまるものであった。

このナショナルな自由民主主義は、その短い歴史の中でも、たびたび危機を経験してきた。いわば危機は「常態」とすらいえるかもしれない。二〇世紀前半には自由主義の私的所有の原理を批判する共産主義や、個人主義や議会制を批判するファシズムを双璧に、権威主義やサンディカリズムなどによる挑戦がなされ、ナショナルな自由民主主義が崩壊した事例も多い。

第二次世界大戦を経てファシズム体制が崩壊し、冷戦の中で自由主義陣営においてナショナルな自由民主主義は定着していくが、その後もナショナルな自由民主主義の危機は何度も生じてきた。現代もまたそうした危機を迎えている一つの時期として捉えられよう。

序論では、三つの歴史的位相に焦点を当て、ナショナルな自由民主主義がどのような危機にさらされてきたのかを論じることによって、ナショナルな自由民主主義をめぐる言説圏の歴史的な変遷を浮き彫りにする。それを通じて現在における自由民主主義の危機の位相を明確化しよう。

2　戦後民主主義の定着

ナショナルな自由民主主義の定着期として注目すべきは、第二次世界大戦直後であろう。この時期に自由主義陣営に定着した「戦後民主主義[3]」は、それまで対抗関係にあった自由主義と民主主義が結合したものである。一方では市場へと国家が積極的に介入するケインズ主義的政策の採用や福祉レジームの形成により経済自由主義は抑制され、他方で直接民主主義的な側面を持つファシズムや共産主義への警戒から、民主主義も代表制によって抑制された。民主主義は競争する複数の政党を選出するための有権者による選挙にその意味を縮減され、民主主義からはファシズムや共産主義に繋がる可能性のある一般意思や人民主権という含意が取り除かれていったのである。そしてファシズムへの警戒と共産主義[4]への対抗という文脈を背景として、「抑制された（経済的）自由主義」と「抑制された民主主義」の結合が可能となった。大恐慌や階級対立を激化させる「抑制なき（経済的）自由主義」と、ファシズムや共産主義をもたらす革命的な「抑制なき民主主義」という選択肢は取り得なかったのである。「戦後民主主義」の実態は、多様な利益集団の利益の集積をもとにした支配や、階級間の均衡に基づく支配であった。さらにナショナルな自由民主主義は、国際的な自由貿易体制を維持すると共に、国内では政府が市場へ介入して自国産業を保護する余地を残す、「埋め込まれたリベラリズム」によって補完された。この自由民主主義は国民国家を前提として成立したのである。

3　「長い六〇年代」における言説圏

定着したナショナルな自由民主主義は、一九五〇年代後半から一九七〇年代初頭の、「長い六〇年代」と呼ばれる時期に危機に直面した。この時期には脱産業化の進展やメディア産業の発達がみられ、ベトナム反戦運動などの平和運動、反核運動、環境運動、学生運動、先住民や移民の権利運動、抑圧されてきた人種や少数民族の運動、第二波フェミニズムなど、多様な運動が各国で台頭し、反植民地運動や民族独立運動とも国境を越えて部分的に連携したのである。

この時期のナショナルな自由民主主義をめぐる言説圏を描いておこう。まず自由主義をめぐって、「抑制された（経済的）自由主義」への批判が噴出した。経済成長が鈍化し、人々が求める再配分が困難となる中で、毛沢東主義やユーロコミュニズム、第三世界革命論など、多様に分岐したマルクス主義の運動が、資本主義を擁護する自由（民主）主義を批判したが、これらのマルクス主義は既存のマルクス主義をも批判し、共産主義陣営の盟主たるソ連への批判や、冷戦構造を批判するものも多くみられた。さらに「左派」と分類される思想・運動はマルクス主義に回収されることなく、「抑制された（経済的）自由主義」がもたらす管理社会を批判する「ニューレフト」と総称される思想・運動を産み出し、既存の諸権威へ抵抗する、新たな政治的潮流を産み出した。とりわけ自由民主主義に大きな影響を与えた第二波フェミニズムに着目しよう。第二波フェミニズムは法的・制度的な改革によっても解消されない経済的・社会的・文化的な男女不平等に対して異議申し立てを行った。ラディカルフェミニズムは家庭のみならず社会を貫徹する家父長制の抑圧を告発し、マルクス主義フェミニズムは再生産領域における男女不平等や性別役割分業を批判した。「個人的なことは政治的である」という標語に象徴されるように、第二波フェミニズムは「抑制された（経済的）自由主義」の制度に内在する家父長制や性別役割分業を批判し、市場や家族といった既存の私的領域の日常にまで、政治の問題領域を拡張させたのである。こうした批判に対し、代表制民主主義による対応は困難で、自由民主主義の自由主義の側面が批判されたのである。

他方で「長い六〇年代」の後半になると、「抑制された（経済的）自由主義」や共産主義を批判し、私有財産の擁護を基礎に市場化の拡大や「小さな政府」を志向する新自由主義も台頭していった。「抑制された（経済的）自由主義」が成長の鈍化により再配分が困難となり危機に瀕する中で、新自由主義は、自由主義を「純化」し、私的所有権を強く擁護し、市場原理に基づく社会への移行を主張した。公（国家）／私（市場）の境界線の再編を要請する新自由主義は、失業や貧困を個人化し、民衆が集合的に解決する政治問題となることを回避し、第二波フェミニズムとは逆に、民主主義の問題領域を縮減させる主張を展開したのである。新自由主義による批判に対して、代表制民主主義による対応は難しく、ここでも自由民主主義の自由主義の側面へ批判が投げかけられた。自由民主主義は、第二波フェミニズムと新自由主義によって挟撃されたのである。

次に、民主主義をめぐっては「抑制された民主主義」、具体的には代表制民主主義への批判も噴出した。一方では、民主主義の「純化」ともいうべき直接民主主義を要求する諸運動が台頭した。代表制民主主義は、統治する者と統治される者が不断に乖離をはらみつつも共に歩みを進める両義的な民主主義であるが、「自らが代表されていない」という認識が強まればこうした両義性は分解する。「長い六〇年代」は政党、労働組合、地域、家族などの既存の組織が動揺する脱組織化の時代であった。脱組織化は、こうした組織を通じて人々が代表（再現前）されている、とする代表制民主主義の擬制を機能不全に追い込み、それに代わって直接人々が現前する直接民主主義への志向が高まった。直接民主主義は、民主主義を抑制する寡頭制として代表制を批判し、七〇年代以降には、市民が行政をはじめ、職場や地域、学校など社会の多様な領域に直接参加して民主主義を担う、参加民主主義論への水脈を形成していった。

こうした代表をめぐる批判は、「長い六〇年代」における多様な少数派、すなわち少数民族、先住民族、黒人をはじめ抑圧された様々な人種、女性、性的少数派などのアイデンティティに基礎を置く政治（identity politics）の台頭とも無縁ではなかった。これらの異議申し立てでは、従来の利益集積型ないし階級均衡を内実とする民主主義に解消されるものではない。財の「再配分の政治」ではなく、アイデンティティの適切な「承認をめぐる政治」を求めたのであり、経済的利害に基づく代表制では対応できない争点領域を切り開いたのである。経済的利害を中心にした「多数派による民主主義」から、アイデンティティなどの文化的争点を中心にした「少数派による民主主義」への民主主義の重心の移行は、直接民主主義と共鳴しながら、自由民主主義の対応能力を低下させ、危機をもたらした。さらに少数派による異議申し立ての中には、国境を越えて、脱植民地主義や民族解放運動と連動したものもあり、「ナショナルな」自由民主主義を越えて、民主主義の問題領域を拡散させたのである。

4 「ポスト冷戦」期における言説圏

第二の危機の時期は、冷戦が終焉してグローバル化が進展する、主に一九九〇年代である。冷戦の終焉は、冷戦構造の解体のみならず、国内政治における旧社会主義体制の瓦解と連動していた。旧ソ連と東欧では、市場化と、複数政党制の導入など民主化が一定程度進展した（ただしソ連解体の過程や急速な市場化において権威主義的統治の手法も併用された）。さらにソ連やユーゴスラヴィアなどでは政治共同体の解体と再編が生じた。

旧社会主義諸国では、市場化に伴い、新自由主義の影響下にある空間は世界の大半を覆い日常生活に浸透していった。また複数政党の競争が行われる代表制民主主義が導入された。新自由主義と共に、ナショナルな自由民主主義が「グローバル化」し、「権威主義体制から自由民主主義体制へ」という移行論が脚光を浴びた。また東欧革命で体制内穏健派と共に体制移行の原動力となった、非国家的かつ政治的領域である市民社会が注目され、自由民主主義体制でも、国家でも市場でもない市民社会の政治的な潜勢力が着目された[5]。

他方で、自由民主主義体制の諸国はいかなる危機に直面したのであろうか。社会主義陣営という自由民主主義の外部の消滅は、外部を否定することで正統性を調達する、というメカニズムの部分的な解体をもたらした。内的な自己正統性の調達の要請に直面した自由民主主義体制の諸国は、一九八〇年代後半から情報や金融の領域で始まっていたグローバル化の挑戦への対応に迫られたのである。

グローバル化は世界規模での時間・空間の秩序を再構成する変動であり、瞬時に空間的距離を越えて強い強度で異なる人々を相互連結させ、「受け入れるべきもの」「運命的で不可逆なもの」として政治性を帯び、国民国家の変容を迫った。

国民国家の主権は、グローバル化する市場で台頭する企業や国際機関など多様なアクターの権力により制限され、各国民国家の主権による支配に代わって、空間的には、国境を越えて主権国家を含めた多様なアクターによる「政府なき統治（Governance without government）」への移行が現実のものとなっていった。時間的には、瞬時に国境を越えて人々を相互連結させ、強固な影響を与えるグローバル化に対して、主権国家による統治にみられる時間的冗長性が再審された。

国民をめぐっては、国境を越えた情報や移民の流入、新自由主義に伴う社会の分断は、国民共同体の同質性を形骸化させ、国民社会の多文化化が進展した。国民のみをアイデンティティの対象とする市民像に代わり、民族的な属性を相対化する「ポストナショナルな市民」像や多文化主義的な市民像が前景化し、国民国家を相対化する重層的・流動的な政体構想が提唱された。また同質的な国民社会から多文化社会への移行、さらには植民地主義批判や西洋中心主義批判の観点から、国民社会を越えた異種混淆的な社会や、多様で流動的なアイデンティティの過程へ着目するポストコロニアリズムも興隆した。

他方で、国民国家を横断する対立も生じ、冷戦構造に代わる新たな友／敵関係が表面化した。例えばユーゴスラヴィアでは国家の解体・分離独立の過程で内戦が勃発し、エスニックナショナリズムが台頭し、民族浄化が起きた。陣営間や国家間の対立ではなく、内戦が焦点となったのである。こうした内戦では、国家による暴力の独占は崩壊し、民兵や民間警備会社、テロ組織、軍事同盟、地域大国などの介入や関与があり、主権国家間戦争とは異なる「新しい戦争」が噴出した。

グローバル化は主権と統治の結合を、また国民と民衆の結合を弛緩させたのである。国民国家の揺らぎは、国民国家と結合していた自由民主主義の有効性と正統性の危機を引き起こした。自由主義をめぐっては、既に新自由主義によって「抑制された自由主義」が批判され変容していたが、グローバル化による世界市場の成立は自由主義を国民国家との結合から解除する機会となり、新自由主義はグローバル・スタンダードへ変遷していったのである。

他方、グローバル化とポスト冷戦期の欧米において、民主主義をリードしたのは、主にアメリカの民主党や、英労働党やドイツのSPDなど中道左派政党であった。EU構成国の大半で政権を掌握した中道左派政党は、「第三の道」と総称される政策を各国で打ち出した。これらの諸政党の政策の理論的支柱として着目されたのが、ブレア政権のブレーンの社会学者A・ギデンズである。[6] である。ギデンズによれば、グローバル化の進展する世界では、既存の左/右という指標は失効し、人間が自ら作り出したが制御不可能である「人為的不確実性 (manufactured uncertainty)」へ対応する政治が求められる。ギデンズは社会民主主義を刷新するラディカルな政治の必要性を訴え、人々が積極的に他者と信頼関係を再構築する (active trust) こと、伝統に縛られずに自らの生を自己決定できる life politics と、生の機会を人々に与える generative politics の相互補完、そして対話を通じて合意を形成する対話民主主義を、家庭や国境を越える領域で実践することを主張する。

ギデンズの民主主義論の特徴は、グローバル化により既存の諸制度や概念が失効しているという現状認識と、それに対して人々が多様な領域において、積極的に対話による合意形成に取り組むことが想定されている点である。

「第三の道」路線における対話の民主主義や、アカデミズムにおけるラディカルデモクラシー論の隆盛(7)は、国境を越える経済危機や環境問題など、グローバル化によって増加した課題に対して主権国家による対応の有効性が低下し、国民という民主主義の主体が分化していく中で提唱されたものであり、ナショナルな自由民主主義が、有効性と正統性の双方で危機に陥っていた徴候として捉えられよう。

5 ポスト「9・11／9・15」における言説圏

ナショナルな自由民主主義が危機に直面した第三の時期は、アメリカ同時多発テロ（二〇〇一年）およびリーマンショック（二〇〇八年）を象徴的な転換点として現在に至るまでである。テロ／対テロ戦争は、開戦や終戦の期間や、戦場を確定することが困難で、友／敵を分かつ境界線は国境を横断して生成する。一国だけではグローバル化時代のテロに対応することができないことが露呈したが、同時に安全保障の供給主体として、グローバルなガバナンスに代わり、友／敵を国境線に即して時間的・空間的に確定させる主権国家への期待が高まった。またリーマンショックは短期間に世界を覆う経済危機を惹起した。国際機関によるグローバルな経済危機への対応の必要性が認識されると同時に、「大きすぎて潰すわけにはいかない」と判断された大企業には政府が資本を注入する事例が相次ぎ、グローバル化と新自由主義の有効性や正統性は疑義にさらされ(8)、それに代わり、人々の社会保障（social security）を供給する主体として主権国家への期待が高まった。並行して、国民共同体のレベルでも変化が生じた。テロ

／対テロ戦争は、国民共同体を横断する友／敵の構図を明瞭にしたが、これに対して移民や難民、少数民族を排斥し、同質性を持つ多数派民族を中心にした国民共同体を求めるナショナリズムが台頭した。台頭するナショナリズムは、グローバル化の潮流に対抗して、普遍性に対して個別性を重視し、交換可能性に対して交換不可能性を求め、ガバナンスとポストナショナルな市民に代わって、再び主権国家による支配と国民の結合を求める潮流が有効性（への期待）と正統性を得るようになったのである。こうした国民国家の「再興」は、自由民主主義にも影響を与える変化である。

自由主義をめぐっては、グローバル化のみならず自由主義を「純化」させるような新自由主義に疑義が向けられることになった。抑制を解かれた自由主義は新自由主義となり国民統合を解体していったが、国民国家への再評価が高まり「主権による制御を取り戻す」というグローバル化に対抗する潮流の中で、新自由主義に対する疑義も高まっていった。自由主義への疑義は、新自由主義に留まるものではなかった。テロ／対テロ戦争は主権国家による安全保障の供給への欲望を高めたが、国境線を横断して友／敵を産み出し続けた。例えばイスラーム国は、イラク／シリアを中心とする領土支配のみならず、自由民主主義諸国の領域内でもテロを敢行した。自由民主主義の諸国は、自らの社会が法秩序と混沌の間にある「例外状態」にあるとして行政に権力を集中させ、表現の自由や結社の自由、個人情報をはじめとする多様な政治的自由を制限し、安全保障の供給による正統性の獲得に努めたのである。

経済的自由主義と政治的自由主義が後退する中で、民主主義はどうなったであろうか。それは世界各地の民主主義の「再興」に他ならない。アメリカを中心とする有志国連合によるイラク戦争に対しては、国境を越えて民衆による反戦デモが行われた。リーマンショックの余波が欧州金融危機を惹起すると、欧州の各政府は緊縮政策により安定化を試みたが、これに対してスペインやギリシアなどの南欧をはじめとした諸国の広場や公園を占拠（occupy）して異議申し立てが広がった。アメリカでは格差社会化を批判して「1％対99％」の標語を掲げた民衆が「ウォール街を占拠せよ（ＯＷＳ）」運動を展開した。こうしたデモや占拠は、ハート＆ネグリの言葉を借りればナショナルな自由民主主義とは異なった形の「真の民主主義を今（Real democracy Now）」求めた運動とされる。(9)

こうした民主主義の「再興」は、その後、世界各地にポピュリズムの波を引き起こした。(10)グローバル化に対抗して「主権を通じた制御の回復」や「国民の再定義」を求める潮流は、民主主義と結合することで、国際機関やエリートたち、もしくは「保護されたマイノリティたち」から、民衆の手に権力を取り戻すポピュリズムを惹起した。ブレグジットやアメリカでのトランプ大統領当選、欧州地域をはじめとするポピュリズム政党の躍進が起きたのである。民衆に正統性の根拠を置くポピュリズムは、多くの事例においてナショナリズムや排外主義と結合し、統合された同質的な民衆を希求し、「道徳的なわれわれ庶民＝友」と「不道徳な奴らエリート／少数派」という対立の構図をもたらす。ポピュリズムは「国民（nation）」の全体性を希求し、また民衆による支配を求める意味で民主主義としての側面を持つが、(11)同時にナショナルな自由民主主義を破壊しかねないものでもある。例えば、一度は自由民主主義が定着したとされるポーランドやハンガリーの与党は、ポピュリズム政党としての性格を持ち、自由民主主義の手続きを経て民衆の多数派の支持を得ているが、権力を集中して、野党やメディア、少数民族を弾圧するなど「イリベラル」な支配を行っている。ポスト冷戦期にみられた「権威主義体制から自由民主主義体制へ」という「移行論」に代わり、「移行論の終焉」や「民主化の逆行」論が提唱されている。

また、ナショナルな自由民主主義は冒頭の米中覇権競争に見られるように、外部からの挑戦にもさらされている。Covid-19パンデミックに迅速に対応し成功を収めた、といわれる中国の権威主義体制は、グローバルなリスクに対する有効性の観点から注目を集めている。さらに中国では、AI、ビッグデータやネットによる監視を組み合わせ、政府に敵対的な集団的な政治運動を取り締まるものの、一定の範囲内で民衆の「自由」を認めており、「幸福」を求める人々の行動をソフトに制御する功利主義に基づいた統治の社会実装が進められている、とも伝えられている。技術の発達を応用することで自由主義や民主主義の内容を書き換える権威主義体制と言ってもよいであろう。

すでに自由民主主義体制としての概観を有し、自由民主主義と権威主義の双方の特徴を併せ持つ「ハイブリッドレジーム[12]」による支配も世界に拡大している。こうした体制と、新自由主義を背景に「幸福」を求める人々の行動をソフトに制御する企業に部分的に統治を委ね、代表制に敵対的な「民意」を周縁化するナショナルな自由民主主義との境界線は、不明瞭なものになっている。

グローバルな規模のテロリズムや経済危機に対抗すべく主権国家／国民国家を求める潮流は、政治的／経済的自由主義の制約と直接民主主義の噴出と連動している。危機の第三期ともいうべき現代、主権国家／国民国家へ権力を集中し、民衆が力を取り戻し、既存の代表制を批判して、政治的／経済的自由に制約をかける統合を求める潮流が大きくなっている。それは第二期とは対照的である。ナショナルな自由民主主義は、一方では民主主義の領域の縮小と政治的（／経済的）自由の抑制を求める「ハイブリッドレジーム」から、他方では占拠やデモ、ポピュリズムなど様々な形式をとって、代表制を批判する直接民主主義から、挟撃されているのである。

6　変奏する自由民主主義とその限界

自由民主主義を正統性として政治体制が定着した地域に限定し、また第二次世界大戦以後から現在に至るまでの期間に限定し、ナショナルな自由民主主義をめぐる言説圏を「長い六〇年代」「ポスト冷戦期」「ポスト9・11／9・15期」の三つの時期に焦点を当てて概観してきた。ナショナルな自由民主主義は、各々の時期において異なった観点から挑戦を受け「危機」にさらされ、その都度その姿を変容させながら持続してきたことが指摘できる。ナショナルな自由民主主義の危機が常態と言えるならば、またその危機を乗り越えて変容することもまた常態と言って良いだろう。

自由主義の内部にも政治的自由主義をめぐる対立（政治的不自由⇕政治的自由主義）、経済的自由主義をめぐる対立（新自由主義⇕リベラリズム）が存在し、また民主主義をめぐる対立（エリート主義的な側面を持つ代表制⇕民衆に正統性の根源を求める直接民主主義）もある。さらに自由民主主義と民主主義のどの要素を結びつけるかをめぐる対立がある。これに加えて、自由民主主義と結合した国民国家でもまた、その在り方をめぐって対立がある。一方では国民の範囲・性質をめぐる対立（開放性・多様性の重視、正統性の根拠としての民衆の意志⇕閉鎖性・同質性の重視、正統性の根拠としての共有された言語や文化）があり、他方では国家の統治／支配の範囲・性質をめぐる対立（階統的・垂直的⇕水平的）が存在する。国民と国家のどの要素を結びつけるかをめぐる対立もある。そして自由民主主義と国民国家の要素の結びつき方をめぐる多様な構想が存在する。

三つの危機の時期における言説の配置は各々異なるものの、ナショナルな自由民主主義を構成する諸要素内／間の対立の先鋭化や重視される正統性の要素をめぐる相克として把握できるだろう。ナショナルな自由民主主義が多様性を内包しているが故に、危機に対してその組み合わせを変えることで有効性を示し、正統性を独占してきたのである。

しかし、今後もそうしたナショナルな自由民主主義が存続できる保証はない。ナショナルな自由民主主義が唯一の存続可能な政治制度であるのみならず、それに対する代替物を想像することが不可能という意識が蔓延した状態、いわば「自由民主主義リアリズム」[13]に陥り、自らの多様な伝統に立ち返り、それを刷新してオルタナティヴを打ち出す力が失われていく時、ナショナルな自由民主主義は形骸化する怖れがある。またナショナルな自由民主主義を構成する諸要素内／間の対立が先鋭化し制御不可能に陥る時、正統性は異なった位相に移行する可能性を秘めている。

今後、ナショナルな自由民主主義は、どのように変容していくのであろうか。危機に対応するために民主主義は、どのような姿を取るようになっていくのであろうか。本書では、ナショナルな自由民主主義の今後を見極めていくと共に、未だ来たらざる、未来の民主主義の姿の輪郭を探っていく。

7　本書の構成

第Ⅰ部では、まずナショナルな自由民主主義をめぐる「通説」がいかに形成されてきたのか、また戦後日本において知識人の中で、冷戦という環境下において民主主義一般がどのように捉えられてきたのかを探ることにより、戦後のナショナルな自由民主主義に迫りたい。

第1章の早川論文では、第二次世界大戦以後に形成されてきた「通説的な民主主義理論」が、後継する民主主義理論との関係の中でしだいに確立されていったこと、そして、その過程で戦後の民主主義理論がもっていた多様性が失われていった経緯が明らかにされる。エリート主義をめぐる論争、労働者による職場の民主主義をめぐる論争、熟議民主主義による挑戦を経て、民主主義論の中であり得た潜在的な領域が失われたが、その領域にこそ民主主義論の多様な可能性が残されていることが示される。ナショナルな自由民主主義の理論の形成の過程で、何が失われていったのか、民主主義をめぐる論争やモデルの構図の見直しが要請されているともいえよう。

第2章の森論文は、一九六〇年代前半の日本の「戦後政治学」の言説を通じた民主主義観を論じている。福田歓一は、冷戦構造下で民主主義が普遍的権威を帯びたシンボルになると共に、その内実が空疎化していったことを指摘し、冷戦構造下の世界を「二つの民主主義」、すなわち西側の自由民主主義と東側の民主主義と捉え、両者が「競争的共存」する見通しが論じられていたことが指摘される。また藤田省三と野村浩一が、西側の自由民主主義の閉塞を打破する道を東側の民主主義の現状ではなく原点に模索していたことを明らかにしている。民主主義のシンボルが自由民主主義に独占され、それ以外の可能性が排除されていく一九六〇年代前半において書かれた「戦後政治学」の諸論文の解釈は、東側の民主主義が喪失した世界で、再び自由民主主義の危機が指摘される現在、自由民主主義とその他者の関係を問うことの重要性が論じられる。

第II部では、自由民主主義の危機の「第二期」で論じたような、市場や国際機関といった民主主義の外部からの制約、さらには市場や国際機関による「自由民主主義の植民地化」ともいうべき、自由民主主義の機能する領域や争点の縮小の実像に迫り、また形骸化が指摘される自由民主主義の潜勢力を汲みだし、あり得べき他のモデルを描き出す構想について検討する。

第3章の小川論文は、欧州の経済危機に焦点を当て、なぜ民主主義であるにもかかわらず、政治の選択肢が失われていったかを分析する。この「政治の縮減」の背景には責任（responsibility）と感受（responsiveness）の分断があり、ポスト経済危機、ポストコロナ危機の時代の「政治の再生」は政治と市民を結びつけるリンケージの再生にかかっている。しかし今起こっているのは、今までのリンケージ（政党）の再生よりもポピュリズムから直接行動や反政治に広がる「政治の拡散」であると小川は論じる。

第4章の松尾論文は、同様の認識に立ちつつ、グローバルガバナンスの民主化を模索することを通じ代表制に関する構想の豊富化を行っている。松尾は非国家主体の権威と正統性をめぐる議論を整理し、「選挙によらない代表性」を重視する構想の意義、すなわち民主的正統性と選挙を結びつける必然性を退けることを主張する。そして、その上で、選挙によらない代表性の限界を乗り越えるために、熟議的な企業統治を求める経営倫理学の議論との節合を模索し、企業などの内部統治の追求を通じて非国家主体に正統性を調達する理路を模索する。結論では、ナショナルな自由民主主義において想定されてきた代表制とは異なる形の、国境と（伝統的な）公／私区分を横断する代表制民主主義の構想を示している。

第5章の内田論文は、代議制民主主義の根幹をなす選挙について検討し、不平等性／代表者に対する権威付け／答責性（accountability）という観点から、その「病理」を指摘する。その上で近年、代議制民主主義の形骸化に対して再評価が進む直接制民主主義を検討し、代表の契機なき民主主義があり得ないことを指摘し、直接制民主主義擁護の陥穽をも明らかかする。代議制民主主義と直接制民主主義の双方が抱える難点を指摘する内田は、そもそもなぜ民主主義であるべきかという根拠を問い直し、道徳的価値と認知的価値の二つの観点から民主主義を正当化する根拠を明らかにし、市民相互の間でなされる正当化の実践として民主主義を捉え直している。

アプローチの相違があるものの、ナショナルな自由民主主義の形骸化という共通の背景に対して、「政治の再生」を考察する小川論文と、新たな形の代表制の構想を打ち出す松尾論文、代表制でも直接制双方の難点を指摘して民主主義の根拠を論ずる内田論文を比較しながら読むことをお勧めしたい。

第III部では、自由民主主義の危機の「第三期」(そしてその水源としての「第一期」)を念頭に、国民国家の再評価が進む中でポピュリズムおよび、右派運動、BLM(ブラック・ライブズ・マター)運動などの社会運動といった形に象徴される、既存の代表制民主主義では対応が困難な政治的な対立にいかに対応し得るのか。民主主義の持つ可能性と限界について、検討する。

第6章の板橋論文は、具体的に、右派ポピュリズム政党とされ、ドイツの国政に定着したAfD(Alternative für Deutschland, ドイツのための選択肢)を論じている。以前より移民・難民の「統合」が問題化しており、エリート知識人による移民批判やイスラーム系移民排斥運動「ペギーダ(Pegida)」など、反イスラーム的言動が公然化していたドイツでは、「アラブの春」以降の難民危機を契機にAfDが右派ポピュリズム政党として台頭した。板橋は従来の極右政党の台頭を防いできた①人種差別禁止の公的空間、②CDU/CSUの保守性の強さ、③五パーセント条項、④市民による対抗運動を挙げているが、この点は「戦闘的民主主義」に論じた大竹論文との対比で読まれたい。板橋はAfDの台頭の要因を分析する中で、ドイツ政治の中道化、対立軸の不明確化、難民流入による変化への不安を挙げている。ドイツの代表制民主主義は、直接民主主義的な要素を廃した間接民主主義を徹底させた「制約された民主主義」であったが、AfDという右派ポピュリズム政党の挑戦は、EUや代表制民主主義の中で「普通の人々」とされる人々の声をいかに扱うか、という問題を投げかけている。そして板橋は右派ポピュリズム政党の起源は本書の「第一期」より古く、戦間期の「保守革命」論にある、という説を紹介し、また「新右翼の世界観」が（左翼やイスラーム）ではなく「リベラリズムや普遍主義」を最大の敵としている点を指摘している。その意味ではAfDの起源は古く、自由民主主義に敵対する世界観を有する政党として位置づけるべきと示唆している。

第7章の大竹論文は「民主主義社会において反民主主義者の権利はどこまで認められるか」という民主主義に内在する難問への応答であり、また右派ポピュリズム政党や急進的イスラーム主義勢力の台頭など、代表制民主主義に対する新たな挑戦を前にして、近年再び注目されている「戦闘的民主主義（militant democracy）」の再検討を行っている。戦闘的民主主義の歴史的展開を追いながら、今日の戦闘的民主主義が、反民主的勢力に対する民主主義体制の防衛にとどまらず、①憎悪や差別の扇動、②暴力の支持、③国民的一体性に対する挑戦への対応といったように、その対象の範囲を広げていることが指摘される。それは同時に戦闘的民主主義の拡大適用のリスクをもたらしてもいる。そこで大竹はステファン・ルメンスの「同心円的な封じ込めモデル」を手掛かりに、過激主義を民主システムの制度的中心から排除する一方で、市民社会の領域ではそれを包摂して馴致するという、民主主義の二重戦略を提起する。結論では、代表制システムに尽きない民主主義の潜在力への信頼こそが、民主主義の防衛の核心にあることを指摘する論考である。

第8章の山本論文は「ポピュリズム以後」の時代において、政治における敵対性をいかに受け止めるか、どのように制度化すべきか、について最新の研究動向を俯瞰しつつ応答する。山本は政治における敵対性を闘技（agon）の形式で受け止めることを模索してきたアゴニズムの議論を整理した上でその欠点を指摘する。それは、アゴニズム論における「制度的な赤字」、すなわち制度化の構想が十分にされていないという点である。それに対して山本は様々なアゴニズムの制度化構想について検討を行っている。しかし山本は、こうしたアゴニズムの制度化構想の陥穽も指摘し、現代民主主義論の一大潮流であり制度化の諸構想を提唱している熟議民主主義論との差異化へとさらに筆を進めている。いずれの論文も政治における対立の先鋭化というアクチュアルな問題に着目しながら、それに対して民主主義がいかに対応し得るのか、対応すべきなのか、を戦闘的民主主義（大竹）、アゴニズムの制度化（山本）の観点から論じている両論文の共通点と相違点に着目されたい。

第IV部では、危機の「第三期」における対立の先鋭化を念頭に論を展開した大竹と山本、板橋の議論を受けて、山崎論文と富永論文が、代表制民主主義による対応が困難な政治／社会運動に着目し、自由民主主義それ自体および代表に潜むアポリアを指摘する。

第9章の山崎論文は、現代のアメリカを念頭に、ナショナルな自由民主主義に挑戦しているラディカルな右派運動とBLM運動の双方に焦点をあて、両者の相違点のみならず、両運動が「自由主義と民主主義の乖離」と「国民国家の再審」という歴史的背景を共有している、と論じている。その上で、W・ベンヤミンの『暴力論批判』を手掛かりに、両運動のようなラディカリズムが周縁化されるメカニズムを指摘し、ナショナルな自由民主主義が内包する「暴力」を指摘する。山崎はナショナルな自由民主主義が「無垢」な存在ではないことを指摘しつつも、暴力の連鎖を断つ方法を、W・ハーマッハーとG・ビースターの議論を手掛かりに考察を進めている。規範的に、ナショナルな自由民主主義の擁護が要請される傾向が強い現代において、その難点を指摘しつつも、いかなるオルタナティヴな政治構想が可能かを模索する論考となっている。

第10章の富永論文では参加者が複雑化・多様化して生活自体を運動化する現代の社会運動において、誰が代表され、また誰が代表されないかを考察する。富永は先行研究を整理し、現代の社会運動の特徴を指摘した上で、「人々が自身を社会運動家であることに自己同一性を見出す」「アクティビスト・アイデンティティ」の視座から代表をめぐる問題に取り組んでいる。「資源」と「認知」を通じて、まず「抑圧し主導する男性参加者」により「抑圧され動員される女性」が運動から周縁化され、代表されなくなる過程が指摘される。富永は日本における社会運動の特殊性を考慮し、日本の社会運動の事例分析を通じ、性別分業とハラスメントを通じた女性の周縁化と代表からの排除を明らかにしている。さらに社会運動から排除され代表されない女性が、女性運動へと参加してアイデンティティを形成する過程でも、「あるべきフェミニスト」の理想像と自らとのギャップにより、周縁化や代表からの排除が起きていることを論じている。既存の代表制民主主義では対応が困難な社会運動の内部でも、女性の周縁化と代表からの排除の過程が幾重にも続いており、いかにして社会運動において女性は代表され得るのか、代表制から漏れでるような社会運動においてさえ民主主義が女性を包摂することの困難という、「第一期」から続く問いは「第三期」の現在においても継続しているのである。

既述したように、今後もナショナルな代表制もしくは自由民主主義が存続できる保証はない。本書の各論文は主に第二次世界大戦後から現在までの期間に焦点を当てているが、より長い歴史を論じるのであれば、自由民主主義の「脆弱性」は明らかである。それでも現在に至るまでの間に、自由民主主義を刷新する知的水脈が存在しなかったか、またナショナルな自由民主主義を形骸化するグローバルな市場や国際機関に対して異なる形で民主主義を再編する道はあるか、自由民主主義を危機に陥れるような政治的対立にいかに立ち向かい得るのか、代表や自由民主主義に潜む暴力性を直視した上で、なお民主主義の構想を語り得るのか。政治理論、政治思想史、比較政治、社会学と各執筆者のアプローチは多様であるが、「民主主義に未来はあるのか？」という問いに共通して挑んだ各論文を通じて、われわれの生の条件となっている現在の「民主主義」を自明視せずに、どのように民主主義の未来が紡ぎ出されるのか。各論文へと歩みを進めたい。

註

（1） 自由民主主義の危機を指摘する議論として、例えば Yasha Mounk, *The People vs. Democracy*, Harvard University Press, 2018; Larry Diamond, Marc F. Platter (eds.), *Democracy in Decline*, Johns Hopkins University Press, 2015; Steven Levitsky, Daniel Ziblatt, *How Democracies Die: The International Bestseller: What History Reveals About Our Future*, 2018（濱野大道訳『民主主義の死に方——二極化する政治が招く独裁への道』新潮社、二〇一八年）など。

（2） 本書では、自由民主主義と関連する諸概念を以下のように整理する。代表制民主主義は、自由民主主義の下位概念とする。複数の政党が競争する政党システムが存在し、選挙を通じて選出された代表者が議会を構成する形の民主主義を議会制民主主義ないし代議制民主主義（狭義の代表制民主主義）である。これに対して議会制以外の、コーポラティズムなど政党以外の組織を通じて民衆を代表する制度も含めたものを広義の代表制民主主義とする。さらに権力を規制する憲法の役割を重視する政治体制を立憲民主主義とする。立憲民主主義は、広義の代表制民主主義だけではなく、それを含む他の政治制度の配置に関わるものであり、政治体制の形を規定する狭義の自由民主主義である。政治体制のみならず、経済的自由主義と結合する資本主義と自由民主主義が結合された政治経済体制が、広義の自由民主主義である。そして自由主義が重視する公／私二元論、すなわち政治が営まれる公的領域と、経済と家族から構成される私的領域の分離した民主主義が、最広義の自由民主主義である。

（3）西欧地域における「戦後民主主義」の実像と、自由民主主義の理念の乖離を指摘したものとして、網谷龍介「「戦後民主主義」を私たちは知っているか？」網谷龍介・上原良子・中田瑞穂編『戦後民主主義の青写真――ヨーロッパにおける統合とデモクラシー』ナカニシヤ出版、二〇一九年。

（4）社会主義陣営では、前衛党が人民を指導するプロレタリアート独裁というソ連型の「民主主義」が定着した。両陣営とも民主主義が抑制されエリート統治型の政治システムを採用した点に注目されたい。

（5）国家と市場の双方からの自律性を持つ市民社会論は、日本において六〇年代から七〇年にマルクス主義内部から研究が進められていた。例えば平田清明『市民社会と社会主義』岩波書店、一九六九年。

（6）Anthony Giddens, *The Third Way*, Polity Press, 1999; *Beyond Left and Right*, Stanford University Press, 1994 参照。

（7）この時期には、アカデミズムを中心にラディカルデモクラシー論、とりわけ熟議民主主義論が脚光を浴び、市民社会を中心とした熟議を通じた合意形成が模索された。熟議民主主義論は代表制民主主義で想定されていた争点とアリーナのみに、民主主義を限定することを批判し、新たな争点とアリーナへ対応する民主主義の刷新を要請する。例えば John S. Dryzek, *Deliberative Democracy and Beyond*, Oxford University Press, 2000 参照。

（8）WTO国際会議へのシアトルでの抗議行動（一九九九年）など、一九九〇年代後半から反グローバル化運動は高揚していたが、ナショナリズムとの結合が弱かった点で、第三期における言説や運動とは対照的である。

（9）同時期に、アジア地域でも日本では脱原発デモ（二〇一一年〜二〇二〇年）と安保法制反対デモ（二〇一五年）が、香港では「雨傘運動」（二〇一四年）、台湾では「ひまわり運動」（二〇一四年）などが起きている。

（10）Jan-Werner Müller, *What Is Populism?*, University of Pennsylvania Press, 2016; Pippa Norris, *Cultural Backlash: Trump, Brexit, and Authoritarian Populism*, Cambridge University Press, 2019 を参照。後述するように、レイシズムや排外主義と結合する右

派ポピュリズムに対して、シリザ（ギリシア）やポデモス（スペイン）の台頭、B・サンダースのアメリカ大統領選挙における健闘、J・コービン英労働党党首の誕生のように、多様な人々を包摂し社会的公正と民主主義の再生を求める左派ポピュリズムも台頭した。

（11）ポピュリズムを直接民主主義として把握できるか、は論争的な問題である。「人民」を構築するシニフィアンの効果を重視するのであれば、そこに「代表」を見出すことは可能になろう。他方で仮に民衆によって選出されたとしても、カリスマ的なリーダーに民衆が決定や判断を「丸投げ」するのであれば、直接民主主義とみなすことは難しい。

（12）自由民主主義と権威主義の「間」をめぐって、Steven Levitsky, Lucan A. Way, *Competitive Authoritarianism*, Cambridge University Press, 2010 によれば、ハイブリッドレジーム（ないし競争的権威主義体制）とは、複数政党による普通選挙が定期的に行われるものの、操作などにより特定の政党や指導者による権力独占が継続している政治体制である。中国の事例については、梶谷懐・高口康太『幸福な監視国家・中国』ＮＨＫ出版新書、二〇一九年参照。

（13）資本主義に代替する社会像の想像が不可能という意識が蔓延した状態を批判する Mark Fisher, *Capitalist Realism?: Is There No Alternative?*, John Hunt Publishing, 2009（セバスチャン・ブロイ・河南瑠莉訳『資本主義リアリズム』堀之内出版、二〇一八年）を参照。

第I部

自由民主主義の実像

第1章　エリート主義的民主主義論の成立過程について

早川　誠

1　通説の形成

第二次世界大戦後は、ナショナルな自由民主主義の定着期だった。その定着に応じて、政治学においても、通説的な民主主義理論が形成されてくる。一般に、エリート主義、多元主義、シュンペーター主義、ミニマリスト、利益集積型、などの呼称を付して論じられる民主主義理論である(1)。一九五〇年代から一九六〇年代を通じて展開され、今日まで影響力を持つこれらの主張は、蓄積されつつあった経験的調査の結果を視野に入れつつ、民主主義の重点を人民による政治参加から選挙による指導者の交代へと移行させた。有権者の意識や行動などを調べる限り、合理的で政治に高い関心を持ち政治への関与を通じて人格の発展を実現するという、戦前までの民主主義理論が依拠していた有権者像は現実的ではなかった。また、全体主義の歴史的経験を踏まえれば、そうした有権者像は危険ですらあった。デモクラシーという体制が、今後も全体主義や革命の危険に晒されることなく安定的に存続するためには、当時定着しつつあった体制で実現している程度の参加が現実的かつ望ましい（なぜなら、現実的かつ望ましいからこそ、定着しているのだから)。そのため、有権者の役割を選挙での投票に限定し、指導者がしばしば交代することをもってデモクラシーだと定義することが通説化したのである。

しかし、この通説的民主主義理論も、当然ながら最初から自らを〝通説〟だと主張してきたわけではない。呼称の多様性からもわかるように、その中にも強調点や背景となる時代的文脈など様々な相違があり、全体が一枚岩であるとは言えない。また、通説的民主主義理論に対しては、一九六〇年代後半からの参加民主主義論や、一九九〇年代以降の熟議民主主義論、グローバル・デモクラシー論など、数々の批判が加えられてきた。戦後の民主主義理論の〝通説〟としての位置は、むしろこれら後継理論との関係の中で、次第に確立されていったと考えられる。その過程では、もともと多様だった戦後の民主主義理論のある特徴は捨象され、別の特徴が強調された。つまり、通説的な民主主義理論といっても、決して一般的で無色透明だったわけではなく、その成立過程に応じた独特の性格を持っているのである。本章は、この性格の一つがどのように生まれてきたのかを跡付けようとする試みである。

こうした問題に取り組む場合、単純にある思想家の思想を取り上げるだけでは、十分ではない。通説的民主主義理論の出発点としては、ほぼ一致してシュンペーターが挙げられる。かといってシュンペーターの民主主義論を分析すれば通説的民主主義理論の特徴が明らかになるわけではない。シュンペーターの『資本主義・社会主義・民主主義』が発表されたのが一九四二年であって戦後の通説の形成期よりもかなり早いという時系列的な問題点に加えて、探求すべき論点はシュンペーターの理論それ自体ではなく、シュンペーターの理論がどのように受け止められ、継承されたのか、という点だからである。また、特定の思想家にかかわらず民主主義という概念の時代による変化を単に追えばよいというわけでもない。通説的民主主義理論に関しては、古代アテネの直接民主主義から逸脱した近代的な代表制民主主義の理論だ、という評価が下されることがある。しかし実際に見られるのは、古代から近代への民主主義概念の変化というよりも、シュンペーターを含む通説的民主主義理論とそれらに対する同時代の批判理論との間での様々な論点における対抗や止揚であり、その細かな折衝こそが通説の性格を決定づけているからである。この章で取り組むのは、この細かな折衝の中から何が後々にまで継承され通説的民主主義理論を形成したのか、その過程を描くことである。

2　エリート主義的民主主義論をめぐる論争

この通説的な民主主義理論について、とりわけ激しい論争の的となったのが、エリート主義をめぐる論点である。特にシュンペーターの民主主義論は、エリート主義的な民主主義論の原型として、一九六〇年代後半以降批判を浴びることになった。[2] シュンペーターの『資本主義・社会主義・民主主義』では、「民主主義とは、政治的な決断を下すための制度上の取り決めであり、市民が自ら決定を下すことで公共の利益を実現する。個人を選出し、選ばれた個人が集まって市民の意志を実行に移す」という古典的民主主義論が批判され、代わりに「民主的な手法とは政治決定を下すための制度上の取り決めであり、市民の票を集めるという競争を通じて個人が決定権を勝ち取る」というもう一つの民主主義論が提唱される。シュンペーターによれば、何が公共の利益かを定めることは困難であり、個々の市民の意志を集約して得られる政治的決定を市民全体の意志とは呼べない場合もあり得る。また、市民は群集心理の影響を受けやすく、私生活から離れた政策課題についての関心や理解も不十分である。したがって、有権者の役割、有権者への負荷を低下させ、「有権者の決定権よりも、決定を下す代表者の選出を先に持って」くる、つまり有権者の役割を政府の樹立に限定するというのが、シュンペーターの民主主義構想であった。[3] この選挙中心の枠組みと、その基底にある市民および有権者への不信が、後にエリート主義との批判を招くことになる。[4]

シュンペーター的な選挙中心型の民主主義がエリート主義的民主主義論と定式化されるにあたって、重要な契機となったのが、J・W・ウォーカーとR・A・ダールの間での応酬である。ダールは政治的多元主義論を提唱した二〇世紀を代表する政治学者だが、ウォーカーもまた一九八七年から一九八九年までミシガン大学政治学部長を務め、ダールとの論争により政治学分野に大きな影響を与えたとされる。[5]

二人の応酬は、ウォーカーによる論文、「エリート主義的民主主義批判」から始まった。[6] ウォーカーは、「古典的」民主主義理論の記述的な正確さを批判する論者として、シュンペーター、ベレルソン、リプセット、ダールなどを挙げながら、民主主義についての経験的知見に基づいた修正主義の動向が現れてきたと論じる。そして、リプセットによって「エリート主義的民主主義論」("elitist theory of democracy")と名付けられたこの再定式化が、政治学における共通の知的基盤になりつつあると主張する。

他方で、この動向には二つの問題があるともウォーカーは指摘する。第一の問題は、修正主義者たちが現実的描写を志向する中で、民主主義論がそれまで保有していた規範的性質が変化してしまった、という点である。伝統的な民主主義論では、有権者は民主的な政策や手続きについて広範な合意を有しており、エリートがその合意に反した場合、普段は受動的な有権者も抗議運動を展開すると想定されてきた。ところが、エリート主義的民主主義論において、立憲主義の崩壊を防ぐ防塁は、有権者からの抗議ではなく民主的価値についてのエリート間の合意へと置き換えられている。もともと伝統的民主主義論で重視されていたのは政治参加による人格の発展（human development）であり、どのように政治システムを工夫すれば市民参加と人格の発展を推進できるかが問われていた。ところが、エリートの合意を重視する民主主義論では、一定範囲内での十分な民衆参加は承認されるものの、それと効果的な統治を可能にする権力機構とをどのように結びつけるか、が中心的な論点となってしまう。すなわち、エリート主義的民主主義の理論は、政治システムが実際にどのように作動しているかを説明しようとすることによって、民主主義を方向付けていた主要な価値を変化させてしまったというのである[7]。

第二の問題は、エリート主義的民主主義論から導かれる研究の方向性に関わる。エリート主義的民主主義論の基盤をなす経験的研究では、市民の政治的無関心が指摘され、一般的な人は政治に関与せずに私的生活にとどまると論じられている。実際、ウォーカーも、アメリカ社会に広がる無関心を否定はできないと述べる。しかし、無関心が政治システムの安定性にどのように寄与しているかを説明するだけでは実証研究の指針として有効ではない。むしろなぜ無関心が広がっているかの理由を解明しなければならない。というのも、ブラック・ムスリム運動や「防衛と正義の助役」の激しい活動に見られるように、無関心が政治システムへの満足を示しているとは信じがたいような社会状況が存在するからである[8]。政治システムがシステム内の紛争を制御していたとしても、それで満足や合意の存在が証明されるわけではない。広く支持を集める社会運動が公衆の中から出現してくる可能性をエリート主義的民主主義論は見逃している、とウォーカーは主張する[9]。

このウォーカーからの批判に対し、エリート主義的民主主義論者の一人として名指しされたダールは反論を試みる。[10] ダールによれば、政治家によるリーダーシップの危険性は目新しい論点ではなく、むしろ政治学古来の研究課題であった。ただその中に、人民による統治はそもそも不可能とする非民主的潮流（パレート、ミヘルス、モスカらが含まれる）と、リーダーに知恵・徳・抑制を求める民主的潮流（アリストテレス、ルソー、J・S・ミルらが含まれる）があるだけである。したがって問題はリーダーと人民のどちらを取るかではなく、人民による統治においてもリーダーの存在が不可避であることを認めたうえで、選出方法やリーダーシップの実態を明らかにすることである。この観点から、ダールは四点にわたってウォーカーを批判する。

第一に、一枚岩のエリート主義者集団というものが存在するわけではない。大規模で工業化・都市化した国民国家での民衆統治にはリーダーシップが不可欠だとする点については、反対する現代の政治学者がいるとは考えられない。他方で、リーダーだけが重要で有権者の無関心が望ましいという見解を取る者もほぼいない。したがって、ダールから見ると、エリート主義対古典理論という対立構図自体が実質を伴わないものとなっていた。

第二に、ウォーカーはエリート主義的民主主義論を規範的研究であるかのように解釈するが、挙げられている研究の多くは政治システムの動作を記述し、説明しようとするものである。記述と説明の後に規範的問題が残されるのは確かだが、両者を混同すべきではない。またこうした歪曲から、第三に、引用部分とその解釈の妥当性が疑わしくなっていることも問題である。

第四に、エリート主義者の中にも参加や規範的研究に関心を持つ者があるとされ、ダールは自身をこのカテゴリーに分類している。すなわち、アメリカにおける政治参加の水準が現状で十分であるとは考えておらず、たとえばポリアーキーの基準策定は規範的基準を定めようとする試みでもある。理論の公正な評価のためには、こうした試みを見過ごすべきではない。

これらの反批判にもかかわらず、ダールはウォーカーの議論に全面的に反対しているわけではない。政治的無関心と社会運動については、近年研究が進んできているものの、やはりウォーカーの述べるように不十分だということにはダールも同意する。アメリカでは投票率こそ低いとはいえそれ以外の参加は活発であるのだが、その重要性の程度は国際比較研究も進めながら判断されなければならず、今後に残された課題だ、と留保される。また、社会運動はしばしば短命で、持続的なエビデンスが得られない。他方で、運動の持続により制度化されれば、圧力団体・利益集団・政党研究の枠組みの中に入るので、政治学者の分析対象になる。したがって、「公民権運動、近年の平和運動や反ベトナム戦争運動、ニュー・レフトや学生の不満などが、政治科学者の職業的関心を十分に集めるかどうか、断定するにはまだ早すぎる。あえて推測するなら、それらにどれだけの注意が払われるかは、どれほど持続するかに大きく依存するだろう」と論じられる。[11]

このダールの反論に、ウォーカーも応答する。[12] それによれば、「エリート主義的民主主義論」というラベルを用いたことは、第一に、指摘したかった問題が「理論」というよりもアメリカ政治過程に向き合う際に広く流布している態度であること、第二に、「エリート主義的」という言葉の反民主主義的な含意によって、政治システムに関する一群の観念が持つ規範的含意という本来意図していた論点が曖昧にされてしまったことから、不適切であった。論点としたかったのは、ダールを含む政治科学者の記述的・説明的主張が有する規範的帰結（normative consequences）である。すなわち、筆者が純粋に記述的な分析として提示しているものが、読者にとっては規範的な結論を生み出す可能性があるということである。この論争に即して言えば、それは活動的な政治共同体の境界線を拡張する緊急の必要性が軽視されてきているということであり、組織化された政治システムの周辺部に出現する社会運動のような事象から政治科学者の注意がそらされる傾向があるということだった。ワイマール共和国やケレンスキー体制の崩壊、スペイン内戦、ヒトラーやムッソリーニの支配を経験したダールの世代が政治的安定性を重視するのは充分に理解できる。だが他方で、政治システムの保護と維持への関心が過剰であり、そのためにアメリカ社会にもアメリカ政治科学にも有害な影響が生じている。現在は、むしろ統治過程にますます多くの人を包摂していくという困難な課題に取り組むべき時である。以上がウォーカーからダールへの応答であった。

3　「エリート主義的民主主義論」の出所

ダールとウォーカーの応酬の論点は、四つにまとめることができるだろう。第一は民主主義理論の性質をめぐる争いである。ウォーカーにとっての民主主義理論が、目標とすべき理想を提示する規範的理論であるのに対して、ダールにとってのそれは、エリートの存在が否定できないことを経験的に認めた記述的理論であり、その上で規範的理論は後の課題として分離されている。第二に、経験的理論の社会的意義の問題がある。つまり、ダールが経験的理論それ自体はエリート主義的ではない（エリートの存在を認めてはいるが、現代社会で指導者層の存在を認めない政治学はそもそもありえないのだから、識別のための指標にはならない）とするのに対し、ウォーカーは読者から見た場合にそれがエリート主義的な規範的帰結を持ちうると考えている。第三は社会運動をめぐる論点である。ダールも社会運動の重要性は認めているが、まだエビデンスが少なく経験的理論の対象にはならないので、今後利益集団研究の枠組みを用いることができるようになるかを注視するにとどめる。他方でウォーカーは、有権者の政治的無関心を記述的に説明するという態度自体が、政治システムの周辺部で発生している社会運動を軽視することと同一の意味を持つのではないかという疑念を有している。最後に、世代の差に由来する問題意識の違いがあり、二〇世紀前半に全体主義を経験したダールと、一九六〇年代の社会運動の勃興を経験しつつあるウォーカーとの体験の差も無視することはできない。このように見ると、ウォーカーとダールの対立は、規範的・非エリート主義的・社会運動に好意的な民主主義論と、経験的・反全体主義的・既存政治システムの安定に好意的な民主主義論の対立構図として説明できるだろう。

だが、この対立構図は、エリート主義をめぐる論争から派生可能な唯一の構図だったわけではない。実際には、エリート主義と民主主義をめぐって異なる種類の主張が生まれる可能性もあった。

もともと、ウォーカーが持ち出した「エリート主義的民主主義論」は、ロベルト・ミヘルスの政党研究の英訳にリプセットが付した序文の中で出てくるラベルである。ウォーカーは当然のことだが、ダールもこの「エリート主義的民主主義論」というラベルを、負のイメージを伴う呼び名として用いている。[13] では、リプセット自身はどのように論じているのだろうか。

リプセットによる序文は、冒頭の前書き部分と、末尾の後書き部分を含めて、八つのパートに分かれている。(14) いわゆる「寡頭制の鉄則」の概説、ミヘルスの政党論の意義と影響範囲、「寡頭制の鉄則」に対する様々な応答などが検討された後、エリート主義的民主主義論への言及があるのは、七番目のパートである。

「「エリート主義的」民主主義論」(The "Elitist" Theory of Democracy) と題されたこの節は、エリートとフォロワーの分断という現実に直面してカリスマ的指導者によるエリート支配体制を期待したミヘルスの立場を背景に、同じ現実から民主主義概念の再定義を目指して民主主義の「エリート主義的」理論を唱えたとされるウェーバーとシュンペーターへの言及から始まる。リプセットによれば、この両者は、民主主義に特徴的な要素として、受動的な有権者からの投票の獲得をめぐる実効的競争下での政治エリートの形成を強調している。つまり、エリート間の競争を通じて、政治機構の外部に存在する者に、政治権力への「アクセス」を確保する。そうすれば、たとえ参加が限定的であっても権力を分有することは可能になる、というのである。

この説明は、参加を最小限に止めることを強調する、いわゆるシュンペーター型デモクラシーの標準的な定式化に見える。そのため、参加を民主主義の中核に置く視点からは、エリート主義的民主主義論は民主主義からの逸脱であると批判され、場合によっては民主主義論の範疇に含めることに疑義が表明されることにもなる。しかし、リプセット本人のニュアンスはやや異なっている。

エリート主義的民主主義論は、大衆組織の内部構造に対するミヘルスの分析の大部分を承認する。とはいえ、この理論は、以下のように指摘する。すなわち、ミヘルスや彼が影響を受けたいわゆる政治のマキアヴェッリ学派と呼ばれる人たち、パレート、モスカ、ソレルは、指導者とフォロワーの間のいかなる分離も、まさにそれ自体で、民主主義の否定であると解することにより、規模の大きな政治体内での民主主義は定義上不可能だと立証した、と。（中略）ミヘルスは、複雑な社会内で統治者と被統治者間の構造的分断に終止符を打つことが技術的に不可能であると論証した。政治的・組織的なエリートたちは、自分たちが代表している人々の利益とはいくらか矛盾する特殊な集団利益を常に保有している。しかし、たとえ私たちがこれらの論点を全て承認したとしても、民主主義が不可能だということを意味するわけではない。それどころか、これらの論点から示されているのは、複雑な社会においてはもっと現実主義的な民主主義の可能性の理解が必要だ、ということである。[15]

つまり、「寡頭制の鉄則」に象徴されるエリート理論の提唱者たちが民主主義を不可能だと論じたのに対して、エリート主義的民主主義の論者たちは、エリート支配という現実の中でそれでも何らかの形での民主主義の実現が可能であると論じ、またそれを望んだ。そして、現実の制約の中で何とか見出したのが、エリート間の競争によって有権者に政治権力へのアクセスとその分有を確保する民主主義論だった、というのがリプセットの見立てである。したがって、ミヘルスが著書末尾に記した「民主主義が有する寡頭制的危険についての冷静で率直な検証だけが、この危険を、たとえ完全に防ぐことは不可能だとしても、最小限度に抑えることを可能にするだろう」という主張に呼応して、リプセットもまた「民主主義と社会主義の理想に到達することは決してできないかもしれないが、それらを求め困難な取

り組みを続けることこそ、それらに近づくことができるかもしれない唯一の道なのである」との見解を表明する。(16)

リプセットが、「「エリート主義的」民主主義論」と、わざわざ「エリート主義」を括った理由がどこにあったのかを字面だけから判断するのは難しい。しかし、前段で紹介したような論調から考えるならば、その意図は、「民主主義論を装っているにもかかわらず、実際の内容はエリート主義に加担するものだ」というところにあるのではなく、「エリート理論を組み込まざるを得ない状況下ではあるものの、しかし実際の内容としては民主主義を救出しようとしているのだ」というところにあった可能性が高いように思われる。つまり、リプセットが定式化したエリート主義的民主主義論とは、「マキァヴェッリ学派」による非民主主義的エリート理論への対抗理論だった、ということである。もちろんそれでも、エリート主義を前提として組み入れている点でやはりエリート主義的なのだ、という説明はできる。だが、それをエリート主義的民主主義論者たちの規範的主張そのものとして受け止めることは、妥当ではないだろう。エリート主義的民主主義がエリート主義的である所以は、先行研究となっているエリート主義理論の経験的記述を尊重し受容した、という一点にある。むしろ、エリート主義という経験的知見を前提としつつも、それに対して民主主義という規範的主張を堅持することに努めたというのが、少なくともリプセットが名付けた時点でのエリート主義的民主主義論の性格だったのではないか。したがって、しばしば経験的研究と言われるエリート主義的民主主義論には、この段階では実証研究に基礎づけられた強い規範的含意が込められていた可能性がある。(17)

ところが、リプセットによる命名を利用して展開されたウォーカーとダールの論争では、こうしたニュアンスは捨象されてしまっている。先に述べたように、ウォーカーは古典的民主主義論への批判者としてリプセットの名も挙げながら、エリート主義的民主主義論が、経験的調査に基づいてエリートの合意に依存し市民の政治的無関心を与件としてしまっている、と批判する。他方でダールは、エリート主義に蔑称の含意があることを指摘した上で、いわゆるエリート主義的民主主義論とされている論者たちが目指しているのは主として政治現象の経験的な記述と説明であり、これら論者を規範的な理論家と解釈すべきではない、と反論する。両者の応酬の中で失われているのは、エリート主義という避けがたい経験的な現実の中で規範的に民主主義を実現しようとする、というエリート主義的民主主義論の一つの構想（「エリート主義的」民主主義論）である。規範的・非エリート主義的・親社会運動的な民主主義構想と経験的・反全体主義的・利益集団競合型の民主主義構想の狭間で、経験的・規範的・制度社会横断的な民主主義論の構想の居場所は、狭められてしまっているのである。

4　労働者の民主主義をめぐって

リプセットは、序文の末尾で以下のように述べ、ミヘルスが用意した道の先へ進もうとしている。「『組合民主主義』の中で、私は同僚のマーティン・トロウとジェームズ・コールマンとともに、彼（ミヘルス――早川注）の楽観的な一面を精査してみようと試みた。それは、以下の疑問に取り組むに際して彼が提示した多くの仮説を検証することによってである。その疑問とは、労働組合のような私的統治機関内で民主主義を可能にする諸条件とは何か、である[18]」。

『組合民主主義（*Union Democracy*）』は、国際活版印刷労働組合（ITU: International Typographical Union）の内部統治を分析した研究である。[19] 一八五二年にオハイオ州で全国活版印刷労働組合（National Typographical Union）として創設された同組織は、一八六九年にカナダの印刷業諸組合が合流することで国際活版印刷労働組合となり、一九八六年に全米通信労働組合（CWA: the Communications Workers of America）に併合されるまで存続した。長い伝統を持つ組合だが、内部統治が民主的であることでも知られていた。[20] リプセットは、この民主的な組合を分析することによって、ミヘルスの寡頭制の鉄則に応答しようとする。すなわち、「私的組織に関してミヘルスが展開した「寡頭制の鉄則」から派生する一群の有力な組織理論に対し、それに挑戦する重要な逸脱例としてＩＴＵ内での民主的な内部諸過程を考察すること」が同書の課題となっている。[21]

リプセットらによれば、ミヘルスの寡頭制論に沿うように多くの労働組合の内部統治は一党制の形を取っている。これに対して、ＩＴＵの内部統治は二党制の構造を持つ。この二党制は、組合員が政治に参加するための主要な機会を提供し、また参加への刺激も与えるという点で重要な役割を果たしている。そしてこの二党制を支え維持しているのが、社交やスポーツなど多彩な分野にわたる組合内部のクラブ、すなわち自発的組織（voluntary organizations）あるいは第二次組織（secondary organizations）である。これら組織それ自体は娯楽や福利厚生を目的としたものであるため、党派政治が持ち込まれないように運営されている。しかし、交流の中で非公式になされる政治的な会話は、組合内の民主的な文化を支えることになる。一党制が根付いた組合の場合、第二次組織の活動があっても、それが経営側からの通達機関のようになってしまい、民主的文化は育たない。また一時的に二党制が存在した組合でも、自発的組織の支えがない場合、政党システムは持続しなかった。ところが二党制のシステムと経営から独立した非政治的クラブの両方が存在しているＩＴＵでは、民主的な組織運営が維持された。リプセットらは以上のように結論付ける。[22]

ＩＴＵはあくまでも逸脱事例、例外である。多くの労働組合、非国家組織は、ＩＴＵの民主的性格を成立かつ維持させた要因を有していない。その意味で、リプセットらはミヘルスと同様に悲観的ではある。ただそれでも、同書が民主主義の実現のために規範的な含意を持った実証分析をおこなっている点を見て取ることは容易い。[23] また、ＩＴＵなどの組合は私的組織（private organizations）であって、公的な政治組織ではない。とはいえ、リプセットは英米における政治的多元主義（political pluralism）や大陸系の大衆社会論を参照しつつ、大規模で複雑な社会で市民が中央の統治に影響を及ぼそうとするならば集団に所属することが不可欠だと論じ、この知見を私的組織であるＩＴＵにも適用する。私的組織であったとしてもそこで目指されているのは「ＩＴＵの政治システム（political system）の分析」であって、私的組織と公的組織を隔てる壁は高くはない。[24] したがって、ＩＴＵの分析は、現代における民主主義実現に向けてのテスト・ケースとして位置づけられていたのである。

そしてこのように民主主義実現への方向性を持つがゆえに、実は同書の分析は反エリート主義的な民主主義論に属する諸業績とも共通の要素を持っていた。たとえばバクラックは、エリート主義的民主主義について、それを「民主的エリート主義」（democratic elitism）というラベルでまとめ批判した。論点の一つは、エリート主義が意思決定の場面を公式の政府内に限定して記述している（すなわち、私企業や社会運動が視野に入ってこない）、という点にある。これに対してバクラックは、事実上の政治的な決定権力を有する企業など政府外組織の影響にも目を向けなければならない、と主張した。さもなければ、意思決定において政府に匹敵する影響力を持つ政府外組織に属する「政治エリート」(political elites) のアカウンタビリティが問われないままになってしまうからである。[25] むしろ、政治的影響力を拡大しながらも市民にとってはもっとも身近かつ具体的な経験を提供して関心を喚起する職場、工場、会社などでこそ、政治教育は大きな効果を発揮し、民主主義を維持する地盤が養われる。[26] リプセットが私的組織に注目し、その内部統治から民主主義の可能性にアプローチしたように、バクラックも同じく私的組織に注目した上で、その政治的性格を強調することで民主主義の可能性にアプローチしたのである。

同じく反エリート主義の論陣を張り、参加民主主義論を唱えたペイトマンも、職場での経験に注目している。ペイトマンは、大規模国家の中で地方という小さなまとまりでの参加と教育を重視したJ・S・ミルや、職能別の結社への参加によるギルド社会主義を提唱したG・D・H・コールを参照しながら、参加が民主主義において教育的効果を持ち、人格の発展を促すことによって民主主義を支えている、と主張する。その際に主要な政治教育の場となるのが、職場である。市民は多くの時間を職場で過ごし、集団での意思決定や行動について学ぶ。したがって、産業という領域は「それ自体が政治システム (political systems in their own right)」だということになる。[27] 労働は単に生活の糧を得るためのものではなく、他者と協力して実践されるもので、その意味で「公的」であり、職場外の広い社会やそのニーズと密接に関連する活動だ、とされるのである。[28]

バクラックやペイトマンの議論は、リプセットに比べて人格の発展や教育の論点を一層重視しており、その点では古典的な民主主義論と実証研究に基づいたいわゆるエリート主義的民主主義論との区別は存在している。しかし、両者が同じく政府外組織や職場に注目して議論を展開しているのは偶然ではない。よく知られているように、もともとダールを含む現代的な政治理論の政治の定義は、権力を主要な指標として採用し、国家を中心としたそれ以前の政治学からの脱却を目指していた。ダールが記述的研究の重要性を主張したのは、国家という曖昧な概念ではなく、たとえば立法活動の成否を数量的に分析して実際の権力行使者を特定するといった実証的な手法に意義を見出していたからである。ところが、権力行使というのであれば、公式の統治機構である国会や地方議会での法案通過の成否などに研究を限定すると、かえって権力中心の政治の定義と齟齬を来してしまう。権力は、公式機関以外のルート（たとえば大企業や組合など）でも政治的意思決定に影響を与えている可能性があるからである。そうであるならば、政府外の機関や活動に目が向くのは実証的な政治学ではむしろ自然なことなのだから、リプセットが組合の内部統治を民主主義の問題として取り上げるのも決して不思議ではない。そして、研究の対象を公式の政治機関に限らなくて良いのであれば、実はいわゆるエリート主義的民主主義論が社会運動を検討対象としても、本来は何ら不思議ではない。[29] ウォーカーやダールは、いわゆるエリート主義的民主主義論と社会運動研究との間に広狭の差はあれ亀裂を見出していたが、本来両者の間にそれほどの亀裂は存在していないということになる。

実際にペイトマンは、参加民主主義論における政治の定義が、ダールの政治システムの定義である「大なる程度において権力、支配もしくは権威を含んでいるもろもろの人間関係の、いかなる種類のものであれその持続的なパターン」と足並みをそろえているにもかかわらず、民主主義理論というフィールドでの検討ではそうした広い政治の定義が有する含意が忘却されてしまうと指摘する。[30] つまり、ペイトマンによるエリート主義的民主主義論批判は、エリート主義的民主主義論そのものの否定ではなく、エリート主義的民主主義論に内在しているはずの論理的可能性が十分に展開されていないことに向けられているのである。バクラックが、科学的政治学の発展を主導したイーストンによる「政治生活は、ある社会のために採用される権威的政策の性質及びその実施方法について重大な影響を及ぼすそれらあらゆる種類の活動に関わる」という政治の定義を引用しながら、ある意思決定が社会全体の諸価値に重大な影響を及ぼす限り意思決定者が私的な役職に就いているか公的な役職に就いているかは重要ではない、と述べるのも同じ理由である[31]。

このように、労働者による職場のデモクラシーをめぐる議論は、古典的民主主義論とエリート主義的民主主義論の懸隔を埋めるヒントを与えてくれる。経験的な研究を突き詰めることによって、エリート主義に対抗する規範的な含意が見出されることもあり得るのである[32]。一見すると対極にあり、相互に相容れない構想に思える両者の間には、互いの知見に基づく生産的な交流を可能にする豊かな土壌が存在しているはずであった。

5　その後の民主主義論への示唆——熟議民主主義論を題材に

一九九〇年代以降、民主主義論の分野における大きな研究潮流の一つとなったのが、熟議民主主義論である。熟議民主主義論については、それを利益集積型（aggregative）の民主主義との対比で理解することが当初からの一つの標準的解釈であった[33]。この場合利益集積型というのは、市民が持つ様々な要望

（選好）をそのまま積み上げる、といった意味である。これに対して熟議型は、選好をあらかじめ決まったものとは見なさず、何らかの形の話し合いによって相互に調整しながら意思決定に至ることを目指す。話し合いによって意思決定に皆が参加していくという点で、熟議民主主義は古典的民主主義論や参加民主主義の潮流を継承するものであり、他方選挙での勝敗に沿って社会内の諸集団の利益が積み上がっていくという点で、集積型はいわゆるエリート主義的民主主義論の系譜に連なるものである。実際、熟議民主主義論が台頭してくる中で、それはアテネ民主政に起源を持つ自由かつ平等な市民間の討論による意思決定の復活であるとされたり[34]、一つの規範理論として政治参加や市民による自治の理想を再現するものとされたりした[35]。対比されるのは当然ながら、シュンペーターに始まるエリート主義的民主主義論や、有力利益集団間の競合に焦点を当てるダールの多元主義論などである[36]。すなわち、エリートたる政治家に依存した政治ではなく、市民の直接的な政治参加が熟議民主主義論の特色をなすとされたのである。

ところで、この「熟議民主主義」という言葉は、ベセットによる一九八〇年の論文が起源だとされている[37]。ただし興味深いことに、当該論文は必ずしも市民の自治や参加を主張しているというわけではない。以下で内容を見ていこう。

ベセットによれば、米国憲法の起草者たちは、共和主義的な多数派支配の実現と、制度による多数派の抑制という相反する要素を憲法に組み入れた。そのため後に憲法解釈は割れることになるのだが、主流となっているのは憲法の民主的性格を疑問視する解釈であり、それによれば憲法は「貴族政的」または「エリート主義的」だとされる。しかし、二つの要素が憲法制定過程で組み込まれたという事実は、起草者たちが両者を両立可能と考えていたことを示している。そしてその両立を可能にしていたのが「熟議民主主義」の創設という構想であった。

起草者たちは、熟議民主主義をマディソンの思想に沿って理解していた。つまり、代表制度を採用することで、派閥の危険が除去されるとともに世論が洗練され、結果として熟議民主主義が実現されると考えていたのである。知識と経験に基づく集合的推論を促進する環境に置かれることで、代表者たちは個人的見解を離れ、洗練された広い視野を持つようになる。一見してエリート主義的とも思えるこの仕組みは、しかし必然的に非民主的な含意を有するわけではない。有権者もまた、この代表者たちと同じ環境に置かれるならば、議論によって同様の結論に達すると期待できるからである。

とはいえ、こうした起草者たちの期待がどれほど適切かは、その期待の理論的妥当性と歴史の現実によって判断されなければならない、とベセットは主張する。理論的妥当性について見てみると、比較的有権者に応答的な下院や上院に加え、選挙人団という民衆的基盤を持つ大統領という制度設計は、上院の六年任期や大統領の拒否権という抑制制度と組み合わされることで、十分に熟議を促す効果を持つとされる。実際、ジャクソニアン・デモクラシーやニュー・ディールなどは、熟議による政治変化の歴史的実例とされる。もちろん、障害がないわけではない。企業利益による支配の危険や、過激な活動家の台頭によるエリート支配、直接民主制による熟議の妨害などが、あり得べき危険として挙げられている。

ここでの論点は、ベセットの議論の妥当性ではない。重要なのは、熟議民主主義が論じられるようになるに際して少なくとも一つのきっかけを作ったであろうベセットの議論では、選挙による代表制度に基づいて熟議が実現されようとしている、という点である。ここでも確かに選挙による競争型デモクラシーの危険は認知されているが、それを抑制する方法は代表を迂回して市民が直接公的意思決定に関わることに求められているのではなく（直接民主制は憲法起草者から拒否されており、熟議を危うくすると理解されている）、有権者と代表者が応答性を維持しながらも一定の距離を保つ制度的工夫の中に求められている。こうした理路は、エリート主義的民主主義対参加民主主義という対立構図の中では探求されにくくなってしまうだろう。

リプセットと、バクラックやペイトマンとの間の距離は、対立構図が想定するほどには遠くなかった。同じように、利益集積型民主主義と熟議民主主義の間にも豊かな協働が可能な領域があるかもしれない。代表制と熟議が排他的関係にならずにすむような制度設計の工夫の余地は、いまだ尽くされてはいない[38]。現代民主主義論には、様々なモデルの違いを超えて探求すべき領域が現在も残されているのである。

註

（1）通説的デモクラシー論の特徴づけについては、たとえば以下を参照。Peter Bachrach, *The Theory of Democratic Elitism: A Critique*, Lanham, New York, and London: University Press of America, 1980 (Little, Brown and Co., 1967); C. B. Macpherson, *The Life and Times of Liberal Democracy*, Oxford: Oxford University Press, 1977（田口富久治訳『自由民主主義は生き残れるか』岩波書店、一九七八年）; Amy Gutmann, "Democracy", in Robert Goodin, Philip Pettit and Thomas Pogge, *A Companion to Contemporary Political Philosophy*, Malden, Oxford, and Carlton: Blackwell, 2nd ed., 2007 (1st ed., 1993), pp. 521–531; Adam Przeworski, "Minimalist conception of democracy: a defense", in Ian Shapiro & Casiano Hacker-Cordón (eds.), *Democracy's Value*, Cambridge, New York, and Oakleigh: Cambridge University Press, 1999, pp. 23–55; Ian Shapiro, *The State of Democratic Theory*,

Princeton and Oxford: Princeton University Press, 2003.

（2） たとえば、以下を参照。M. I. Finley, *Democracy Ancient and Modern*, London: The Hogarth Press, 1985 (First Published in 1973)（柴田平三郎訳『民主主義　古代と現代』講談社学術文庫、二〇〇七年）; C. B. Macpherson, *op. cit.*

（3） Joseph A. Schumpeter, *Capitalism, Socialism and Democracy*, London and New York: Routledge, 1994, p. 250 and p. 269（大野一訳『資本主義、社会主義、民主主義Ⅱ』日経ＢＰ社、二〇一六年、四三頁、八〇頁）.

（4） ただし、シュンペーターによる市民への不信が、指導者たるエリート層への信頼と同義かどうかについては、論争がある。実際、シュンペーター的な理論の批判者も、シュンペーターの理論がエリート論を受け入れる余地を生ぜしめた、という論じ方をする場合が多い。Bachrach, *op. cit.*, p. 19; Carole *Pateman, Participation and Democratic Theory*, 1970, Cambridge, London, New York, and Melbourne: Cambridge University, Press, p. 3（寄本勝美訳『参加と民主主義理論』早稲田大学出版部、一九七七年、六頁）. シュンペーターがエリートの能力を低く評価していた、という以下の指摘も参照。「したがって、彼の政治思想は、次のような意味においてのみ、「エリート主義的」だと考えられるべきである。すなわち、シュンペーターは、選挙において一般的に保証される程度の凡庸さ以上のものを示さないエリートへの失望と不満を冷笑的に表明し、むしろエリートたちに皮肉を込めて真の *aristoi* になるよう忠告しているのである」。Natasha Piano, " 'Schumpeterianism' Revisited: The Critique of Elites in *Capitalism, Socialism and Democracy*", *Critical Review: A Journal of Politics and Society*, Vol. 29, No. 4, p. 21.

（5） *PS: Political Science and Politics*, Volume 23, Issue 2, June 1990, pp. 214–215. ウォーカーとダールのやり取りは、後に以下に収録される。Peter Bachrach (ed.), *Political Elites in a Democracy*, London and New York, Transaction Publishers, 1971.

（6） Jack L. Walker, "A Critique of the Elitist Theory of Democracy", in *The American Political Science Review*, Vol. 60, Issue 2, June 1966, pp. 285–295.

（7） 「古典的理論は、現存のいかなる統治システムをも説明しようとするものではなかった。それは一つの見取り図だったのであり、理想の政体を導く一群の処方箋だったのである。人々はその理想の政体を創り上げるために力を尽くすべきであった。エリート主義理論家たちは、現実主義を追求する中で、民主主義理論におけるこの特徴的な処方の要素を変えてしまった。民主主義の主要な目標には、安定性と効率が代わりに据えられるようになった。こうした修正が許容されるならば、政治科学者は、政治行動についての信頼できる説明を発展させようとしながらも、現存する政治秩序の洗練された弁護人にもなってしまう、という危険が生じるだろう」。*Ibid.*, p. 289.

（8）「防衛と正義の助役」（Deacons for Defense and Justice）については、以下を参照。藤森かよ子「「アメリカのフェミニズム」の暴力志向を考える――憲法修正第二条と民兵と脱国家世界の市民像」『英米評論』第二一号、二〇〇七年、五五－八二頁。黒﨑真『マーティン・ルーサー・キング――非暴力の闘士』岩波書店、二〇一八年では、「防衛のための執事」の訳語が用いられている。

（9）「エリート主義理論家にとっては、広範な無関心は政治の現場の単なる事実、想定されている事柄であって、民主制の安定の前提条件に過ぎない。しかし、古典的民主主義者にとって、政治的無関心は著しく興味を喚起される対象である。なぜなら、古典的理論が何よりも重視する道徳的目的は、政治共同体の境界線を拡大すること、市民が自分たちの政治課題へと参加することを通して人間を理解する基盤を形作ることだからである」。Walker, *op. cit.*, p. 291.

（10）Robert A. Dahl, ‘Further Reflections on “The Elitist Theory of Democracy”’, in *The American Political Science Review*, Vol. 60, Issue 2, June 1966, pp. 296–305.

（11）*Ibid.*, p. 305.

（12）Jack L. Walker, ‘A Reply to “Further Reflections on ‘the Elitist Theory of Democracy’”’, in *The American Political Science Review*, Volume 60, Issue 2, June 1966, pp. 391–392.

（13）「ウォーカー教授が「エリート主義的民主主義論」という表現をリプセットから借りてきたことはわかっている。それはそうなのだが、たとえリプセットがミヘルスの主著に序文を書くにあたってこの言い回しをウェーバー、シュンペーター、パーソンズ、ジェームズ・バーナムに対して用いる彼なりの理由があったとしても、ウォーカー教授のように、それを引き延ばして他の人々にも当てはめる十分な理由にはならない。私自身に関して言えば、「エリート主義」のラベルを貼られることには異議を唱える。その用語が仮に中立的であったとしても不正確な含意を伴うであろう――このことを証明したいと思っているのだが――という理由だけではなく、より重大な理由として、私たちの言語、私たちの社会では、軽蔑的で、論争を招きさえする侮蔑語であることを免れないと思われるからである」。Dahl, *op. cit.*, p. 297, note 7.

(14) Seymour Martin Lipset, "Introduction" to Robert Michels (translated by Eden and Cedar Paul), *Political Parties: A Sociological Study of the Oligarchical Tendencies of Modern Democracy*, New York and London: The Crowell-Collier Publishing Company, 1962, pp. 15–39.

(15) *Ibid.*, pp. 34–35. 強調はリプセットによる。

(16) *Ibid.*, pp, 38–39, 371. 金山準は、ミヘルスの著述の中に、社会科学的な分析を基盤としつつも、デモクラシーに対する悲観的認識とデモクラシーへの志向性が共存していたという。金山準「「寡頭制の鉄則」再考――R・ミヘルスにおける Demokratie と Demokratismus」『政治思想研究』第五号、政治思想学会、二〇〇五年、一四三―一六一頁。ピアノも、ミヘルスを含むいわゆる民主的エリート主義者の関心が金権政治（plutocracy）への批判にあり、その解決に対する悲観的表現が、後に論者たち自身がエリート主義であるとの誤読を招いたと主張する。特にミヘルスは、モスカやパレートに比べても率直にエリート支配の欠陥を指摘しており、それによってデモクラシーや人民主権の促進を狙ったという。Natasha Piano, "Revisiting Democratic Elitism: The Italian School of Elitism, American Political Science, and the Problem of Plutocracy", in *The Journal of Politics*, Volume 81, Number 2, pp. 524–538. 他方で、同時代の政治史の文脈に置いた場合、ミヘルスとムッソリーニやファシスト党との関係が問題になる。寡頭制の鉄則から来る諦念が、大衆の意志とつながるカリスマとしてのムッソリーニへの支持をもたらす経緯について、以下を参照。居安正『エリート理論の形成と展開』世界思想社、二〇〇二年、第Ⅸ章。

(17) 以下も、シュンペーターの議論の規範性を指摘する。Przeworski, *op. cit.*, p. 23.

(18) Lipset, *op. cit.*, pp. 38–39.

(19) Seymour Martin Lipset, Martin A. Trow, and James S. Coleman, *Union Democracy: The Internal Politics of the International Typographical Union*, New York: The Free Press, 1956. 共著者のトロウとコールマンはともに社会学者で、コールマンはソーシャル・キャピタル概念を比較的早期に使用した一人である。

(20) https://oac.cdlib.org/findaid/ark:/13030/ft7779p18z/entire_text/ [last accessed: October 12, 2021]

(21) Lipset, Trow, and Coleman, *op. cit.*, p. x.

（22） *Ibid.*, pp. 66, 69, 103–105.

（23） 「労働運動に共感を持つ研究者にとって、ＩＴＵは民主的社会における労働組合の一つのモデルとしての役割を果たす。研究者は、ＩＴＵの中に、国政で望ましいとしている民主的過程のイメージを見出す。この組織の中で、印刷工たちは自分たちの生活条件を一定程度コントロールするのである。ＩＴＵ内で民主主義を発生させ、また維持させた出来事や諸条件は独自のもので、諸々の労働組合や他の大規模な自発的社会組織一般には滅多に見られない。とはいえ、他所で民主的過程が発展することはあり得ないと予言するのは、言い過ぎではなかろうか」。*Ibid.*, p. 412. 同書の内容につき、ミヘルスとの関係からの分析として以下を参照。宮下輝雄「Ｒ・ミヘルスの寡頭制とリーダーシップ」『創価法学』第一三巻第三・四号、一九八四年、一三三―一五七頁。

（24） Lipset, Trow, and Coleman, *op. cit.*, p. 16 and p. 412.

（25） Bachrach, *op. cit.*, pp. 72–76.

（26） *Ibid.*, pp. 101–106.

（27） Pateman, *op. cit.*, pp. 30–44（邦訳五七―七八頁）.

（28） *Ibid.*, p. 55（邦訳一〇三頁）.

（29） したがって、バクラックの民主的エリート論批判は、本来的には重要なはずの論点が意思決定の場に出現しないことがあるという問題を指摘した、「権力の二つの顔」論文の延長線上にある。Peter Bachrach and Morton S. Baratz, "Two Faces of Power", in *The American Political Science Review*, Vol. 56, No. 4, 1962, pp. 947-952; Peter Bachrach, "Introduction", in Bachrach (ed.), *op. cit.*

（30） Pateman, *op. cit.*, p. 46, and p. 106（邦訳七九―八〇頁、一九八頁）.

（31） Bachrach, *op. cit.*, pp. 77–79.

（32） シュンペーターの枠組みの中で、かなり薄められた形ではあるが「人民による支配」が実現可能であるという、以下の論考も参照。Sean Ingham, "Popular Rule in Schumpeter's Democracy", in *Political Studies*, Vol. 64 (4), 2016, pp. 1071–1087. 他方、ランデモアとフェレラスは、一九七〇年代から一九八〇年代の（現代で言えば規範的な）民主主義論が会社と国家で権力や正義の問題に違いはないとしながらもその哲学的根拠を十分に探求しなかったと批判し、さらに熟議民主主義やグローバル・デモクラシー論など現代の規範的民主主義論では経済領域と区別された政治領域に議論が限定されてしまっていると指摘する。Hélène Landemore and Isabelle Ferreras, "In Defense of Workplace Democracy: Toward a Justification of the Firm-State Analogy", in *Political Theory*, Vol. 44, No. 1, pp. 53–81.

(33) 一例として、以下を参照。Ian Shapiro, "The State of Democratic Theory", in Ira Katznelson and Helen V. Milner, *Political Science: State of the Discipline*, New York and London: W. W. Norton & Company, 2002.

(34) Jon Elster, "Introduction", in Elster (ed.) *Deliberative Democracy*, Cambridge, New York, and Oakleigh: Cambridge University Press, 1998, p. 1.

(35) "Introduction", in James Bohman and William Rehg, *Deliberative Democracy: Essays on Reason and Politics*, Cambridge and London: The MIT Press, 1997, p. ix.

(36) *Ibid.*, pp. x–xiii.

(37) Joseph M. Bessette, "Deliberative Democracy: The Majority Principle in Republican Government", in R. A. Goldwin and W. A. Schambra (eds.), *How Democratic is the Constitution?*, Washington and London: American Enterprise Institute for Public Policy Research, 1980, pp. 102–116. ベセットのこの論考を熟議民主主義という言葉の出所とする見解は、以下による。"Introduction", in Bohman and Rehg, *op. cit.*, p. 7; Joshua Cohen, "Deliberation and Democratic Legitimacy", in Bohman and Rehg, *ibid.*, note 1.

(38) ベセットの論文を参照しつつ、古典的な共和主義の諸要素を代表制に移植する形での熟議民主主義を提唱したサンスティーンの試みも、その一つの例であった。Cass R. Sunstein, "Interest Groups in American Public Law", in *Stanford Law Review*, Vol. 38, 1985, pp. 29–87.

第2章　戦後日本の政治学と「二つの民主主義」
——一九六〇年代前半を中心に

森　政稔

1　冷戦の時代と民主主義

戦後改革によって生まれ現在まで続く日本の政治形態は、その運用においてさまざまな問題を指摘されてきたが、制度的には代議制（議院内閣制）にもとづく自由民主主義であるというのが一般的な理解である。日本国憲法が制定されてから七〇年以上が経過し、政治制度としてこのような自由民主主義が自明化する傾向があるが、日本はもとより欧米においてさえ、自由民主主義の歴史はそれほど長いものではない。

自由民主主義が唯一の民主主義の形態なのか、という問いについて答えるならば、明らかにそうではない。思想史的に見れば、たとえば古代ギリシアのデモクラティアの観念は今日の自由民主主義と相容れないことが多いし、逆にその観念からすれば自由民主主義はそもそもデモクラティアの要件を満たさず、おそらく寡頭制の一種とみなすしかない政治形態ということになろう。古典的には民主政とは概念上当然に直接的な政治参加を想定するのであり（それゆえ「直接民主制」の「直接」は冗語である）、「代議制民主主義（representative democracy）」は概念矛盾でしかなかった。民主主義において直接制と代議制とを対比すること自体が一九世紀以後の産物であると言える。

もちろん、だからといって本章ではデモクラティアの原義に戻れと主張するのではない。政治形態は社会構造の変化と深く結びついているので、後者と無関係に選択できるようなものではない。また自由民主主義以外の民主主義（民主政）の形態にはさまざまな問題があって、その多くが歴史のなかで淘汰されてきた面があることも否定できない。もちろんこのことが自由民主主義を民主主義の唯一の可能な形態とすることを意味するわけではないが。

自由民主主義をその内と外の両面から検討する本書の主題のなかで、本章は戦後日本の民主主義について論じる役割を与えられている。ところで戦後日本といってもすでに四分の三世紀以上が経過し、論じられるべきテーマはあまりに拡散されてしまっている。また戦後の早い時期については論じ尽くされている感もあるので、本章は一九六〇年代の前半に焦点を当て、また政治過程や政治史そのものを扱うのではなくて、いわゆる「戦後政治学」の眼を通した民主主義観を考察の主対象としたい。

一九六〇年代前半を考察の対象とする現代的意味を考えてみたい。日本にとってこの時代は現在の基礎を作った時代であるとともに、現在とは対照的な局面にあった。当時は高度経済成長の只中にあり、生活水準は向上し、先進諸国の仲間入りを果たす右肩上がりの時代であった。また政治にかんして言えば、今日民主主義の危機や戦後体制の崩壊に盛んに言及されるなかで、戦後デモクラシーの安定期とされるのがこの時代だった。しかし、一九六〇年代前半当時の民主主義観が楽観的だったかといえば、決してそうではなかった。

一九六〇年代の世界政治から国内の政治に至るまで、その大枠を決めていたのは米ソを中心とする冷戦だった。一九六〇年の日本の安保闘争も冷戦のもたらす対米従属への抵抗として意識され、それが民主主義のあり方への問いかけへとつながった。本稿で扱う時代は安保の改定が行われて政治闘争の時代が終わり、「所得倍増」政策などにより経済の時代へと移り変わる時期であり、現代とは全く異なる文脈ではあるが、知識人たちには政治の閉塞感が伴っていた。今日から見て戦後民主主義の安定とみられるこの時代は、日本だけでなく欧米でも民主主義が制度化して体制を正当化する原理となり、安定と引き換えに精神的な空洞化が進行していた時代と見ることも可能である。

この時代の日本、とくに知識人の世界では、マルクス主義を中心とする左翼理論の影響力は、今日とは比べものにならないほど強力だった。[1] ソ連や中国の共産主義がもつ知的道義的権威は、スターリン批判や中ソ対立という深刻な分裂を伴いながらもなお継続しており、民主主義を論じるうえでもマルクス主義の立場を抜きに語ることは困難だった。この時期に言われた「二つの民主主義」という観念は、自由民主主義とは異なるもうひとつの民主主義とされるものが、実定的な力として存在していた時代を表現している。そしてソ連の核兵器開発の成功によりアメリカの核独占が崩れたことで、核による人類滅亡の危機が現実に迫る核時代が到来した。キューバ危機はその恐怖を現実のものにしたと同時に、平和共存を求める真摯な努力を知識人に促す契機となった。

このような米ソの対立と共存の絡み合った関係には、さらに外部が存在した。一九五〇年代の半ばから活発化する、東西のいずれの陣営にも属さない非同盟諸国の動きである。一九五五年に開催されたアジア・アフリカ会議(バンドン会議)を皮切りに、五〇年代から六〇年代にかけて非同盟諸国間で多くの会議が開かれて多くの声明が発表された。ネルー(インド)、ナセル(エジプト)、スカルノ(インドネシア)、エンクルマ(ガーナ)等の非同盟諸国の指導者たちの発言力が注目された。なお社会主義圏に属しながらユーゴスラヴィアのチトーはソ連とは一線を画し、また中国もやはりソ連と対立するようになったため、これらの国は当時非同盟諸国のグループで論じられることが多かった(2)。

この時代は、核の恐怖という人類史の新しい条件のもとでの安全保障上の問題が、この冷戦時代の政治を根底で拘束していたとともに、そこからの脱出をめぐる政治も活発化した時代であったということができる。現在の政治の条件は当時とは大きく変わったが、なおここに参照に値する主題を見出すことは困難ではない。今日では冷戦期のような二極構造は崩れ、冷戦終結後のフランシス・フクヤマのテーゼ「歴史の終わり(3)」に代表されるように、自由民主主義は人類最後の政治形態であり、これに替わる政治のあり方はもう現れないと思われた時期もあった。しかし、今では多くの人々が民主主義の先行きに不安を感じ、安全保障問題としては核兵器の拡散のほか、地域紛争やテロの頻発が問題となっている。自由民主主義が抱くその「他者」への不安は、かつての共産主義に替わってイスラームなど宗教を背景としたものになったが、不安自体は変わることがない。一九六〇年代前半に、日本の知識人たちが、自由民主主義はその他者にどう関わるべきであり、またそれを通して自由民主主義の現状をどのように反省すべきかという問題を主題化していたことは、今も参照に値するだろう。

本章では、このような一九六〇年代前半の政治の状況の一側面を理解するために、戦後を代表する知識人や政治学者を個別に論じるのではなく、知識人たちの言論の拡がりや関係をひとつの面として把握してみたいと考える。その材料として、岩波書店が一九六三〜四年に刊行した『岩波講座　現代』[4]を主に取り上げてみたい。この頃は戦後史のなかで知識人が世論形成に大きな力を持った時代の終焉期にさしかかっていた（六〇年代後半の新左翼運動によって知識人たちへの信頼は失われる）。政治の領域について言えば、固有名詞として言われる「戦後政治学」で、丸山眞男や辻清明ら戦後すぐの時期から活躍してきたリーダーに加えて、新しい世代も台頭したことが特徴的であり、「安保」後の政治運動の停滞と保守化に抗するかのように活発な言論活動が行われた。

もちろんこの時代の知識人の動向の標本として岩波講座を取り上げることには限界もある。当時の知識人の世界が「岩波文化」などと言われ、このような講座が知識人の思考の特徴を示しているとしても、その論者たちがリベラルや左派に偏っている疑いがある。ただし、当時は後に右派的な論者となる猪木正道のような人物も河合栄次郎門下の社会民主主義者として寄稿しているし、また逆に共産党の理論家であった上田耕一郎なども参加しているなど、その範囲は現在通常に想定されるような岩波知識人の範囲とはやや異なっている。

2　『岩波講座　現代』とその時代

一九六三年からその翌年にかけて刊行された『岩波講座　現代』の時代の民主主義の論じ方を、とくにその第一二巻『競争的共存と民主主義』をもとに、その特徴を明らかにしていきたい。この巻は東京大学法学部での南原繁の講座（政治学史）継承者である福田歓一が実質的な編者となり、巻頭にその主旨を説く長大な論文「現代の民主主義——象徴・歴史・課題」を執筆している。論文寄稿者は、松下圭一、阿部斉、宮田光雄、藤田省三、野村浩一、石本泰雄、松沢弘陽（執筆順）で、対象はアメリカ、ドイツ、ソ連、中国、国際社会、日本に及び、社会主義圏の民主主義にも力点が置かれた構成となっている。執筆者の年齢は、実質的な編者である福田（一九二三年生れ）が四〇歳になったばかりであり、他の執筆者はいずれも三〇歳代と非常に若い。

福田はこの論文で、今ではどんな独裁者であっても誰もが民主主義を標榜し、民主主義が普遍的権威となるとともにその内容を著しく空疎化させていることを問題とする。かつ福田は該博な政治思想史的知見を踏まえながら、このように民主主義が普遍的真理のような扱いをされるようになったのはごく近年のことであり、民主主義は近代に入っても長く革命と結びついた危険思想であったこと、また民主主義の古典とされる著作者たち（たとえばロックやルソー）がかならずしも民主主義を支持したわけではないことを説く。民主主義の普遍化は二〇世紀になってアメリカの世界への影響力が強力になって以降のことに過ぎない[5]。

福田によれば今では逆に、民主主義が普遍化することによってその内容が自明化されていることに問題があるとされる。とくに冷戦の文脈において西側も東側も、民主主義の名で自らの体制を正当化し、相手を民主主義の敵として攻撃するようになっている。このように民主主義の語は実体を指すというよりもシンボルとして用いられているのであり、福田はシンボルとして流通するものとしての民主主義を認識の対象とすることで、民主主義を正当化する言説から批判的距離を取ろうと試みる。

そこで提起されるのは「二つの民主主義」の競争的共存という考え方である。「二つの民主主義」とは、西側の自由民主主義と東側の民主主義（東欧では「人民民主主義」と呼ばれた）を指している。かつては民主主義の概説書などでこうした概念化が見られたが、今日では東で採用されていた政治体制を一種の民主主義と理解する者はまれであろう。それは東欧革命とソ連崩壊で決定的になった。このような、今では失われた概念が当時採用された意義について本章では回顧してみたい。

平和的共存を推し進めるために「二つの民主主義」観念の共有が必要であるとする考え方は、この『岩波講座　現代』の第一二巻のみならず、講座全体を貫く主題のひとつである。「二つの民主主義」への言及は先立つ講座『岩波講座　現代思想』第六巻での辻清明の論文「現代民主主義の展望」にすでに見られる。辻はこの論文で民主主義観念が未完の観念であり、歴史的に大きく変容を遂げてきたことに注意を向け、冷戦よりも遥か昔に歴史を遡ることにより、古典的民主主義と現代民主主義とを対比する。そして後者が大衆化のなかで採る形態として西側の自由民主主義を位置づけ、その形骸化を批判している。一方東の民主主義には一党制のような面だけでなく古典的な民主政における直接参加の考え方が継承されている面があるとして、二つの民主主義の総合と「止揚」とが説かれている。[6]

これとは別に西側で注目されたタルモンの議論[7]のように、自由民主主義の系譜と区別して、ルソーからマルクスに至る系譜を「全体主義的民主主義」と呼び、自由民主主義の系譜と区別するような試みは、民主主義の多系統を承認しつつも「全体主義的民主主義」を自由と両立しない体制として批判するものもあった。これに対し、戦後政治学では、東の民主主義は西のそれと少なくとも等しい価値を有するものとして扱われている点に特徴がある。

また『講座　現代思想』の第一巻では歴史家の上原専禄が「平和的共存」の章を執筆し、米ソよりもむしろ非同盟諸国の平和共存の理念に着目している。とくにインドの指導者ネルーによる「平和五原則」（これは一九五四年に中国の周恩来との共同声明で発表された）に現れた平和共存の理念について詳述し、その「複数主義的・多元論的価値観に支えられた寛容の精神」に特徴を認めて、ソ連の「資本主義体制から共産主義体制への移行過程における」平和共存策との相違を指摘しているのが興味深い[8]。

さて『岩波講座　現代』に戻ると、この時期に東の民主主義が注目を集めた背景として、フルシチョフの時代になってソ連の自己改革力への期待が高まっていたことが挙げられよう。スターリン死後のフルシチョフによるスターリン批判（一九五六年）は、スターリンへの個人崇拝や恐怖政治を告発するものであり、従来のマルクス・レーニン主義の無謬性信仰など左翼の信条体系を動揺させたが、逆に共産主義の体制が自己批判と変革の力を有することを世界に印象付けるという一面もあった。フルシチョフ時代の東側の政治においては、ワルシャワ条約機構から脱退しようとしたハンガリーに対するソ連による弾圧（ハンガリー事件）や、中ソ対立のいっそうの深まりなど、社会主義への信念を動揺させる出来事が相次いだ。しかし、キューバにおける核ミサイル危機にあっては、アメリカ、ケネディ政権の強硬な態度に対して、ソ連側が譲歩したことにより、ソ連の平和共存への意志が示されたことで、結果としてケネディとフルシチョフのあいだの信頼関係が醸成されたことも大きかった。

核の恐怖のもとで、民主主義における平和の問題の重要性が高まった。西側も東側も自国の民主主義こそが真の民主主義であり、自らの民主主義のためには敵を打倒することが必要だと説いてきたことが、共滅の危機を前にして再考を迫られたからである。平和共存の立場は共産主義の側から見ると過渡的に資本主義国家の存立を承認するということではあるが、フルシチョフがソ連の工業化の成果の上に立って、両体制の平和的競争を提案したこともあり、東側主導の議論と見られることも多く、それゆえ一部からは警戒された。また米ソ以外に非同盟諸国の平和共存論も提起されたことが平和の理念と民主主義の理想のつながりを深いものにしたとも言える。

この講座に収録された論文のなかには、マルクス主義の立場から東の民主主義の優位を説き、その根拠を西の自由民主主義の実体が金融資本を中心とした勢力に担われる「国家独占資本主義」であるのに対して、東の民主主義が労働者や農民など勤労者を主体とする点に求めるというような、担い手（階級）に真理性を帰する旧態な立場もまだまだ根強かった。これは丸山の言う「基底還元的思考」に基づくものと言える。しかしこの時代にはすでに、東側陣営のなかでもユーゴスラヴィアの指導者チトーがソ連から独自の路線を採り、またイタリアのトリアッティが率いる共産党が先進国革命論（ユーロコミュニズム）を説いてソ連と対立するなどの注目すべき動向があり、一方中国共産党はイタリアの立場を批判するとともにソ連の平和共存の方向をも批判するなどして、明らかに東側の民主主義観のなかに多元化や亀裂が目立つようになる。理論的には左派のなかに台頭し始めたマルクス主義国家論の立場が、現代の福祉国家をどう把握するかを巡って、正統派の国家独占資本主義論を批判するようになったことも注目される。戦後政治学の立場は、一応マルクス主義陣営の動向からは距離を取りつつ、東側の一枚岩的な立場の崩壊を、おおむね民主主義の可能性の増大として歓迎することだったと言えよう(9)。

戦後政治学の論者たちが東の民主主義をどのように見ていたかについては、次節で藤田省三および野村浩一の論文を検討することにして、ここでは彼らの西側の自由民主主義についての見解を一瞥しておくことにしたい。結論を簡単に言えば、彼らの自由民主主義の現状についての評価はきわめて厳しいものがあり、その形式化、空洞化および冷戦イデオロギーへの従属（「ＮＡＴＯ民主主義」）が非難されている。

福田の総論的な論文から西側の民主主義への評価を取り出してみると、西側では共産主義が反民主主義とされることにより、民主主義が容易に反共と同一視され、民主主義の自明化や体制への埋没が進行する。さらに民主主義の名によって当時の南ヴェトナムや韓国などの反共軍事独裁政権が正当化され、あらゆる「現状改革の要求が共産主義＝反民主主義」とされるなど、民主主義シンボルは地に堕ちている。民主主義はそれが万人に支持されるようになって、かつて批判的思想であったものが体制の正当化原理へと転回し、ＮＡＴＯの軍事体制と不可分になってしまった。このことは民主主義シンボルが平和の理念から切り離されたことを意味し決定的に問題だとされる。[10]

民衆が現実の共産主義者を見たこともあまりないアメリカでは、逆に見えないゆえに共産主義はしばしば悪魔視され、その恐怖を煽るマッカーシーイズムが一九五〇年代に猛威を振るい、民主主義や表現の自由を危機に追いやったことも、冷戦時代の西の民主主義に対する批判の背景にあった。今日から見ればやや極端に見えるかもしれないが、マッカーシーイズムはアメリカにおけるファシズムの到来だとする議論も、丸山をはじめ日本の知識人のなかでは多かったのである。[11]

ヨーロッパで福祉国家を目指した社会民主主義もまた、英国はやや事情が異なるが[12]、本講座ではかならずしも高い評価が与えられているわけではない。福田の論文と呼応するように、ドイツ思想の専門家である宮田光雄は同じ巻に収録された論文「西ドイツ・デモクラシーの精神状況」のなかで、戦後の西ドイツにおける民主主義について、その精神構造の保守性、ナチ時代との連続性、奇跡の経済成長に依存した政治的無関心などを問題として取り上げている。宮田によれば、このような精神的態度のうえにアデナウアーの権威的な「宰相デモクラシー」が成り立ち、デモクラシーは批判の原理というよりすでに出来上がった冷戦体制を正当化する「制度信仰」に埋没し、コンフォーミズムに浸透されている。ナチスとともに共産主義を排除する西ドイツの民主主義のあり方や経済成長による労働者の体制への取り込みはいずれも評価されていない。宮田もまたノンコンフォーミズムや東との共存の動きが始まっていることを伝えてはいるが、ドイツの人々が過去の過ちへの真摯な反省を行うようになるのは、この後の六〇年代後半以降の社会運動の高まりを待たなければならなかったのである。[13]

冷戦終結の頃に、日本で社会民主主義が発達しなかったことの理由として、日本の左翼におけるマルクス主義の優勢により改良主義が軽蔑され、保守政治に替わる現実的な力になりえなかったことが挙げられてきた。しかしマルクス主義に限らず、マルクス主義とは異なる戦後政治学の問題関心においても、労働組合に民主主義の担い手としての期待が託されたりしたにもかかわらず、西側に属することを受け入れた社会民主主義が評価される可能性はかならずしも大きいとは言えなかったということになろう。

興味深いのは、競争的共存が可能であるためには、現状の民主主義が「局地化」していることの自覚が必要だという福田の指摘である。福田は人間がただ人間であるという資格においてその尊厳を主張し得ること抜きに民主主義はあり得ないとして、民主主義理念の普遍性を主張する一方で、民主主義がその発展において地方性や局地性を有するのは当然のこととする。逆に局地性に無自覚であることは、自らの信じる民主主義だけを排他的に正当化することにつながり、真の普遍性に反することになるという。[14] これは普遍的理念と空間的な特殊性とをどのように結びつけるかという今日的課題につながる示唆を含んでいると言えよう。[15]

3　戦後政治学と「東」の民主主義

この節では講座第一二巻の共産主義における民主主義を扱うセクションに掲載されている、藤田省三と野村浩一の二論文を検討する。まず藤田は鶴見俊輔らが主宰する『共同研究　転向』などでも活躍し、丸山門下の俊英として知られた政治学者であるが、この巻では本来の専門の日本思想史ではなく、レーニンを主として論じる「プロレタリア民主主義の原型」と題された長大で迫力のある論文を寄稿している。

藤田はこの論文の冒頭で、民主主義一般についての特徴ある定義を掲げている。藤田によれば民主主義とは「治者と被治者の一致」の理念であると同時に「不一致に対する反抗」の理念でもあるという矛盾を含むものである。民主主義が、「天上の理想」（前者のみ）あるいは「目標なき反対」（後者のみ）のいずれの逸脱を避けるためには、この矛盾する両極を統合する「運動」であるほかはないとする。これは当時のアメリカの政治科学で主流であり冷戦期に受け入れられた安定中心の民主主義像とは著しく対照的なものである。そして藤田によれば二〇世紀において、民主主義におけるこの両極への解体に対抗した最大の運動こそがレーニンに率いられた共産主義運動だった。[16]この論文は、安保闘争が終わり高度経済成長の恩恵を享受するようになった六〇年代の日本の政治状況に抗するかのように、ただならぬ緊張感を持って書かれている。

藤田のこの論文でのレーニンへの高い評価は、すでにこの時代においてさえ驚きを持って受け取られたようである。当時はこの講座においても、正統派マルクス主義の立場からレーニンの言葉を真理の根拠として引用するような教条主義的な言説がしばしば見られたが、もちろん藤田のレーニンの扱いはそれらとは全く異なるものだった。

藤田はレーニンがプロレタリア独裁を要求するさいにも、それが労働者のみを優遇する階級的なエゴイズムとは全く異なり、労働者階級だけでなくどんな人間に降りかかる圧政も許さない全人類の護民官として振舞おうとしているのだと強調する。レーニンが重視したのは普遍的価値への献身であり、それゆえ彼は論敵にさえ公平であろうとした。レーニンにとってプロレタリアートは所与の存在ではなく、党や労働者の自己規律によって作り出されなければならないものである。レーニンは労働者大衆のあるがままの態度を、ロシア的「小ブルジョアの自然成長性」だとして克服の対象とした。規律は党や労働者自身に向けられなければならず、階級は自然発生的にできるものではなく、この怠惰を克服する規律化によって形成されなければならないとする。[17]

レーニンの主張するプロレタリア独裁は民主主義と両立するのか。レーニンによる議会の停止や言論の自由の制約を民主主義の原則から批判する西欧の社会主義者たちをレーニンが左翼小児病と非難したことについて、藤田はレーニンを断固として支持している。レーニンは外国の干渉や内乱による絶望的危機、四面楚歌の状況のもとで革命を救うために、規律の要請を指導者自身にも厳しく向ける。ロシアの厳しい状況のなかで、職業革命家集団は不可欠であり、そうした個別的状況への配慮抜きにレーニンを非民主主義的と非難することはできない。レーニンは公開的な議会制民主主義を停止したが、なぜそれを停止したかについての説明責任を果たしたのであり、その点では公開性は確保されたのだと藤田は言う。こうして藤田はレーニンをもとに民主主義と独裁の両立の可能性を説く。ここにはロシアの個別的状況があるが、それを通してレーニンはあくまで普遍的価値に奉仕しようとしたというのである。

世界革命に希望を託し、その「救いの時」まで生き延びようとするレーニンの思想を、藤田は著しく終末論的であると評する。宗教家のように終末における「再生」の希望によって支えられたレーニンの生き方は、しかし時に言及されるロシア正教の神秘主義的伝統とは何の関係もないと藤田は指摘する。それはあくまで合理的で方法的な精神態度に支えられたものであったというのである。(18)

ロシア革命のスターリン主義に帰結するその後の経緯は言うまでもなくレーニンの理想を裏切るものであったが、藤田の論文はスターリニズムの再検討が必要であるという「後記」を残してここで終わっている。レーニンのなかにスターリン主義の悲劇に向かう要素がすでにあったという見方ではなく、藤田はレーニンにおける「原理感覚とリアリズムの弁証法」を評価するのである。

一方、中国の共産主義の意義を民主主義に見出そうとする野村浩一の論文「中国における民主主義」にも、藤田の論文と同様な主題が貫かれている。野村はこの論文の冒頭で、アメリカの著名なジャーナリストで、『中国の赤い星』（一九三七年）を書いたエドガー・スノーの眼を通して、一九三七年当時はほとんど外部に知られることがなかった共産党支配地域（赤色地区）の新鮮な印象から説き起こしている。スノーは日本などアジアに七年間滞在するあいだ、貧困、無知、堕落など絶望的印象を受けてきたが、中国の「赤色地区」では全く様子が違った。ここでは人々はのびのびした自由な気風、若々しい希望、そして「人間の平等」「民主的な機会均等」「自治」があって、人々が正義と確信する方向へと向かっているのと感じたのである。またこのデモクラシーは抗日戦争を闘う戦士たちによって担われたデモクラシーでもあった。抗日戦争の軍隊内において自発性の発揮が見られ、平等な関係があり、若々しい希望や不屈の精神がみなぎっていたという[19]。

野村はスノーの記述を通して、まずこのような解放区の中国民衆のあり方に民主主義の現像を見出す。次いで、より理論的に中国革命における「人民」概念の社会的・思想的存在形態に眼を向ける。これは近代中国において李大釗から毛沢東へと継承されたもので、「皇帝（反人民）」に対立するものとしての「人民」の主権を押し出す考え方であり、このような中国的伝統を通してマルクス＝レーニン主義が受容されたのだとする[20]。

抗日戦線とその勝利、中華人民共和国の成立と「新民主主義」の思想、建国後の政策をたどりながら、野村はここに延安など解放区時代以来の毛沢東の「人民」中心の思想が流れていることを見出している。民主政と権力集中の矛盾的な統合である民主集中制、農民に権力を与えること、戦争を通して革命よりもむしろ民族解放を求めること。毛沢東の「新民主主義論」には、統一を強制せず、多様な民衆の共存を尊重する中国社会主義独特の考え方があるのだとされる。

しかし野村の描く、中国共産主義の原点にあるとされる民主主義は、現在の時点から見ればかなり理想化されたものであるように思われる。すでに一九六〇年代前半にあって中国は強国となり、その過程で毛沢東の主導する「百花斉放・百家争鳴」による批判の喚起に続いて、出てきた批判に対する「反右派闘争」による抑圧と毛沢東の絶対的権力の獲得、それをもとにした「大躍進」政策による強引な工業化の推進とその失敗、大量の餓死者の発生というように、この時代の中国は大きく動揺し続けた。野村の論文執筆の時点で事実がどの程度明らかだったかは別として、野村自身、建国後の毛沢東の評価については、微妙に歯切れの悪いものになっている。基本的には毛沢東の立場を好意的に捉えつつも、たとえば「百花斉放」時代の中国共産党によって批判がどの程度許されるものだったのかなど、疑問や不安を隠してはいない(21)。

藤田と野村の論文を通して、「東の」民主主義への戦後政治学の接近の特徴を以下の点に見出すことができよう。それはこれらの論考が、「西」の世界では失われた民主主義の原理を、「東」の革命の原点へと遡行することによって取り戻そうとしている点である。このことはもちろん「東」の現状をそのまま肯定することではない。西側では冷戦下でコンフォーミズムが進行し、民主主義は自明化されることでその精神を失い、内面に訴えるものを喪失したというのが戦後政治学の理解だった。「西」の民主主義の閉塞感を何とか打ち破るために、「東」の現状ではなくその原点にあると考えられた可能性を参照することが求められた。それゆえの二つの民主主義の「競争的共存」の要請であった。

たとえば野村はスノーを引用するなかで、スノーが中国解放区の民主的なあり方を感得することができたのは、スノーがアメリカのよき民主主義者だったからだとする。スノーの他にスメドレーやストロングたちも、最良の民主主義者であったと説く。「東」の民主主義の根底にあるのはかつて「西」の民主主義を育てたものと共通する精神であり、「東」の民主主義と出会うことで、「西」は自らが失ったものを再認識することができるという構図が示されているのである。

そしてまた、藤田がその普遍的価値への献身においてキリストの使徒パウロを想わせるようなレーニン像を描いたのと並行して、野村は毛沢東のなかに中国「人民」をあたかも神のような超越者として捉えこれに献身する態度を見出す（これはもちろん、指導者の神格化とは逆である）。ここには戦後の思想が求めた現状を超える人間の変革、とくにカルヴァンら宗教改革者をモデルとした超越者への信仰およびそれによる主体性の獲得という主題が反復されているのを見出すことができよう。

古典的政治学以来、共和政や民主政を擁護する思想（たとえばマキアヴェリやルソー）が、しばしばギリシア・ローマの古代をモデルとする言説を用いてきたことはよく知られており、アメリカやフランスの近代革命もまたこのような反復の言説とともにあった。戦後政治学もまたその原理を定めるうえでの原点回帰を要請していたといえよう。

このような普遍性への志向が冷戦による政治思想の分断、福田の表現によれば民主主義シンボルの自由民主主義による独占とそれ以外の可能性の排除に抗するなかで形成されてきたことは明らかである。同時に、福田が示唆していたように、普遍的な民主主義が実現されるコンテクスト性（ロシアや中国の歴史的制約や可能性）への着眼の重要性もまた、この二つの論文で強調されている。干渉戦争のなかでの祖国の防衛という要素はソ連にもあったが、中国の共産主義においてはナショナリズムと民族解放が大きな位置を占めた。そのような文脈性は、この時期の戦後政治学にあって、普遍的理念と対立するものではなく、むしろ普遍的なものを支え強固にするものと考えられた（今ではそれを期待するのはきわめて困難だろう）。そしてナショナリズムと並んで重要なコンテクストは、ソ連でも中国でも、農村が大部分を占める社会で、共産主義革命を遂行するということの困難であった。

社会主義圏の民主主義の問題は、農業社会をどのように工業化するかという課題と無関係ではありえなかった。言うまでもなく、社会主義革命は資本主義の先進諸国から開始されるというマルクスとエンゲルスの予想は二〇世紀にあっては大きく外れ、ロシアと中国という革命の時点で圧倒的に農民主体の後進国で社会主義革命は成就した。その後の展開はソ連と中国とでは大きく異なり、ソ連にあっては知識人集団のボリシェヴィキが革命を指導し、まだ弱体の労働者と人口の多数を占める農民とが同盟する「労農民主独裁論[22]」がレーニンによって選ばれた。農民はロシア革命の時点で土地を与えられ、ネップ期には一定の経済的自由を享受した。しかしスターリンの独裁が確立する一九二〇年代の末から農民優遇策は突然撤回され、「上からの革命」によって農民は強制的に集団化され膨大な餓死者を生じて、農村は完全に体制に従属させられることになった。農業中心社会での社会主義建設においては、資本主義成立期と同様に、農民からの余剰の供出によって工業化が図られなければならないとする、プレオブラジェンスキーの言う「社会主義的本源的蓄積」の必要は知られていたが、実際にスターリンによって行われたことは、これとははるかに次元を異にする野蛮で暴力的な手段による工業化の推進だった[23]。

一方、革命が農民主体で行われた中国の場合には事情は全く異なっていた。松下圭一はこの巻に収録された論文で、中ソ対立の由来を中ソの工業化の段階の相違で説明する。ソ連の場合はスターリンに主導された強制的工業化が成果を収め、そのうえでフルシチョフのスターリン批判と「競争的共存」の呼びかけを開始することができた。それに対して中国は農民中心の革命を遂行し、工業化がまだ進まない非同盟諸国のリーダーとして、米ソの両方に対立して自己主張する役割を選んだ。

ここには工業化と民主主義のあいだの皮肉な関係が見出される。フルシチョフがアメリカに対して核による挑発ではなく平和的共存を訴え、またソ連内部で一定の市民的自由を認めることができたのは、彼が当時のソ連の経済力の発展や文明の進展に自信を持ち、アメリカとの平和的な競争で勝つことができるという確信があったからだとされる[24]。しかし、それを可能にしたのは、スターリンが市民的自由を犠牲にするきわめて野蛮な手段によって推進した農村からの搾取と中央集権的な工業化という前提であり、その意味でフルシチョフはスターリンから切れている面だけでなく、スターリンを継承しその成果に依存している面が否定できないことは、この講座でもしばしば指摘されている[25]。

野蛮な手段によって文明の前提が作られるという、社会主義国における壮大なスケールの「啓蒙の弁証法」的な展開は、六〇年代前半の日本においてもまだ無縁の事柄ではなかったはずである。当時の日本は経済成長のただ中にあり、東京オリンピックが開催されて先進諸国への仲間入りをしつつある状況ではあったが、平均所得が上昇する一方では、下請け工場の労働者やさらには農村からの季節出稼ぎの労働者など、底辺で貧困に苦しむ層が多数都市に集まっていた。都市の生活環境は劣悪であり、経済発展の影の面を現していた。

社会主義国とは別の仕方ではあるが、やはり同様に農業社会から工業社会への転換の最中であった当時の日本において、工業化が民主主義にどのような影響を与えるかという問題に対して、戦後政治学は説得的な議論を展開することができたのだろうか。戦後政治学が想定していた民主主義的な政治社会のイメージは、明らかに欧米の都市を想定したものであった。その意味において戦後政治学を近代主義とすることはおおむね外れてはいない。しかし、戦後日本で都市化が急速に進むのは六〇年代の高度経済成長下であったが、この変化についての戦後政治学の見方は、大衆社会論を受けて「大衆化」が民主主義にもたらす否定的な影響に着目するか、そうでなければ無関心であった。ソ連における工業化を、プロレタリアートの自覚的形成と結びつけた藤田の論考は、しかしあまりに精神主義的であり、またその後のスターリンによる工業化については論及し得ていない。そしてその後七〇年代になると藤田は近代化の作為を語るのではなく、「かくれんぼ」を題材にした著名な論考のように、工業化によって失われたものの哀切さを語るようになる。[26] ここにはその後の戦後政治学の実践的世界からの撤退と影響力の低下の要因のひとつが存在したと考えられる。ただ唯一の例外は松下圭一であった。松下はマルクス主義と大衆社会論とを独特な仕方で結合し、都市化のなかでの「大衆」の新たな意義を見出したことで知られるが、本講座一二巻に収録された前掲論文では、工業化や技術進歩と政治革命、民主主義の関係を、東西の両体制のほかキューバやインドネシアなど新興諸国に説き及んで、経済発展と民主化についての意欲的な比較研究を行っている。[27]

4　戦後日本の代表制民主主義とその問題点

戦後日本の政治において、日本国憲法の制定によって戦前とは異なる議会制民主主義（議院内閣制、国政の最高機関である国会に責任を負う内閣）が一応は定着したが、戦後政治学は戦後政治の現状について肯定的であったわけではなく、つねに批判的に見てきた。そこには戦前との連続性が執拗に残存しているという認識に加え、世界的に進行する大衆社会化が民主主義の内実を奪ってしまうという危惧があった。戦後日本政治史の分水嶺をなす一九六〇年の安保闘争では、国会内に警官隊を導入した強行採決、それに抗議する国会を取り巻く連日のデモといった深刻な事態により、憲法が定める議会制民主主義の正当性とは何かが動揺し問い直されることになった。選挙によって選出された議会多数派の意志を大衆デモによって否定することは議会制民主主義の立場から認められるのかどうかという民主主義にとっての根本問題が問われた。

この一連の事件への戦後政治学の応答としては、丸山眞男による安保闘争期の時事的論文がよく知られている。丸山は民主政治を議会内に制限しそれ以外の参加を排除する考えを「院内主義」と呼んで批判し、選挙には尽きない主権者としての国民の政治的行為を擁護した。また政治は数（多数決）に止まるものではないこと、安保改定は成立したが、抵抗の記憶は残り、それが敗戦と民主化の原点（8・15）を反復するのだと説いた。[28]

これに関連して注目に値する丸山のエッセイに「『肉体文学』から『肉体政治』まで」がある。[29] 丸山は、日本の文学作品がいわゆる純文学も含めて、好んでアブノーマルな状況を描き、作家が麻薬に浸り性に溺れるといった赤裸々な即物性を重んじ、そこに真理が存在するかのような描き方をするのを「肉体文学」として批判する。丸山によれば本来、文学作品が描く現実とはフィクションによって媒介された現実であるのだが、日本の文学にあってはフィクションをフィクションとしてその価値を認めるということが欠けているために、欧米のような構想力の大きい作品が生まれないのだという。

このエッセイは大部分が文学批判に充てられているが、本来の狙いは「肉体政治」批判だったはずであり、丸山は「国会だってすぐポカポカということになる」とさりげなく当時周知であった乱闘国会に言及している。文学同様政治においても、勢力が実体化されてフィクションによる統合の「機能」が果たされなくなる。日本の国会もまたフィクションを尊重する社交の精神が欠けているゆえに、即物的な不毛さを免れない。国会の実態について詳論はされていないが、乱闘の原因となる与党の数に頼った強行採決はいうまでもなく、野党の戦術もまた問題にされていたはずである。

議会政治にいかなる精神態度が必要かを示唆する以上のような丸山の指摘は、現在の日本にも通じるものを持っている。しかしその一方で疑問とも思えるのは、戦後政治学の業績のなかに、議会政治の制度論やその実践を論じたものが意外に少ないことである。議会政治をそれとして論じる研究は、尾形典男の業績[30]などを別とすると、あまり豊かだとは言えない。

ここでは代わりにこの時期の戦後憲法学の議会政を巡る議論を一瞥してみたい。八月革命論で知られる宮沢俊義は、国民主権にもとづく日本国憲法に戦前との断絶を認め、戦後憲法学の基礎を作り上げた。その門下で五〇年代からの高度経済成長期に戦後憲法学を代表したのが芦部信喜だった。芦部は統治機構の領域で国政調査権や憲法訴訟といった憲法学の新しい課題を開拓する一方、議会制に関する戦後の正統的な解釈を作り上げた。

芦部は日本国憲法の定める政治原理について、それを基本的には強制委任を認めない代表制と解する。[31]すなわちフランス革命一七八九年の憲法制定議会の思想にもとづき、「主権者を個人と区別された集合人たる国民（nation）それ自体とみなし、その集合人の抽象的な一般意思に主権が属し、その行使は議会全体に委任される」とする「代表委任」の考えを採り、主権は各人民に区分されて帰属し意思は個々の代議士に個別的に委任されるとする人民主権の考え方を採用していないことを説く。このように議会の意思は選挙民の意思から独立しているのではあるが、デュヴェルジェが指摘するように、その後「選挙という行為に国民意思と代表者意思との一致の確保という要件」が期待されるようになったことを承認する。[32]

芦部の論文を読み返して興味ぶかいことは、冷戦後の日本政治における政治改革の提言が、早い時期からなされていたことである。すでに一九五一年に選挙制度調査会が、一人一区の小選挙区制の採用を答申し、その理由を「選挙資金の減少と二大政党体制の実現による内閣の安定」に求めていたことを紹介したうえで、芦部は多数代表制（小選挙区単記または大選挙区連記）がかならずしも二大政党制に帰結するわけではなく、さらに二大政党制が政局の安定に寄与するとも限らないとして、この提案には批判的だった。芦部によれば日本では二党制の前提条件が欠けており、さらに小選挙区制は自民党の一党支配を永続化する懸念があり、積極的に支持する根拠はないとする政治的判断もなされている[33]。

また政治改革に関連してもうひとつ検討されているのは首相公選制である。これは一九五二年に、中曾根康弘および稲葉秀三によって主張されたものであり、当時かなり一般の注目を引いたという。この主張は戦後日本政治の欠陥を、国民が直接首相を選ぶことのできない議院内閣制に求め、首相を公選とすることで国民主権を拡充することができるとする。芦部は首相公選論が一定程度支持される理由を、現在の沈滞した政治に対する国民の不満や、派閥や与野党抗争に毒された議会政治を改革する清新な響きなどにあると推測する。しかし芦部は、こうした主張はエモーショナルであり、政治と大衆とを直接に結合しようとするが、そのことによって公選首相が議会に責任を負うことが少なくなり、議会制を弱体化させることを問題とし、適切ではないと退ける[34]。

小選挙区主体の選挙制度は一九九〇年代の政治改革で現実化し、今につながっている。また首相公選制は、小泉純一郎内閣の時代に、党に拘束されない強いリーダーシップを追求する目的で当時の政治学者たちに諮問され議論がなされた。それは制度的に現実化しなかったが、既存の議院内閣制のもとで

「政治主導」が強調されてその狙いは継承されているとも言える。

こうした政治改革が当初の目的を果たすというよりは問題含みのものになっている二〇二一年現在の事情を鑑みれば、芦部が改革に慎重だったのは賢明であったとも言えよう。しかし、戦後憲法学も戦後政治学と同様、「五五年体制」の運営が、保守の一党優位をはじめ民主主義や憲法の精神に照らして問題の多いものであることを認識しつつも、制度改革については別の問題を生むとしてこれをいわば過ごし、問題の多いとされる現行制度のなかで生きることを選んだと見ることができる。

5　戦後政治学の歴史的位置と民主主義

一九六〇年代前半の戦後政治学は、安保闘争後の政治運動の停滞状況にあって、本章で見てきたように、それに反発するようにかなり左傾化、急進化したといえる。彼らの議論が、西も東も、アメリカもソ連もいずれもそのまま肯定することなく両者に批判的距離を取って冷戦構造自体を批判する点では、すぐ後にやってきたニューレフト運動の先駆という意味を持ったと言えるかもしれない[35]。西の「自由民主主義」の体制に抱かれる自由の名による自由の抑圧とコンフォーミズム、という指摘は、たとえばニューレフトのバイブルとなったハーバート・マルクーゼ『一次元的人間』を連想させるものがある。

この時期の冷戦を相対化する議論として比較できるものに、ダニエル・ベルによる『イデオロギーの終焉』の議論がある。イデオロギーの終焉論も平和共存の時代を感じさせるものだったが、戦後政治学の競争的共存の主張は明らかにこれとは異なるものだった。これは、一九八〇年代末に本当に到来した冷戦の終焉とは異なり、東側が一方的に敗北するのではなくて、成熟した工業社会では体制の別を超えてアメリカもソ連も類似した社会になることを予測する収斂理論だった。両体制とも工業化を終えて脱工業社会となり、福祉国家型の体制となるとする点で、今から見ればかなり左寄りの位置に均衡を見出す議論であったが、当時マルクス主義が強かった日本では、左翼が階級闘争の意義を損なうとして強く反発した。

これに対してニューレフトは、冷戦的対立を無効と見る点では共通点があると言えなくはないが、マルクーゼに見られるように両体制の接近は両者がともに管理社会化するという文脈で否定的に捉えられ、ディストピア的なイメージを伴う点に特徴があった。戦後政治学はいずれとも異なり、冷戦的構図を乗り越える方法を、両者の収斂ではなく異なる道で民主主義を実現する競争に求めた。

戦後政治学に抱かれた東の民主主義の潜在力への期待は、一九六八年の「プラハの春」におけるソ連軍戦車によるチェコの民主主義に対する弾圧を経ることで失われていく。レーニンへ帰れという主張はニューレフトの運動の一部にはあったが、次第にレーニンも疑いの対象となり、関心はより原点回帰的に、マルクス＝レーニン主義によって覆い隠されていたマルクスその人の思想に向けられるようになる。ニューレフトの若者たちにとって、中国の毛沢東思想は人気を博したが、レーニンも含めソ連型共産主義への支持は過去のものになっていく。

狭義の政治運動としてのニューレフトは急速にゲバルト化して現実を見失っていくが、あとにカウンター・カルチャーや「新しい社会運動」を残した。その後の左派政治は、エコロジーやフェミニズムとともに、少数者の権利を重視する多文化主義を中心に展開することになる。それはまた、藤田がレーニンをもとに賞賛した「人民」の立ち上げや禁欲と規律の実践から遠ざかっていくことでもあった。

そして一九八九年の東欧革命と冷戦の終結を迎える。当時すでに社会主義陣営は自由や民主主義の実現で遅れを取っていただけでなく、かつては有効な産業化の方法と考えられていた計画経済もまた、資本主義の技術革新や消費社会化のもとで時代遅れとなっていた。ベルリンの壁の崩壊で象徴される冷戦の終わりは、突然起こって世界を驚かせた面もあるが、社会主義陣営の敗北はその前からすでに明らかだった。しかしこの事件が思想的に影響を持たなかったかといえば、そうではない。

東欧革命に先立って、ソ連共産党書記長（のちに大統領）ゴルバチョフによるペレストロイカが行われ、情報公開（グラスノスチ）を含め民主主義の再興が目指された。また彼はアメリカなど西側との関係改善にも努力した。長い冷戦が終わることへの期待が高まり、世界を解放感が取り巻いた。今回は実証する余裕はないが、当時の私の記憶では、すでに年老いていた戦後政治学の人々が、ペレストロイカを社会主義の原点回帰の回復力を示す出来事として大きな期待を寄せたことが印象的だった。

しかし、東の民主主義とされたものは、ゴルバチョフの努力によっても救われることなく、もと共産圏の人々が選択したのは共産主義の原点への回帰ではなく共産主義との訣別だった。レーニン像は各所で取り壊された。このときに高まった民主主義への期待は、西側の民主主義の自己革新の機縁ともなりえたが（「新しい市民社会論」はその代表である）、この新しい民主主義は、東側においては資本主義やナショナリズムに置き換えられていった。

一時期の戦後政治学にとって、西側の自由民主主義の欠陥や空疎さを映し出す鏡であり原点回帰の希望の窓でもあった東の民主主義はこうして失われ、再び自由民主主義が民主主義のすべてを意味するかのような時代が到来した（フクヤマ『歴史の終わり』）。フクヤマの議論は自由民主主義の肯定論として受け取られるが、もともとアイロニーの色濃いものだった。その後自由民主主義の将来についての見方はペシミズムの色が濃くなっていくが、自由民主主義を評価し批判する座標軸をどこに見出すかが新たに問われなければならない時代を迎えている。

註

（1）後に「五五年体制」と呼ばれる日本の戦後の政治体制が、1と1／2政党制とも言われるように、アカデミアの世界で社会主義をはじめとする左翼支持者が多数を占めたのに対して、一般の国民のあいだでは保守支持の方が多かった。しかしそれでも、この講座所収の篠原一論文に引用されている一九五八年時点での世論調査（統計数理研究所『日本人の国民性』至誠堂、一九六一年）によると、「社会主義」という言葉に「よい感じ」を持つ回答者の割合は三四％で「よくない感じ」を持つ二九％を上回っており、他方「資本主義」の語については「よい感じ」は一二％に過ぎず、「よくない感じ」四八％を大幅に下回っている。このことから一般の人にとっても社会主義はかなりの程度希望をもたらす観念であったことがうかがえる。篠原一「日本における「現代の民衆」」『岩波講座 現代 第一一巻 現代の民衆』岩波書店、一九六四年、三四七頁。

（2）伊藤成彦「現代の意識」『岩波講座 現代 第一巻 現代の問題性』岩波書店、一九六三年、二九〇－三四七頁など。

（3）フランシス・フクヤマ『歴史の終わり』渡部昇一訳、三笠書房、一九九二年。

（4）この講座は先立つ『岩波講座 現代思想』と同じく、仕掛け人は吉野源三郎であり、吉野がいわば「管制高地」から知識人たちを結集し号令をかけて作られたとされる。これも知識人の時代を示すエピソードである。装丁はモノトーンでスタイリッシュであり、モダニズム的な印象を与えるものになっている。

（5）福田歓一「現代の民主主義――象徴、歴史・課題」『岩波講座 現代 第一二巻 競争的共存と民主主義』岩波書店、一九六四年、三〇－四七頁。

(6) 辻清明「現代民主主義の展望」『岩波講座 現代思想 第六巻 民衆と自由』岩波書店、一九五七年、八一－九八頁。

(7) J. L. Talmon, *The Origins of Totalitarian Democracy*, 1952, London.

(8) 上原専禄「平和的共存」『岩波講座 現代思想 第一巻 現代の思想的状況』岩波書店、一九五六年、二九一－三二九頁。

(9) ユーゴスラヴィアや日本において、国家を階級支配の道具としてだけで理解するのではなく、階級均衡のうえに立ってそれらの利害を調整する面を押し出す、下部構造への還元主義からの離反について、増島宏「マルクス主義国家論の動向」『岩波講座 現代 第八巻 現代の国家』一九六四年、二一五－二三九頁は、正統的なレーニン主義的国家論の見地から批判する旧態な議論をしている。一方、松沢弘陽「日本における民主主義の問題」『岩波講座 現代 第一二巻』三六六－三七一頁は、このようなマルクス主義内部の理念の転換を、マルクス主義における民主主義の再生につながるものとして評価している。

(10) 福田、前掲論文、二〇－二九頁。

(11) 丸山眞男らが執筆した『岩波講座 現代思想 第五巻 反動の思想』（一九五七年）で、所収の勝部元「戦後ファシズムの諸形態」が、アメリカのマッカーシーイズムをファシズムと規定して詳しく扱っている。

(12) 英国については、丸山眞男がハロルド・ラスキの知識人としての活動と議会による社会主義への道を高く評価しており、また英国は戦後政治学にとっての政治のモデルを提供してきたこともあって、これらの講座でも他のヨーロッパ諸国とは別格の扱いがなされている。石上良平「現代の社会民主主義の思想」『岩波講座 現代思想 第四巻 新しい社会』一九五七年、一七三－一九三頁は、フェビアン主義やギルド社会主義など非マルクス主義が強い英国の独自の社会主義的伝統を紹介し、福祉国家への到達について語っている。ただし、G・D・H・コールを引用しつつ、社会主義が福祉国家の達成に終わってよいものかという疑問も呈している。

(13) 三島憲一『戦後ドイツ――その知的歴史』岩波新書、一九九一年は、一九六〇年代における西ドイツの文化変容について示唆的である。

(14) 福田、前掲論文、四九－五八頁。

(15) たとえば、「地理学者」デイヴィッド・ハーヴェイが近年に『コスモポリタニズム』で論じるのはこのような普遍的理念と特殊性（ないし空間性）との関連に関する問題である。D・ハーヴェイ『コスモポリタニズム——自由と変革の地理学』大屋定晴ほか訳、作品社、二〇一三年。

(16) 藤田省三「プロレタリア民主主義の原型」『岩波講座 現代 第一二巻』一八六—一八八頁。

(17) 藤田、前掲論文、二一六—二二〇頁。

(18) 藤田、前掲論文、一九三—一九九頁。

(19) 野村浩一「中国における民主主義」『岩波講座 現代 第一二巻』二三一—二三六頁。

(20) 野村、前掲論文、二三七—二四二頁。

(21) 野村、前掲論文、二七〇—二八三頁。

(22) 渓内謙『現代社会主義の省察』岩波書店、一九七八年、三六頁。ソヴィエト・ロシア政治史の碩学である渓内の立場は、レーニンを基本的には西欧的な民主主義思想家として把握し、スターリンの官僚独裁と対立させる点で、戦後政治学の関心を代表する社会主義論になっていると考えられる。

(23) プレオブラジェンスキーはトロツキー派に属するボリシェヴィキで、早期の工業化を説き、農民を重視したブハーリンらと対立した。スターリンは当初、ブハーリンと同じく農民を擁護する立場をとったが、突然態度を変えて農村集団化を強行し、ブハーリンを失脚させた。これらの点については、渓内、前掲書、二二七—二四〇頁参照。

(24) 松下圭一「民主主義の現代的状況と課題」『岩波講座 現代 第一二巻』八九—九二頁。

(25) たとえば、福田、前掲論文、一八—二〇頁。

(26) 藤田省三『精神史的考察——いくつかの断面に即して』平凡社、一九八二年。

(27) 松下、前掲論文、とくに工業化の段階と武力革命の成否、後進国での工業化のなかの農業政策など、通常の政治思想ではあまり論じられない問題に踏み込んでいるのが印象的である。また論文末尾では、日本の民主主義の課題として、高度経済成長の強蓄積に対抗するナショナルミニマムの保障を挙げている。

(28) 丸山眞男「この事態の政治学的問題点」「復初の説」『丸山眞男集 第八巻』岩波書店、一九九六年（初出、一九六〇年）。

(29) 丸山眞男「『肉体文学』から『肉体政治』まで」『丸山眞男集 第四巻』岩波書店、一九九五年（初出、一九四九年）。

（30）尾形典男「マス・デモクラシーと議会政治」『岩波講座　現代思想　第六巻　民衆と自由』一九五七年、一六三―一八九頁。
（31）芦部信喜「現代における立法」『岩波講座　現代法　第三巻』一九六五年（芦部『憲法と議会政』東京大学出版会、一九七一年、二三一―二六三頁）。
（32）現代国家の主権をめぐるこのような曖昧さは、樋口陽一と杉原泰雄のあいだで、国民主権と人民主権の相違をめぐる論争へと展開した。
（33）芦部信喜「小選挙区制の論理と議会政」『ジュリスト』第三六六号、一九六七年（芦部『憲法と議会政』三八九―四一一頁）。
（34）芦部信喜「首相公選論」『ジュリスト』第二八九号、一九六四年（芦部『憲法と議会政』三四五―三六三頁）。
（35）たとえば丸山眞男「点の軌跡――『沖縄』観劇所感」『丸山眞男集　第九巻』（初出一九六四年）は、木下順二の戯曲『沖縄』を題材に、ローカルな特殊性を「自己否定」によって克服し普遍的価値を求めることの重要性を説く。このような考え方は、藤田前掲論文での日常性の克服の主張と一致するものである。この論説が沖縄論として適切であるかどうかは問題が多いと私は考えているが、また別の機会に論じたいと思う。「自己否定」「自己批判」の語は日本での新左翼の言説に多出し、丸山をはじめとする知識人を攻撃する文脈で用いられたが、その起源のひとつが丸山ら戦後政治学にあるのだとすれば皮肉な話である。
また福田らがこの時期、英国のE・P・トムソンらによる『新しい左翼』を翻訳・紹介していたのも偶然ではない（英国のNew Leftがその後一般化する新左翼と同一とは言えないとしても）。E・P・トムスン編『新しい左翼――政治的無関心からの脱出』福田歓一・河合秀和・前田康博訳、岩波書店、一九六三年。

第II部

自由民主主義の危機と代替構想（1）

形骸化をめぐって

第3章　ポストナショナルな経済危機と民主主義
――ヨーロッパ政治の縮減・再生・拡散

小川有美

1　国境を超える経済危機と政治の縮減

民主主義か、資本主義か

国民国家という枠組みでは、経済をはじめ国境を超える諸活動やリスクをもはやコントロールできず、誰が決定に参画できるのか、誰に責任を問えるのかが不分明になっている。それでも政治は民主的に機能し続けられるのか。この重大な問題に対し、ポストナショナルな民主主義の再構築は追いついていない。

二〇〇八年から深刻化した世界金融危機（リーマン・ショック）とそれに続くユーロ危機は、ヨーロッパの民主主義の正統性を揺るがした。この経済危機に対して欧州連合EUと欧州各国で緊縮政策以外の選択肢が採られなかったことは、「黄金の拘束衣」すなわちグローバル経済とファウスト的契約を結んだ国家が自由を喪失する物語そのもののようにみえる。(1) だが政治とは選択の営みであり、危機は新たな選択肢が選び取られる転機となるのではなかったか。

なぜ民主主義であるにもかかわらず、政治の選択肢が失われたのか。遠藤乾はヨーロッパが直面する危機の根本に、政治の縮減があるとみる。世界市場の圧倒的な流れの前に、自他を制御し秩序形成する営みそのものが危機に晒されているのである。[2] ユーロ危機の収束と新たなパンデミックという危機を迎え、ヨーロッパは民主主義的な政治を再生することができるのだろうか。それが本章の考察である。

ドイツの社会学者シュトレークは、近年の金融・債務危機を資本主義の構造的矛盾の累積としてとらえている。先進資本主義国では破局を回避するためインフレーション、国家債務、家計債務の拡大が利用されてきたが、それらの「時間稼ぎ」は限界をきたし、財政再建の至上命題が「民主主義か、資本主義か」という耐え難い選択を人々に迫ることとなった。その非民主性の典型がユーロ圏であり、ドイツ財務相ショイブレによって統率された通貨同盟が、ヨーロッパにハイエク的な新自由主義を押しつけている。その拘束から逃れる唯一の選択肢は通貨切り下げの裁量権をもつ国家主権の回復であるという。[3]

この「民主主義か、資本主義か」という問いは、ハーバーマス＝シュトレーク論争という形で、ドイツの論壇の注目事となった。ハーバーマスは、国家主権が空洞化している現在、国民国家回帰論は「ノスタルジックな選択肢」であるとシュトレークに反論し、「もっとヨーロッパを」、つまりEUが通貨同盟を超えて「政治同盟」へと進む道を示そうとする。[4] だがシュトレークは、ハーバーマスの「もっとヨーロッパを」という答えを退ける。その理由は、ユーロの非民主性に加えて、ヨーロッパ内の「中核」と「周辺」に非対称性があることである。シュトレークとエルゼサーは、この非対称性ゆえに「ヨーロッパの連帯」は国内地域間の再分配と比べてもはるかに現実的でないという。[5]

このシュトレークの問題提起には、二つの論点が重なりあっている。第一は、ヨーロッパ各国が緊縮という「拘束衣」に縛られているという点、第二はヨーロッパがますます「一つのヨーロッパ」に向かっているのではなく、「中核」と「周辺」の格差が深刻化している、という点である。この二つの論点について次項で幅広くみていこう。

緊縮のドグマと「中核」―「周辺」

第一の論点である緊縮政策のドグマ化について、ブライスはドイツのフライブルク学派やイタリアのボッコーニ学派に現代的起源を求める。新自由主義はサッチャリズムや英米の株式市場主義と結びつけられることが多いが、ドイツでは第二次大戦前からオイケン、ベーム、グロスマン＝デルトらのフライブルク学派によりオルド自由主義が発展を遂げ、ケインズ主義を排除した。またメンガー、フォン・ミーゼスやハイエクらに代表されるオーストリア学派は、米国を通じて影響力を強めた。イタリアではオルド自由主義を取り入れたエイナウディ（イタリア銀行総裁一九四五―四八年、イタリア共和国第二代大統領）の創始したボッコーニ学派が、財政削減こそが成長につながる（逆に政府による社会的移転や財政拡大は成長を阻害する）という緊縮理論を確立した。現在この学派を代表するアレシナの経済分析は、EUの経済財政相理事会や欧州中央銀行ECBに採用されている。(6)

それればかりでなくブレマーとマクダニエルによれば、新自由主義と競合する中道左派も「社会民主主義的緊縮」に向かったという。ケインズ主義と新古典派の総合を経て再分配よりも社会的投資を重視するようになった経済理論は、新しい社会民主主義の政策として採用された。中道左派は「第三の道」期に社会的投資政策へ傾斜し、世界金融・経済危機の下で（部分的に積極策は唱えたものの）緊縮―構造改革という主流の政策へ合流した[7]。

第二の論点である「中核」と「周辺」の格差はなぜ拡大したのか。歴史的な視点からは、ドイツにオルド自由主義の経済思想と成功体験があり、それがギリシャの債務を「罪責」視する傾向につながっている、という批判がしばしばなされる[8]。これに対しダイソンは、それがひとりドイツのオルド自由主義に由来するのではなく、国際関係の根深い格差を反映しているとする。近代国家形成以来、国家債務は統治から文化・アイデンティティまでにかかわる重要問題であった。ヨーロッパ諸国の債務はナポレオン戦争以降膨張し、各国は信用度の序列の中に組み込まれた。この国家間の信用度の違いは、「聖人」、「罪人」、「堕天使」（債務国に転落した国家）になぞらえられるスティグマとなった[9]。

一方マタイスは、共通通貨のメカニズムが格差を拡大したとする。ユーロの発足当初、欧州北部「中核」諸国にとって国内でデフレ政策（賃金抑制）を採り、南欧「周辺」諸国へ投資してより高いリターンを得るのが合理的であった。それにより「周辺」諸国には資本が流入し、インフレ政策の下で国内格差を改善することが可能となった。これは通貨同盟の成功物語であったといえる。しかし世界金融危機後、このメカニズムが逆転する。ユーロのルール上、「周辺」諸国には緊縮政策以外の選択肢が認められず、負担は賃金の低下や若者の失業に転嫁されて格差は拡大した。他方「中核」諸国では資本の還流とともに利子率が低下して政策手段は広がり、国内格差は縮小した。マタイスのいうように「聖人」にみえる「中核」諸国が全てを獲得し、「罪人」なる南欧諸国が全てを支払うことになったのである[10]。

図1　主流政党と「挑戦政党」の得票率の推移
(2004-2015年EU西欧加盟国17カ国平均)

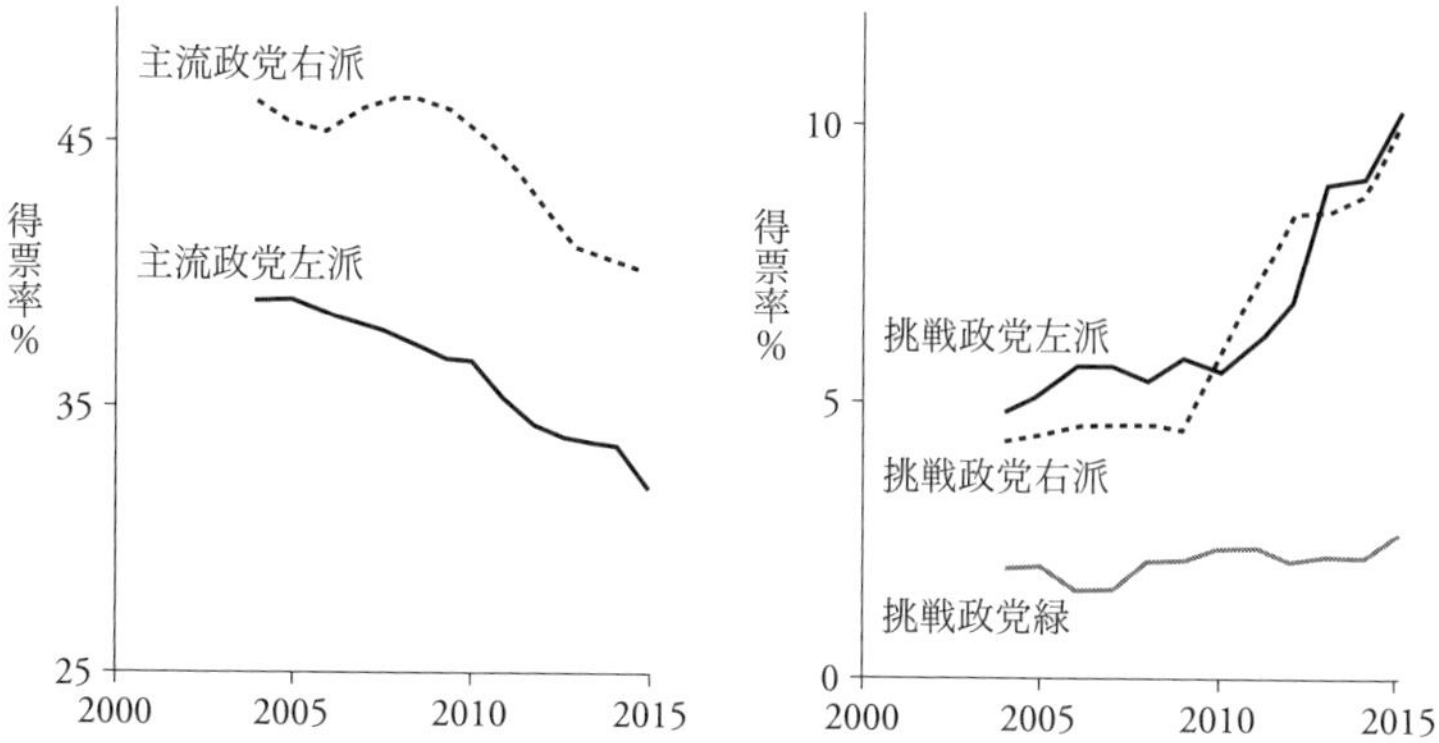

出所：Sara B. Hobolt and James Tilley, "Fleeing the Centre: The Rise of Challenger Parties in the Aftermath of the Euro Crisis", *West European Politics* 39(5), 2016, p. 975, Figure 1.

乖離する「責任」と「感受」の政治

このようにヨーロッパの危機の背景に経済理論や歴史的経済構造があるとしても、それによって現在のEU・各国政治の全てが決定されると考えるのは現実的ではない。政治の縮減が起こったとしても、そこにいたる政治の変化があったはずである。政治の縮減は経済危機だけが原因ではなく、両者はいわば化合して加速したと考えられよう。

戦間期にグラムシは支配への合意が失われた「空位時代」について論じたが、ムラー＝スタールは二〇〇八年以降この「空位時代」が再来しているという。そこでは主流の緊縮新自由主義のほか経済ナショナリズム、左派ポピュリズムが分立して正統性が低下している[11]。図1はEUの西欧加盟国の主流政党と「挑戦政党」(非主流政党)の得票率の推移を示す。そこには主流政党の衰退と対称的に「挑戦政党」が台頭しており、その傾向が経済危機期に加速していることがみてとれる。

むろんこれまでも代表制不信、政党システムの不安定化はしばしば観察されてきた。ヨーロッパの政党を長年研究してきたメアは、そうした政党システムの移り変わりがあったとしてもそれを過大視すべきでないと論じてきた。しかしそのメアが晩年悲観的ともいえる論調で指摘したのが、「責任」(responsibility)と「感受」(responsiveness)の乖離である。「感受」とは支持者や民意、利益団体、メディアに短期的に敏感に応じることであり、「責任」とは既存の政策の継続、憲法的規範、対外的な合意や国際組織に長期的にコミットすることである。第二次大戦後の自由民主主義においては「責任」と「感受」の両方が政党によって果たされてきたが、それが両立不能になりつつある。メアによれば「ヨーロッパの政党システムの中で、代表するが統治しない政党と、統治するがもはや代表しない政党への二分化」が進んでおり、「代表するが統治しない」新たな反対派はポピュリスト的な「せり上げ」のレトリックに訴える。[12]バルディらによれば、欧州統合はさらに政府・主流政党に対し、「感受」よりも「責任」を優先させ、テクノクラシーへの委任を促した。その先に起こった二〇〇八年からの経済危機の中で、「感受」と「責任」の政治の乖離が深刻化した。[13]

「中核」ドイツとフランスにおける緊縮の優位

では、「中核」「周辺」の各国ではどのような政治の変化が起こっていたのか。ユーロ危機に対しドイツは最終的に欧州委員会、ECBとともにユーロ圏の安定化の枠組みと財政支援を提供したが、ドイツの政党、世論は債務国に対し連帯的であったとはいいがたい。二〇〇九年からのキリスト教民主・社会同盟CDU・CSUと自由民主党FDPの中道右派連合政権下でもっぱら議論の俎上に載せられたのは、財政破綻を招いたギリシャ自身の責任であった。

二〇一〇年三月の欧州理事会（EU首脳会議）でEUと国際通貨基金IMFとの共同支援案が議題に上ると、ドイツ首相府はそれが「最後の手段」であり厳格な基準を条件としなければならないことを強調した。メルケル自身は債務国支援に対し終始消極的であったのではなく、「ミセス・ヨーロッパ」として責任を果たすこととの間で板挟みになっていたが、「シュバーベンの主婦」という堅実イメージに彼女の支持率は支えられていた。[14]

ドイツの政権が別の党派連合により成っていれば違う政策的選択をしただろうか。ドイツ社会民主党SPDの立場はすでに緊縮と構造改革の政策に収斂していた。二〇〇五年からの大連合政権下でSPDのシュタインブリュック財相は二〇〇九年二月「債務ブレーキ」を導入する。これは各国に厳格な財政規律を課すEUの財政規律協定（二〇一二年一二月締結）の雛型となるものだった。二〇一三年に大連合に復帰するとSPDの多くの政治家はショイブレ財相の均衡財政原則《シュヴァルツェ・ヌル》に異論なく賛同した。[15]

二〇一四年一月には、ECBの国債購入措置OMTに対し一万一〇〇〇人以上による憲法異議が申し立てられた。それは債務国を救済するための財政支出に対する一部の国民の強い反発を可視化する出来事であった。[16] 二月にはユーロ圏救済に反対する経済学者ルッケらによってドイツのための選択肢AfDが結党され、翌年九月の連邦議会選挙で五％の阻止条項突破に迫る四・七％の得票を獲得した。その後AfDが他の欧州諸国の右派ポピュリスト政党と同様、新自由主義から反移民に比重を移して議会進出したことは事実だが（二〇一五年七月の党首選でルッケは敗北し反移民路線が党内で優勢を占めた）、AfDが債務国救済反対から誕生したことは見逃すべきではない。[17]

一方、フランスはＥＵの政治的「中核」といえども経済は不安定で政策も振れ動いた。[18]二〇〇七―一二年のサルコジ政権は新自由主義的な規制緩和と雇用保護を両立させることに苦慮し、二〇一二年大統領選では社会党のオランドがグローバル金融資本に批判の矛先を向けて勝利した。しかし政府債務の急増と国債評価の格下げに直面してその政策運営は左派的レトリックから乖離していった。オランドが就任後取りかかったのは、ユーロ基準である財政赤字三％内復帰のための財政再建と増税策であり、任期後半には競争力強化のための企業減税と財政削減が行われた。これらの政策にもかかわらず経済冷え込みで失業は二桁に上り、企業減税は期待された雇用増をもたらさなかった。

オランドは「ユーロ・ケインズ主義」に希望をもっていたが、フランスの提案した財政協定の再検討、ユーロ債、ＥＵ金融取引税、欧州銀行同盟、欧州投資予算は、ドイツ首相メルケル、ユーログループ（ユーロ圏財務相会合）議長ユンカーによって退けられた（銀行同盟のように進捗した例もあるが、ドイツにとってリスクを高めるモラルハザードを許さない枠組みになった）。[19]このような政府の政策の行き詰まりの中で、伝統的な右派対左派ではない対立の二極が浮かび上がった。その一方は欧州統合・改革志向の「ブルジョワ・ブロック」で、貿易・金融の自由化、労働市場の柔軟化、社会的投資（積極的社会政策、教育、ハイテク）を志向する。[20]他方は「反ブルジョワ・ブロック」で、反移民、欧州懐疑主義、伝統的生産者保護を志向する。この新しい対立の二極が、二〇一七年の大統領選挙における親ＥＵ候補マクロンと国民戦線党首ルペンの決選投票、国民議会選挙における中道左派・右派の主流政党の議席激減をもたらした。[21]

「周辺」南欧と中東欧における緊縮の反作用

南欧諸国ではユーロ加入後の資本の流入により建設業、運輸業、サービス業、銀行を中心に経済が過熱したが世界金融危機後バブルが崩壊し、債務危機に陥った。欧州委員会、ECB、IMFとの了解覚書（MOU）はギリシャ、ポルトガル、アイルランドへの支援の条件として年金や若者向け社会政策のように生活に直結する支出の削減を求め、国内の労働組合や野党からの異論を認めなかった（スペイン、イタリアにはややソフトな枠組みが提示された）[22]。

だが国際的に決定された緊縮政策を実施することは国内政治上困難であった。ギリシャ、イタリアではテクノクラート型政権（パパデモス政権、モンティ政権）に経済運営が委ねられたが、ギリシャではシリザ（急進左派進歩連合）、黄金の夜明け、イタリアでは北部同盟（現同盟）、五つ星運動が急伸して、政党システムが遠心化した。二〇一五年一月選挙で第一党になったシリザは反緊縮の右派小党と連立政権を樹立するが、緊縮政策への国際合意を覆すことはできなかった。スペインでは社会労働党政権と国民党の二大政党の合意で政府債務を制限する憲法改正を断行し、二〇一一年に国民党に政権交代した後も緊縮政策が続行された。この結果「国民党も社会労働党も同じ」と主流政党批判が高まり「怒れる者たち」の直接行動が噴出し、二〇一五年の選挙は新党ポデモス、シウダダノスが多数の浮動票を獲得する「政治地震」となった[23]。

中東欧は、脱共産化後国際資本の周辺におかれ、「依存型資本主義」と概括されることもあるが、経済危機への対応と政党政治への影響は一様ではなかった[24]。エストニア、ラトビア、リトアニアは「対内的切り下げ」すなわち賃金、公共支出削減を断行し、緊縮政策から成長回復路線に乗せた模範例として

ＥＣＢやＩＭＦによって評価された。だがブライスは、これらの国々には特殊な状況――外国投資への圧倒的依存、大量の移出労働者、民族主義政治による反対派抑制――があったことがそこでは無視されていると指摘する。[25]

ポーランドとハンガリーはユーロ圏外にあるが、二〇一二年にＥＵの財政協定に調印し財政規律路線にしたがった。だが人口・経済規模のより大きいこれらの国々では緊縮政策と既存政党への反動が生じる。ポーランドでは反ＥＵ・反大企業のバラマキ型経済政策を推進した法と正義（公正）、ハンガリーではキリスト教ナショナリズム、家族、労働を優先するフィデスの長期政権が誕生した。仙石学によれば、これらポピュリスト型政権の台頭の背景に世界金融危機とＥＵの財政規律の「押しつけ」への反発、二〇一五年の欧州難民危機の衝撃が重なりあっていた。[26]こうして中東欧に「民主主義の後退《バックスライディング》」といわれる政治状況が生じ、法の支配を基本価値に掲げるＥＵとの間で軋轢が生じている。[27]

以上のように金融・経済危機の下で各国の政策・政党政治は多様な姿を示した。それらを俯瞰するとどのようにいえるだろうか。ヨーロッパは緊縮により危機をコントロールしようとしたが、それは「責任」優位の統治であり、「感受」の政治との乖離が進んだ。その結果、「中核」・「周辺」双方においてヨーロッパの連帯についての幻滅がもたらされたばかりでなく、各国における政権・主流政党、エリートへの不信が顕在化したのである。

2　ポスト危機の政治の再生か、もしくは政治の拡散か

ユーロ危機収束からコロナ危機下の「ハミルトン・モーメント」へ

ヨーロッパの民主主義は、「感受」性を失った選択肢なき政治の縮減と「中核」・「周辺」の分断を免れないのだろうか。その後の状況をふまえると、そうではない、という答えも可能であるようにみえる。EUはブレグジットに続く加盟国の離脱や、ギリシャのような債務国のユーロ圏からの排除にいたることはなかった。ポピュリズム政党は勢いが鈍化し（あるいは分裂し）、中道左派・右派の主流政党の復調もみられるようになっている。

ユーロ危機に転機をもたらしたのは、二〇一一年一〇月にECB総裁に就任したドラーギが矢継ぎ早に打ち出したユーロ危機対策であったといわれる。ドラーギは就任後まもなく資金調達に苦しむ銀行間市場に長期低金利資金を供給し、二〇一二年スペイン、イタリアで金融パニックが拡大すると、七月末に「ユーロを守るためにECBは何でもする」という有名な講演を行った。このドラーギの発言とそれに続くECBの国債購入措置OMTの公表、政策理事会決定（ドイツ連銀総裁の異論はあったが）により、ユーロ危機は収束に向かった。伝家の宝刀ともいえるOMTが実際に発動されることはなかったのであるが、超国家テクノクラートの立場からなしうる大胆な選択肢のアピールが奏功したといえよう[28]。

二〇二〇年から一挙に世界中を覆った新型コロナウイルス感染症の拡大は、EUの政策をさらに動かす転機になった。二〇二〇年二月以降南欧が中国に代わり感染の中心地となるが、当初独仏両国政府や欧州委員長フォン・デア・ライエンはイタリアの支援要請に冷淡であった。しかし四月に入るとフランスのマクロン大統領がEUとしての共通債構想を支持してメルケルもこれに同意し、両首脳は五月半ばオンライン合同記者会見で提案を行った。欧州委員会はこれを受けて復興基金案を公表する[29]。

注目されるのは、この間ドイツ国内で財政規律に関する原則の見直しが起こっていたことである。三月にメルケル首相は国民向けのテレビ演説で第二次大戦以来の重大な課題に直面していると訴え、連邦議会で憲法の財政規律規定外の起債が圧倒的多数の賛成で承認された（AfDのみが棄権）。二〇一八年三月に就任したショルツ新財務相は前任のショイブレと異なり、EUの財政的連帯に積極的な社会民主党政治家であり、彼がフランスのル・メール経済相とともに復興基金案の推進役を担った。[30] 独仏主導の欧州復興基金案はオーストリア、オランダ、デンマーク、スウェーデンの「倹約四か国」からの反発を招いたが、七月にドイツが議長国となるとメルケルはデジタル化、欧州グリーンディール、対中国政策などヨーロッパの一体的姿勢を訴え、「倹約四か国」への譲歩を容れて最終合意を達成した。欧州復興基金七五〇〇億ユーロの内訳は、共通債による補助金三九〇〇億ユーロ（原案では五〇〇〇億ユーロの補助金）と三六〇〇億ユーロの融資であり、多年次中期財政枠組み（MFF）とあわせ、かなり厚い支援が約束されたことになる。[31]

この欧州復興基金については、ショルツ自身によるものをはじめヨーロッパの「ハミルトン・モーメント」となった、という高い評価が与えられた。[32] これは、アメリカ独立戦争後に各州の債務が急増した際、初代財務長官ハミルトンが非常時を理由に債務の共通化を唱えた決断になぞらえたものである（ハミルトンは財政統合の父と呼ばれることになる）。「ドラーギ・マジック」とパンデミック下の欧州復興基金、この二つの展開をみるならば、ヨーロッパは政治の縮減から「ハミルトン・モーメント」と形容される政治の再生に向かっているといえるのかもしれない（二〇二一年にドラーギはイタリア首相、ショルツはドイツ首相に就任した）。

しかし懐疑的な見方もある。ドラーギのＥＣＢが量的緩和（ＱＥ）に踏み込んだことは金融システムの安定化に寄与した。だが、田中素香によると、改革後のユーロは「ある社会がほかの社会の同意を得ないでそれを統治する」という帝国的な「中核」─「周辺」構造をむしろ強めている。[33]またポルトガルの政治学者セバスティアオは、パンデミック危機は「民主主義の赤字」といわれるＥＵの憲法的制度構造を変えるにいたらなかったという。なぜなら欧州委員会は民主的な代表能力をもたぬままであり、「倹約四か国」の例のように少数国家の拒否の力が依然強く、そして何よりも経済的覇権国ドイツの意志が決定的であり続けているからである。[34]

ハーバーマスとシュトレークの民主主義構想

政治の縮減そして「中核」─「周辺」の格差を乗り越えるポストナショナルな民主主義は実際に形をなしつつあるのだろうか。改めてハーバーマスとシュトレークの民主主義構想をみてみよう。「テクノクラシーの誘惑の中で」という論考でハーバーマスは、①テクノクラート、②欧州民主主義者、③欧州志向の経済自由主義者の三者により欧州統合を推進する暫定的同盟ができていると述べる。[35]その中にあって欧州委員会は経済的要請と政治的可能性を両立させようと企図している。だがそこにはテクノクラシーによって架橋しようとする誘惑が潜むのであり、テクノクラートよりも超国家的な民主主義者こそが「政策」と「政治」の裂け目を埋める務めを果たし続けるとハーバーマスは論じる。[36]

ではハーバーマスの構想する欧州民主主義とはどのようなものか。先の「民主主義か、資本主義か」論文では、国益間の妥協と拒否だけでなく、党派として選ばれた議員（欧州議会の党派）の多数決によって政治的意思形成がなされることが望まれている。政党の役割は、国境に沿った「偽りの前線」に代えて、危機対策の中で「勝ち組」「負け組」となる社会グループの区別にもとづく。それはEU市民が「われわれという視座 Wir-Perspektive」を獲得することと表裏一体である。[37] こうして国家間とヨーロッパ市民という二重の決定によってユーロ圏内の再配分の正統化を果たせるものと考えられている。

だがシュトレークからみれば、「ユーロが失敗したらヨーロッパも失敗する」というハーバーマスやメルケルの前提がそもそも間違っている。二〇〇〇年の歴史をもつヨーロッパはユーロと同一でないのに、それを同一視する前提がユーロ圏と非ユーロ圏、債権国と債務国、親欧州と反欧州の人々を分断している。[38]「とどのつまり、ハーバーマスのヨーロッパにとって問題は資本主義ではなく、その運営なのだ。ハーバーマスの意味するところは、欧州通貨同盟の問題が親資本主義的もしくは資本利益に従属的であるということでなく、それがたまたま非民主的で、それゆえ真の敵ナショナリズムに対する戦いをだめにする、ということだ」とシュトレークは結論する。[39] こうなると「敵は資本主義かナショナリズムか」の議論のすれ違いということになる。

ではシュトレーク自身の民主主義構想はどうだろうか。近著『グローバリズムと民主主義の間』では、非民主的なグローバル・テクノクラシーに代わる「小さいが小さすぎない政治的単位」もしくは「ケインズ゠ポランニー国家モデル」が推奨されている。このモデルはナショナルな主権を取り戻し、一定の保護主義を適用できるだけでなく、国内生産、国際サービス、地産地消、エネルギー転換インフラ、コロナ対策のような医療介護、文化教育保護をも実現する単位となると考えられている。[40]

二人の構想を比べてみると、ハーバーマスは欧州議会と国家間の二層による欧州民主主義、シュトレークは通貨と経済政策の主権を回復した「小さいが小さすぎない」国民国家を解決策として示している。両者の描く政体はスケールが異なるのだが——ハーバーマス自身、条約を改正しなければ実現できないといっているように——いずれも政体の枠組みを外科手術的に変更する構想のように読める。そのような政体構想を頭から否定する理由は全くない。しかしそれらは現実化の戦略としては不完全といわざるをえない。

なぜか。第一に政体のスケールを変えても、金融・経済危機やパンデミックをはじめ、グローバル化や欧州統合のもたらす不確実性、またそれに対するポピュリズムのような反動をコントロールすることはほとんど不可能である（仮にユーロを離脱したとしても、各国がグローバル化から受ける影響の不確実性はブレトンウッズ体制時代の西欧とは比較にならないほど高い）。第二にその不確実性の中で、現に存在する政治アクターや市民、組織がこれまでとは異なる民主主義を信頼しようとするか、その担い手となるかはわからない。それは欧州かナショナルか、政体のスケールや権限のレベルを設定するだけでは解決できない課題である。

市民と政治のリンケージ

来るべき民主主義の外形を構想するだけでは、いつまでも手が届かないだろう。ポストナショナルな諸条件の中で民主主義を再構築するには、市民と政治がどのように結びつくか、という政治的リンケージのあり方に立ち戻る必要がある。このことは代表の問題として論じることが一般的かもしれないが、代表論が規範的妥当性、権利・制度に重点を置くのに対して、リンケージの視点は、現実の政治的アクターや組織がどのように市民と政治を結びつけるのかを問う（それゆえ恩顧主義《クライエンテリズム》のように規範的に望ましくないとされているものでも、リンケージの役割を果たすと評価されることもある）。[41]

これまでヨーロッパの民主主義における主要なリンケージとして機能してきたのは政党である。実はハーバーマスは、「政党の直面するジレンマ」と題した講演で、政党を取り囲む厳しい現実とそれにもかかわらず政党に託される役割を語っている。現状は「欧州政党システムがそもそも存在する前」であり、政党は熾烈な選挙競争と連合戦略に縛られ、ポピュリズムの侵食に脅かされている。それでも選挙は単なる世論調査とは異なる意義をもち、討議の政治、公共圏の役割を果たせるのが政党（次いで政治メディア）である。欧州統合を掲げる政党は、いまだナショナルな世論に対し、目標を正統化する難題を背負っている。こうしてヨーロッパ政治の命運は、政党のもつ理念の豊かさ、リーダーシップ、そして規範的な感受性にかかっている、とハーバーマスはいう。[42]

ハーバーマスのいうように「感受」と「討議」の役割を政党は果たしていけるのだろうか。表1はフランスの政治イノベーション財団の「民主主義はどこに行くか」調査の結果を抜粋したものである。ここから読み取れることとして、①欧州より国家の権限の強化を求める声が多い。②それでもユーロから自国通貨への回帰は現実的に考えられていない。③非民主的な指導者は（ポピュリスト型政権の中東欧諸国でも）望まれていない。④専門家による決定と市民自身による決定の両方が支持されている（両者の間には矛盾があるはずだが市民の認識自体矛盾をはらんでいるのかもしれない）。⑤ほとんどの国で（深刻な数字といってよいほど）政党への信頼は低い。⑥全欧的に民主主義にとって直接抗議行動が重要だと考えられている。[43]

政党はポストナショナルな政治のリンケージとしてバージョンアップを遂げるのか。別の何かがリンケージとして取って代わるのか。トマッセンとヴァン＝ハムは、今起こっているのは「代表制民主主義の失敗」ではなく、「民主主義の種別変更」だという。政党システムは、かつての社会グループと強く結びつく「亀裂基盤民主主義」から、左─右の経済政策プログラムへの支持を競う「競争民主主義」へ、そしてさらに近年は多次元にわたる政策とイメージへの評価を競う「オーディエンス民主主義」に移ってきている、というのが彼らの見立てである。政党の未来についてトマッセンらは、左─右軸とは別に、欧州統合や移民争点を包含するもう一つの対立軸が整いつつあるのであり、政党が有権者の変化を「感受」しようとする途上段階である、と考えている。[44]

だが「オーディエンス民主主義」化をいち早く予想したマナンは、個人の評価やイメージに依存する「オーディエンス民主主義」が「政党民主主義」とは異なるものであると論じていた。[45] しかも、「オーディエンス民主主義」だけがヨーロッパ政治に起こっている変化ではない。デモや占拠のような直接抗議行動が噴出し、「反政党」を象徴するコメディアンらが政治的ブームとなり（イタリア、アイスランド等）、選挙毎に新党が入れ替わる（中東欧等）。クリージのいうようにこの傾向を加速したのは緊縮政策の影響であったが、これらの現象が国際機構や市場の圧力を覆すにはいたっていない。[46] こうした政治の姿を縮減とだけ呼ぶとこぼれ落ちるものがあるが、単純に政治の再生と評価することもできない。むしろ政治の拡散ととらえることが正確であろう。

拡散する政治の中で、ヨーロッパ各地の市民はどのような民主主義への期待をもっているのだろうか。個別の事象に目を転じるなら、二〇二一年一〇─一一月にグラスゴーで行われた国連気候変動枠組条

ギリシャ	ハンガリー	イタリア	ラトヴィア	ポーランド	イギリス
18	36	22	17	31	
74	51	66	56	42	
8	13	12	27	27	
50		45	51		
27		41	33		
23		14	16		
19	35	41	45	23	19
81	65	59	55	77	81
59	86	56	72	72	55
41	14	44	28	28	45
74	84	71	61	80	58
26	16	29	39	20	42
4	11	7	11	12	26
96	89	93	89	88	74
90	81	88	85	90	80
10	19	12	15	10	20

表 1　「民主主義はどこへいくか」調査結果（抜粋）

質問	ドイツ	スペイン	フランス
将来の大問題を実効的に解決するには			
自国より欧州の決定権を強めるべき	26	26	21
欧州より自国の決定権を強めるべき	55	56	67
欧州と自国の決定権を変更する必要ない	19	18	12
ユーロについてどのような選択肢に賛成か			
ユーロを通貨とし続ける	60	62	62
自国通貨に戻るべきだが不可能	31	30	28
自国通貨に戻るべきであり可能	9	8	10
議会や選挙を顧みない強い人物が指導する統治は			
（とても）良い	35	22	35
（とても）悪い	65	78	65
政府よりも専門家が国に最善と思われることを決定するのは			
（とても）良い	51	75	63
（とても）悪い	49	25	37
政府よりも市民が国に最善と思われることを決定するのは			
（とても）良い	61	66	69
（とても）悪い	39	34	31
（諸制度のうち）政党を			
（全面的に）信頼する	33	10	11
（全面的に）信頼しない	67	90	89
民主主義が良く機能するためにデモ，街頭行進，異議表明ができることは			
（とても）重要	90	93	86
（全く）重要でない	10	7	14

出所：La Fondation pour l'innovation politique, « Où va la démocratie »(2017) ※ 26 か国 18 歳以上の 22,041 人へのインターネット調査（2017 年 2-3 月実施）［https://data.fondapol.org/democratie/ou-va-la-democratie/　2021 年 12 月 5 日閲覧］

約第二六回締約国会議COP26が妥協的な成果文書に終わった際、世界各地から集った運動参加者が「気候正義のためのピープルズ・サミット」を展開し抗議を表明した。「COPの外側で力を形作るのは、COPの内側の世界の指導者たちに責任を果たさせ、しなくてはならないと分かっていることをさせるのに不可欠だ」とそのオーガナイザーの一人は語っている。[47] COP26では指導者と市民運動が分断され、政治の拡散は続いているといわざるをえないが、今やそのことははっきり可視化され批判されている。また小国アイスランドの例であるが、二〇〇八年の金融危機後に政府・議会が海外預金者（多くは投資家）保護を一般国民の負担としようとした際、大統領から市民運動まで多発的な反対が重なり、二度の国民投票で政府案が覆される出来事があった。[48]

これらを通して次の仮説も成り立つのではないか。「責任」と「感受」を綜合するリンケージなど今後現れることはなく、政治の拡散が永続するであろう。そうであるならば、異なるリンケージに依拠する異なる民主主義（S）が争うことになる。こうしたリンケージの分断は、戦間期にはデモクラシーの崩壊につながった。そうならないためには、異なる民主主義（S）の間に「民主的な公共性」が成り立たなければならない。ヨーロッパはそのための「民主主義の建築現場」である。[49]

＊本章は日本政治学会二〇一九年度研究大会共通論題報告を改稿したものであり、日本学術振興会科学研究費補助金研究課題19H01442、19H00585、20H00060の成果の一部である。

註

（1） Dani Rodrik, "How Far Will International Economic Integration Go?", *Journal of Economic Perspectives* 14 (1), 2000, pp. 177–186. 遠藤乾『欧州複合危機』中央公論新社、二〇一六年、二六九―二七〇頁。

（2） 遠藤乾『統合の終焉――ＥＵの実像と論理』岩波書店、二〇一三年、二七八―二八九頁。

（3） Wolfgang Streeck, *Gekaufte Zeit: Die vertagte Krise des demokratischen Kapitalismus*: Frankfurter Adorno-Vorlesungen 2012, Berlin: Suhrkamp, 2013（鈴木直訳『時間かせぎの資本主義――いつまで危機を先送りできるか』みすず書房、二〇一六年）.

（4） Jürgen Habermas, «Demokratie oder Kapitalismus?: Vom Elend der nationalstaatlichen Fragmentierung in einer kapitalistisch integrierten Weltgesellschaft», in *Blätter für deutsche und internationale Politik*, Mai. 2013, pp. 59–70（三島憲一編訳「デモクラシーか資本主義か?」『デモクラシーか資本主義か――危機のなかのヨーロッパ』岩波書店、二〇一九年）. 同論文は一部修正を加えて以下に再録されている。*Im Sog der Technokratie: Kleine Politische Schriften XII*, 2. Auflage, Berlin: Suhrkamp, 2013. ハーバーマス、シュトレークを含むドイツにおける論争の解説としていち早く出されたものが、鈴木直「ヨーロッパを引き裂く四つのベクトル――英国ＥＵ離脱を読み解く」『世界』第八六八号、二〇一六年九月、一六四―一七五頁、三島憲一「より深い政治統合か、国民国家への撤退か」同号、一九二―一九四頁。

（5） Wolfgang Streeck and Lea Elsässer, "Monetary Disunion: The Domestic Politics of Euroland", *Journal of European Public Policy* 23(1), 2015, pp. 1–24.

（6） Mark Blyth, *Austerity: The History of a Dangerous Idea*, Oxford: Oxford University Press, 2013, pp. 132–177（田村勝省訳『緊縮策という病――「危険な思想」の歴史』ＮＴＴ出版、二〇一五年）.

（7） Björn Bremer and Sean McDaniel, "The Ideational Foundations of Social Democratic Austerity in the Context of the Great Recession", *Socio-Economic Review* 18(2), 2019, pp. 439–463.

（8） Rainer Hillebrand, "Germany and its Eurozone Crisis Policy: The Impact of the Country's Ordoliberal Heritage", *German Politics and Society* 33(1), 2015, pp. 6–24; Claus Offe, "Narratives of Responsibility: German Politics in the Greek Debt Crisis", in Manuel et al., *Europe's Crises*, Cambridge: Polity, 2018.

（9） Kenneth H. F. Dyson, *States, Debt, and Power: 'Saints' and 'Sinners' in European History and Integration*, Oxford: Oxford University

Press, 2014. 第一次世界大戦前のクレディ・リヨネの三段階評価では最優良国がベルギー、イギリス、デンマーク、フィンランド、ドイツ、ノルウェー、ロシア、スウェーデン、スイス、中間がオーストリア、オランダ、ハンガリー、イタリア、最も信用度が低いのがブルガリア、ギリシャ、オスマン帝国、ポルトガル、ルーマニア、セルビア、スペインとされた。Ibid., pp. 185–186.

（10） Matthias Matthijs, "The Euro's "Winner-Take-All" Political Economy", *Politics & Society* 44(3), 2016, pp. 393–422.

（11） Rune Møller Stahl, "Ruling the Interregnum: Politics and Ideology in Nonhegemonic Times", *Politics & Society* 47(3), 2019, pp. 333–360. 同論文で参照されているように現代社会危機の理論家たち（ムフ、バウマン、シュトレーク）も「空位時代」という診断を与えている。なおグラムシの原典で「空位時代」interregno が登場する箇所は、Antonio Gramsci, *Quaderni del Carcere: edizione integrale con tutti i volumi*, (Independently published, ASIN: B09CCH88TH), p. 1163（山崎功監修『グラムシ選集第6巻』合同出版、一九八六年）.

（12） Peter Mair, "Representative versus Responsible Government", *MPIfG Working Paper* 09/8, Köln, Max-Planck-Insitut für Gesellschafts-forschung, 2009, p. 17.

（13） Luciano Bardi, Stefano Bartolini and Alexander H. Trechsel, "Responsive and Responsible?: The Role of Parties in Twenty-First Century Politics", *West European Politics* 37(2), 2014, pp. 235–252.

（14） Christina J. Schneider and Branislav L. Slantchev. "The Domestic Politics of International Cooperation: Germany and the European Debt Crisis", *International Organization* 72(1), 2017, pp. 1–31.

（15） Bremer and McDaniel, *op. cit.*, pp. 12–14.

（16） 小場瀬琢磨「欧州中央銀行による国債買入の可否――OMT決定の適法性を中心として」『専修法学論集』第一二八号、二〇一六年、六七–八九頁。

（17） Kai Arzheimer, and Carl C. Berning, "How the Alternative for Germany (AfD) and their Voters Veered to the Radical Right, 2013–2017", *Electoral Studies* 60, 2019, pp.1–10; 近藤正基「排外主義政党の誕生――「ドイツのための選択肢（AfD）」の発展と変容」新川敏光編『国民再統合の政治――福祉国家とリベラル・ナショナリズムの間』ナカニシヤ出版、二〇一七年、中谷毅「「再国民化」と「ドイツのための選択肢」――移民問題およびユーロ問題との関連で」高橋進・石田徹編『「再国民化」に揺らぐヨーロッパ——新たなナショナリズムの隆盛と移民排斥のゆくえ』法律文化社、二〇一六年、野田昌吾「「ドイツのための選択肢（ＡｆＤ）」の台頭」水島治郎編『ポピュリズムという挑戦——岐路に立つ現代デモクラシー』岩波書店、二〇二〇年。

（18）Bruno Amable, Elvire Guillaud, and Stefano Palombarini, "Changing French Capitalism: Political and Systemic Crises in France", *Journal of European Public Policy* 19(8), 2012, pp. 1176–1180.

（19）Ben Clift and Sean McDaniel, "Is This Crisis of French Socialism Different?: Hollande, the Rise of Macron, and the Reconfiguration of the Left in the 2017 Presidential and Parliamentary Elections", *Modern & Contemporary France* 25(4), 2017, pp. 403–415.

（20）Bruno Amable and Stefano Palombarini, "The Emergence of an Anti-bourgeois Bloc in France", in Hideko Magara and Bruno Amable (eds.), *Growth, Crisis, Democracy: The Political Economy of Social Coalition and Policy Regime Change*, London: Routledge, 2017.

（21）中山洋平はマクロン以後のフランスについて、伝統的左–右軸による支配の枠組みが瓦解し様々な社会階層が直接政治に登場して体制や権力者の変転が続く政治のあり方を示唆する。中山洋平「革命と焦土——二〇一七年フランス大統領・下院選挙の衝撃」水島編前掲書。

（22）ユーロ危機と南欧政治については、横田正顕「南欧政治における代表と統合の背理——欧州債務危機とデモクラシーの縮退」日本政治学会編『年報政治学』第六六巻二号、二〇一五年、一〇〇–一二九頁、伊藤武「イタリアにおける同盟の挑戦——「主流化」をめぐるジレンマへの対応」水島編前掲書、小川有美「ユーロ危機の政治学」高橋百合子編『アカウンタビリティ改革の政治学』有斐閣、二〇一五年。

（23）Guillem Vidal and Irene Sánchez-Vítores, "Spain - Out with the Old: The Restructuring of Spanish Politics", in Swen Hutter and Hanspeter Kriesi (eds.), *European Party Politics in Times of Crisis*, Cambridge: Cambridge University Press, 2019. その後二〇一九年の二回の選挙では急進右翼のＶｏｘが急伸した。

（24）Andreas Nölke and Arjan Vliegenthart, "Enlarging the Varieties of Capitalism: The Emergence of Dependent Market Economies in East Central Europe", *World Politics* 61(4), 2009, pp. 670–702; Stefanie Walter, "Crisis Politics in Europe: Why Austerity Is Easier to Implement in Some Countries Than in Others", *Comparative Political Studies* 49(7), 2015, pp. 841–73.

（25） Blyth, op. cit., pp. 216–226.
（26） 仙石学『中東欧の政治』東京大学出版会、二〇二〇年、八一―八八頁。
（27） 庄司克宏『欧州ポピュリズム――EU分断は避けられるか』筑摩書房、二〇一八年、中田瑞穂「東中欧における「デモクラシーの後退」――イリベラル政権とEUの課題」宮島喬・木畑洋一・小川有美編『ヨーロッパ・デモクラシー――危機と転換』岩波書店、二〇一八年、小森田秋夫「ポーランドにおける「法の支配」の危機と欧州連合」日本EU学会編『日本EU学会年報』第三九号、二〇一九年、四四―七五頁。
（28） 田中素香『ユーロ危機とギリシャ反乱』岩波書店、二〇一六年、三七―三九頁。
（29） 東野篤子「「次世代のEU基金」および二〇二一―二〇二七年中期予算計画（MFF）合意形成への道――問題の背景、交渉過程、将来的な課題」市川顕・高林喜久生編『EUの規範とパワー』中央経済社、二〇二一年、坂井一成「フランス：試練のマクロン体制とEU連帯の追求」植田隆子編『新型コロナ危機と欧州――EU・加盟10カ国と英国の対応』文眞堂、二〇二一年。
（30） 星野郁「ユーロの安定はどのように確保されるのか」蓮見雄・高屋定美編『沈まぬユーロ――多極化時代における二〇年目の挑戦』文眞堂、二〇二一年、四七―五一頁。
（31） 森井裕一「ドイツ：EUにおける役割の重要性」植田編前掲書。
（32） Bundesministerium der Finanzen, «Solidarität in Europa und in Deutschland», 2020.05.20. https://www.bundesfinanzministerium.de/Web/DE/Home/home.html （二〇二一年一二月五日閲覧）
（33） 田中前掲書、一一一―一一六頁、一五四―一六一頁。
（34） Dina Sebastião, "Covid-19: A Different Economic Crisis but the Same Paradigm of Democratic Deficit in the EU", *Politics and Governance* 9(2), 2021, pp. 252–264.
（35） Habermas, *Im Sog der Technokratie*, Berlin: Suhrkamp, 2013, pp. 84–86（この論考の邦訳は三島訳前掲書所収「テクノクラシーに飲み込まれながら」）. なおハーバーマスが取り上げている欧州委員会の構想は European Commission, *A Blueprint for a Deep and Genuine Economic and Monetary Union Launching a European Debate*, Brussels, COM（2012）777 final, 30.11.2012.

(36) Habermas, op. cit., p. 92.
(37) Habermas, «Demokratie oder Kapitalismus?», pp. 65–70.
(38) ハーバーマス前掲論文の英語版への書評。Streeck, *Critical Encounters: Capitalism, Democracy, Ideas*, London: Verso, 2020, pp. 150–152.
(39) *Ibid.*, p. 157.
(40) Streeck, *Zwischen Globalismus und Demokratie: Politische Ökonomie im ausgehenden Neoliberalismus*, Berlin; Suhrkamp, 2021, pp. 462–475.
(41) 政治的リンケージについては、Herbert Kitschelt, "Linkages between Citizens and Politicians in Democratic Polities", *Comparative Political Studies* 33 (6/7), 2000, pp. 845-879; 中田瑞穂「民主化過程における政党のリンケージ戦略と政党システムの「固定化」――東中欧の事例から」『立教法学』第六八号、二〇〇五年、一五八―二〇六頁。
(42) 元は社会民主党系の授賞式の講演。Habermas, *Im Sog der Technokratie*, pp. 129–131.
(43) 以下をはじめ既存研究は中東欧では南・西欧より抗議が一貫して低調だと指摘するが、二〇二〇～二一年にポーランドで政府・司法の人口妊娠中絶禁止やEU法への敵対的方針に対し多くの都市で抗議が噴出したことをみるならば、市民による抗議の活性化がみて取れる。Endre Borbáth and Theresa Gessler, "Different Worlds of Contention? Protest in Northwestern, Southern and Eastern Europe", *European Journal of Political Research* 59(4), 2020, pp. 910–935.
(44) Jacques Thomassen and Carolien van Ham, "Failing Political Representation or a Change in Kind?: Models of Representation and Empirical Trends in Europe", *West European Politics* 37(2), 2014, pp. 413–416. なおヨーロッパにおける多次元の争点構造を独自に分析した研究として、中井遼『欧州の排外主義とナショナリズム――調査から見る世論の本質』新泉社、二〇二一年。
(45) Bernard Manin, *The Principles of Representative Government*, Cambridge: Cambridge University Press, 1997, pp. 218–234.
(46) Hanspeter Kriesi, "The Political Consequences of the Financial and Economic Crisis in Europe: Electoral Punishment and Popular Protest", *Swiss Political Science Review* 18(4), 2012, pp. 518–522.
(47) *The Guardian* (online), Sun 7 Nov 2021, "Counter climate summit kicks off as activists lament Cop26 inaction". https://www.

theguardian.com（二〇一一年一二月五日閲覧）

（48） Kriesi, op. cit., p. 521. なおアイスランドの政党政治と市民政治についての本格的研究として、塩田潤「市民熟議と政党政治の相互作用——アイスランド市民憲法の「失敗」とその後」日本政治学会二〇二一年度研究大会（二〇二一年度九月二五日—二六日）報告論文。ただし塩田は銀行負債の争点が市民熟議による憲法改正の可能性を後景に押しやった点を批判的にみている。

（49） 齋藤純一『政治と複数性——民主的な公共性にむけて』岩波書店、二〇二〇年、小川有美「歴史政治学の論理と感性」『公共政策』第五巻一号、二〇〇八年、五八—六六頁。

第4章　グローバル・ガバナンスにおける非国家主体の正統性と政治的CSR

松尾隆佑

1　民主的グローバル・ガバナンスは可能か

これまで標準的な代表制デモクラシーの機能は、少なくとも三つの重要な前提に支えられてきた。第一に、代表されるべきデモス（人民）の範囲を法的に画すナショナルな境界線である。国境で区切られた法的デモス（国民）と主権国家の結びつきこそが、私たちがよく知る代表制の舞台を構成している。第二に、民主的統治を担いうる／担うべき唯一の主体として国家の機構に認められた特権的地位である。さまざまな法的デモスは、自国の政府に正しく代表されることを通じて自己統治を為しうるものと想定されてきた。第三に、政府の指導者が法的デモスを適切に代表するように促す制度的なメカニズムとしての選挙である。代表を介した集合的自己統治という擬制は、包摂的かつ競争的な選挙が定期的に実施されることによって初めて定着すると考えられている。

これに対して、現代のグローバル・ガバナンスにおける諸実践からは、いずれの前提にも挑戦する議論を引き出せる。国境を越えて対処すべき地球的課題をめぐっては、当然ながら政治的舞台もまた国境横断的に設定される。そして国境横断的な政策過程では、各国政府や国際機関だけでなく、NGOや企業などの多様な非国家主体（non-state actor）が大きな影響力を行使している。[1] たとえば気候ガバナンスにおいては、国連気候変動枠組条約締約国会議（COP）が最も主要な舞台となるが、COPにはNGO、企業、産業団体、科学者など多様な非国家主体も数多く参加し、国家間の交渉と並行して情報の交換・発信、協議、助言、陳情、抗議といった活動を盛んに展開する。これらの非国家主体は各国政府への持続的な監視と働きかけを通じてルール作成に関与するため、気候ガバナンスは主権国家と非国家主体の相互作用に基づいている。[2] したがって今や非国家主体は伝統的に国家の役割であった統治の一端を担うようになっているのだが、その地位は国家からの権限移譲によって与えられたわけでも、選挙に基づく代表性に支えられているわけでもない。

このように現代のグローバル・ガバナンスは、標準的な代表制デモクラシーにとって重要な前提（代表されるべき法的デモスを区切る国境、法的デモスを代表して独占的に統治する国家、国家による法的デモスの代表を制度的に担保する選挙）を、いずれも共有していない。このため、グローバル・ガバナンスがデモクラシーと両立することはありえず、民主政治は上記の諸前提を保持できるナショナル（およびローカル）な領域でしか成立しないとの考えは根強く支持されている。[3] しかしながら、選挙に基づく代表性を持たない多様な非国家主体を交えて展開されるグローバル・ガバナンスが、もし何らかのかたちで人民を国境横断的に代表できると考えられるなら、私たちは従来と異なる前提を有した新たな代表制デモクラシーの構想を得ることになる。そこで本章では、代表制構想の豊富化に貢献すべく、現代の越境的な統治に携わる非国家主体が獲得しうる代表性や正統性を問うことで、民主的グローバル・ガバナンスの方途を探りたい。

2　私的権威としての非国家主体

プライベート・ガバナンスと私的権威

グローバル・ガバナンスにおいては、政府のような公的権威だけでなく、主権国家を迂回する「プライベート・ガバナンス」の働きも重要となっている。[4] たとえば国際会計基準審議会（ＩＡＳＢ）や国際標準化機構（ＩＳＯ）、森林管理協議会（ＦＳＣ）などの民間団体が定めた各種の基準や資格（プライベート・スタンダード）は、法的拘束力がないにもかかわらず、市場参入の条件として事実上の拘束力を持ったり、政府による法規制の前提となったりすることがある。こうした民間の基準・資格がソフト・ローの一種として機能することで成立する規制枠組み（プライベート・レジーム）は、規制が不十分な分野で政府や国際機関の機能を補完・代替する意義を認められてきた。さらに、たとえばＥＵではルール遵守の証明として民間の認証制度を活用できる分野があるなど、プライベート・レジームの拡大に従ってパブリック・レジームとの連携も生じている。

プライベート・ガバナンスの普及は、政府から民間への単純な責任転嫁として片づけられるものではない。高度に専門分化した現代社会では、各分野に精通した私人の知見や資源を提供してもらうことなく実効的な規制を為すことが困難である。そこで、統治を遂行するために最も適した主体に機能を分担することが求められる。[5] このため非国家主体による自主規制や民間規制の取り組みが統治機能を担うようになり、自主規制・民間規制と法規制を組み合わせる「共同規制（co-regulation）」の手法も発達したのである。[6]

また、国連やＥＵをはじめとする国境横断的な政策過程では、重大な利害関心、資源、専門性を持つステークホルダー（利害関係主体）の幅広い参加を求める「マルチステークホルダー・プロセス（ＭＳＰ）」による意思決定も普及している。[7] ＭＳＰは、各種の非国家主体をステークホルダーとして包摂することで政策過程に多様な利益を反映させ、熟議を通じた合意の形成を促す。専門性を備えた非国家主体の参画は政策過程に有益な情報・知識をもたらす可能性も高いため、ＭＳＰはガバナンスの代表性と有効性を向上させると考えられている。

こうして各分野の規範・規制を形成するにあたって重要な役割を担うようになった非国家主体は、公的権威と並立・協働する「私的権威（private authority）」であると見なされる。[8] 私的権威を含み込んだ現代のグローバル・ガバナンスは、厳格に法的で、官僚制的で、強制的であるような従来の国家諸組織を超え出た、複雑な政治的諸制度の体系を成す。[9] したがって、この体系における統治主体は、特定の制度に固定されず、その所在や大きさが絶えず変動する「流動的権威（liquid authority）」として特徴づけられる。[10]

非国家主体は正統性を持ちうるか

ただし、プライベート・ガバナンスやＭＳＰの一般化は、私的権威としての非国家主体がいかなる正統性（legitimacy）を持つのかという疑念を惹起する。正統性は、道徳的な正しさ（統治する権利があるか）の評価に基づく規範的正統性と、社会的な受容・承認（統治が正しいと見なされているか）の事実に基づく記述的正統性に大別されるが、いずれにせよ統治が支持に値する理由を提供する。[11] そしてガバナンスおよび統治主体が持つ正統性の水準は、包摂性・代表性など入力面（input）、透明性・熟議・答責性（accountability）などの過程面（throughput）、帰結に基づく出力面（output）のそれぞれに関して、多面的に問われうる。[12]

インフォーマルで強制力のないプライベート・ガバナンスにおいては特に記述的正統性の確保が重要であるものの、[13] 非国家主体の正統性は政府機関よりも低いと見なされやすい。[14] 国内のガバナンスにおいては、関与主体の任務や組織を法律で定め、その活動を政府が適切に監督できることが正統性の確保に資する。[15] だが、グローバルな規制ギャップを埋めるために成立したプライベート・ガバナンスを個別の国家が監督することは難しく、私的権威を公的権威の完全な管理下に置くことは望みにくい。MSPに対しても、一部の有力なステークホルダーによって操作されたり、閉鎖的な専門集団による非民主的な決定の場と見なされたりする恐れが指摘されている。[16] 非国家主体を適切な方法で包摂し、多様な利益を代表するステークホルダーの協働を促すことは入力面や過程面の正統性を高めるとの見解がある一方で、NGOや企業など選挙に基づく代表性を持たない非国家主体を参画させることは正統性を向上させないと考える立場も未だ有力である。[17]

ここでの問題は、もはや実際の権威は国境（および伝統的な公私区分）を越えて存在するにもかかわらず、民主的な諸制度は依然として国家に縛られたままのため、ガバナンスに民主的正統性の欠損（democratic deficit）が生じるという構造にある。[18] グローバル・ガバナンスが政府間の同意に基づくのみであれば、その正統性は究極的に各国政府が自国民を代表していること（主権）に求められ、各国民と越境的な統治の結びつきはナショナルな代表制における政府への委任の延長として説明できる。[19] これに対して、選挙されることなく私的権威の地位を占める非国家主体は、民主的な政府が国内の代表制から調達可能な代表性を主張することができないため、非国家主体を交えた流動的権威の正統性は政府間の協働と比べて低いと見なされやすくなる。

3 非選挙的な代表性の主張

形式主義と構築主義

だが、非国家主体であっても非選挙的（nonelectoral）な代表性を主張することはできる。選挙に基づく代表性は、被代表者が代表者に対して予め行なう権威付与（authorization）と、代表者から被代表者への事後的な応答を通じて果たされる答責性を組み合わせたメカニズムから成り立っている。[20] この代表メカニズムは、ハンナ・ピトキンが形式主義的と呼んだ代表観を前提としており、[21] 被代表者の範囲や利害関心を所与と見なす傾向がある。

これに対して近年の代表論では、被代表者の範囲や利害関心の自明性を否定したり、代表者と被代表者との相互作用を一層重視したりすることによって、「構築主義的転回」が果たされた。マイケル・サワードによって定式化された構築主義的な代表観は、ある主体が特定の対象に関して表明する「代表の主張（representative claim）」がオーディエンスに受容されたり拒絶されたりする持続的な相互作用の過程として代表を理解する。[22] こうした立場からすれば、「選挙を通じた代表は、主張としての代表が営まれる過程の一部に過ぎず、代表を選挙に一元的に還元することは否定される」[23]。また同時に、市民社会組織や社会運動に見出せるような「インフォーマルな関係においても生じ、そこにおいて同時に複数存在し重層的かつ複雑に絡み合っている」代表関係が肯定されることにもなる。[24] したがって構築主義的転回は、代表に基づく正統性を暗黙のうちに選挙と結びつける慣例を棄却した。[25]

もとより利益集団やアドボカシー団体などは、それぞれの支持母体を代表していると主張する、非選挙的な代表者でありうる。[26] そして、個別のイシューに限って特定の立場と論拠を代表するという特徴ゆえに、これらの非国家主体は境界線を越えて代表機能を担うことができる。[27] 越境的な人民を被治者とするグローバル・ガバナンスは、民主的な正統性の淵源たるデモスの範囲が自明でない。それゆえMSPのように、政策分野ごとに共通の利害関心を持つグループ（ステークホルダー共同体）を機能的デモスと捉えて、各種のステークホルダー共同体を代表しようとする非国家主体の包摂を図ることは、国境横断的な政策過程に正統性を調達するために重要だと考えられてきた。[28] すなわち非国家主体は確かに選挙されていないが、そのことが直ちに代表性や正統性の欠如を意味するわけではない。

システミックな正統化戦略

さらにジョナサン・カイパーは、非国家主体の正統性は「民主的システム」全体のうちで占めるポジションに応じて判断すべきだと説く。彼によれば、同じ非選挙的な代表者でも、権力を実質的に行使する立場にある場合と、諮問的な地位にとどまる場合とでは、同じ水準の民主的正統性を求めるべきではない。[29] カイパーの規定する民主的システムは、授権された空間（empowered space）、公共空間、両者の伝送ベルト（transmission belt）から成るが[30]、非選挙的な代表者が授権された空間に位置する場合は、開かれた熟議などを通じて民主的正統性を調達する必要が生じる。なぜなら、規則、法、決定を実施するために行使される強制的な政治権力は、それらに従う人びとによって民主的に正統化されるべきだからである。これに対して、非選挙的な代表者が公共空間に位置する場合は、強制的なルールを作成する能力を持たないのだから、民主的正統性が問題にされる必要はない。このようにシステム内部での位置づけを重視するカイパーの代表論は、非国家主体に対する正統性の要求を一定範囲へと限定する点に特色がある。

しかしながら彼の議論は、ある非国家主体が民主的システムに占めるポジションを、いつ、どのようにして判断・評価できるのかを明らかにしていない。流動的権威の特徴を考慮すると、ある非国家主体が特定のイシューについて、授権された空間に位置してガバナンスに深く関与したか、公共空間で活動するにとどまったかを、予め判断することは困難だろう。カイパーの主張する区別が事後的に判断するほかないものだとすれば、システム全体を俯瞰する視座から展開される「システミック」な議論の実効性は、大きく制約される。それにもかかわらず非選挙的な代表者に対する正統性の要求を限定すれば、流動的権威の下で授権された空間と公共空間を行き来する非国家主体が民主的正統化を逃れる余地が生じるため、ガバナンスの正統性を向上させることにはつながりにくい。

個別的な正統化戦略

システミックな立場から個別的な正統性の要求は限定されてよいと考えるカイパーとは対照的に、グローバル・ガバナンスの民主化にあたって個々の非国家主体に正統性の向上を求めていく方向性を提示したのが、「グローバル・ステークホルダー・デモクラシー（GSD）」を唱えるテリー・マクドナルドである。[31]

マクドナルドは、権威付与と答責性によって特徴づけられる選挙と共通の（形式主義的な）代表メカニズムは、NGOのような選挙されない非国家主体が特定のステークホルダー共同体を代表していることを担保するためにも働くとする。[32] 彼女によれば、従来の代表制デモクラシーにおける権威付与は、市民との対話により代表者が担う公共的・政治的な任務を特定した上で、当選を通じて任務への有効な取り組みに要する諸能力を代表者に与える。これに対して非選挙的代表としての非国家主体が担うべき責務は、被代表者であるステークホルダーの利害関心を考慮するための対話の機会を設けることで明確化できる。[33] また、非国家主体はステークホルダーの負託に応える働きを通じて信頼や評判を高めることにより、活動に必要な諸資源を獲得しやすくなる。[34]

次に答責性は、代表者の業績を評価しうる透明性の確保と、代表者の諸能力を奪えるだけの実効的なサンクション（選挙における落選）の可能性によって成り立つ。[35] マクドナルドは、NGO間の相互監視を通じて各NGOによる行動規範の遵守と情報公開を徹底させれば、非選挙的な代表者としてのNGOによる活動の実態をステークホルダーが評価できるとする。また、非選挙的な代表者としての非国家主体が責務を適切に果たしていないと考えるステークホルダーは、非国家主体の信頼・評判に働きかけることで資源確保の可能性を低下させることが可能である。[36] したがって非選挙的な代表の場合にも、選挙的な代表と同様に権威付与と答責性のメカニズムを強化していくことで、代表者の正統性を高められる。

構築主義的代表観を重視するカイパーは、このようなマクドナルドの議論に対し、非選挙的な代表の正統性を考える場合にも選挙的な代表の標準モデルに囚われているとの批判を向ける。[37] だが、選挙に基づいて構成された政府が各種の非国家主体よりも高い正統性を持つと一般に考えられていることから明らかなように、標準的な代表制デモクラシーを支えてきた形式主義的代表観は、少なくとも記述的正統性の向上を図るにあたって、構築主義的代表観よりも頼りがいのある基盤である。[38] したがって、選挙的な代表性を成り立たせているメカニズムを選挙に基づかない手段で適用する可能性を示したマクドナルドの議論は、非国家主体に正統性を調達するための重要な参照点として評価されてよい。また、そのスコープはNGOだけに限られるものではない。

システミックな戦略では必ずしも個々の非国家主体が正統性を備えることは要求されないが、GSDは非国家主体が各々のステークホルダー共同体との代表関係において正統性を確保するよう求める。このように個別的な正統化を図る戦略は、迂遠なようであるが、流動的権威に組み込まれた多様な非国家主体の正統性を各国政府に近い水準へと引き上げることを通じて、グローバル・ガバナンスの民主化を確かに前進させるだろう。

もっとも現段階では、GSDにおける非選挙的な代表メカニズムが従来の選挙的な代表メカニズムに比肩するほどの実効的な機能を果たせるとは考えられない。フォーマルな制度の支えを欠くGSDの代表メカニズムは、権威付与と答責性の両面で、選挙よりも弱く不安定な働きを為すのみだろう。この限界を乗り越えるために本章が提示したいのは、非選挙的な権威付与と答責性のメカニズムの実効性を担保できるよう、非国家主体の内部統治を制度的に変革していくアプローチである。次節では、このアプローチを企業に適用する可能性を探るため、経営倫理学の議論に目を転じたい。

4　企業の公共性と正統性

企業の政治的活動と社会的責任

政治理論においては、越境的な統治に携わる非国家主体として私企業などの経済的アクターを念頭に置く議論は、それほど多くない[39]。これに対して経営倫理学では、私企業の政治的・公共的役割に注目し、その正統性を問う議論が蓄積されている。

伝統的に行なわれてきた「企業の政治的活動（corporate political activity: CPA）」は、ロビイングや政治献金などを通じて、企業にとって好ましい仕方で政府の政策を形成することを目的とするものであり、企業の「非市場戦略」と呼ばれる[40]。このＣＰＡと対照的な概念が、「企業が社会と自然環境に与える影響についての責任を、しばしば法令の遵守や各個人の義務を超える範囲で、企業が持つこと」を含意する「企業の社会的責任（corporate social responsibility: CSR）」である[41]。また、企業が一般の市民と同様に権利と（社会的）責任を持つとする考え方を指す「コーポレート・シティズンシップ（ＣＣ）」の概念も、ＣＳＲの延長上で使われてきた[42]。

従来のＣＣは含意が希薄であったが、ダーク・マトンとアンドリュー・クレインは、ＣＣは企業それ自体が市民であることを意味しているのではなく、企業活動の影響を被る個々の市民がシティズンシップに基づく諸権利を実現するにあたって、企業が果たすべき役割を示しているとして、概念の再定義を図った。[43] 彼らはプライベート・ガバナンスと共通の視角を持ち、政府が市民の権利を保護する役割を十分に果たせない場合に、企業が政府に準ずる役割を果たしうると考える。たとえば、政府による労働規制や環境規制が不十分な国・地域においても、豊富な資源を持つ企業が自主的な取り組みによって規制水準を引き上げることができる。[44] マトンとクレインは、こうした状況で国家が行使しうる統治能力と統治への需要のあいだで生じるギャップを埋める機能を、企業に求めるのである。

このように企業が準政府的（quasi-governmental）または国家に似た（state-like）役割を担いうるとの把握に基づいて再定義されたCCは、もはや単なる社会的責任を超えて政治的な役割や責任に踏み込んでおり、CPAと重なりを持つことになる。ただし、CCは単なる非市場戦略にとどまるものではなく、公共的利益への関心に基づくとされるため、企業の経済的地位の改善のみを目的にする（CSRと関連しない）CPAは含まない。[45] そのため再概念化されたCCは、「政治的CSR」と呼ばれる。

政治的CSR論が描いているのは、理解しやすい経済的アクターとしての企業でも、単に社会の善き構成員としての責任を果たす企業でもない。具体的な規制主体・統治主体としての期待を受け、政治的な責任を負い、公共的な役割を果たす企業である。こうした政治的・公共的な企業観は旧来の企業観とかけ離れているものの、実際に気候ガバナンスなどをめぐって私企業に期待されている責任や役割と調和する部分が大きいと考えられる。

政治的CSRの規範的解釈

CSRの「政治的転回」や「経営倫理学の政治学化」などと表現される政治的CSR論の登場は、比較的短期間のうちに活発な議論を生み出した[46]。その背景としては、次の四点が指摘されている。第一に、ガバナンスの文脈において、医療や教育など従来は国家の役割とされていたコミュニティ・サービスの供給者として、企業が一定の政治的役割を担えると認識されるようになったことである。第二に、プライベート・ガバナンスの適用範囲が拡大していることである。第三に、社会的な関心を集める事柄が多様化することで、持続可能な開発目標（SDGs）のように一種の政治的性格を伴う領域にまでCSRの外延が拡大し、企業の社会的責任と政治的責任を区別することが難しくなったと考えられていることである。第四に、伝統的なチャンネル（CPA）を通じた企業の政治的影響力が増大しているために、企業の政治的側面に改めて注目が集まっていることである。

政治的CSRの解釈は、いくつかの立場に分かれる。第一に、企業は利潤追求の手段としてCSRを捉えているにすぎず、その一環として政治的CSRに携わると考える、道具的解釈がある[47]。これに対して、より規範的な解釈を打ち出そうとするアンドレア・ゲオルク・シェーラーたちは、「政治的CSRは、グローバルな規制と公共財の供給に貢献する企業を組み入れたガバナンスの拡張モデルを提示する」と主張する[48]。第三に、「意図するとせざるとにかかわらず、CSRが政治的影響を生じさせたり、CSRに対する政治的影響が存在したりする場合の活動」を政治的CSRと呼ぶ包括的解釈も示されている[49]。

政治的CSR論はCCが再定義された段階から強い規範的色彩を持っていたため、ここではシェーラーを中心とする規範的解釈に注目したい。彼は政治的CSRの解釈にハーバーマシアン・アプローチを採用し、熟議デモクラシーと企業統治を接続する。シェーラーたちの理解では、企業は単に経済的アクターとして政治に影響を与えるだけでなく、公共財への関心に基づく政治的アクターとして、制度的環境の共同創造に携わる。[50] 彼らは、CSRやCPAを道具的にしか捉えない立場に反対し、企業は公共的な討議に取り組み、集合的諸決定に影響を与え、公共財を供給する（または負の公共財に立ち向かう）ことによって政治的アクターになりうると主張するのである。[51] シェーラーたちによれば、このように企業を政治的アクターとして再概念化することは、リベラルな概念への挑戦を意味している。[52]

ただし、規範的色彩の強いバージョンの政治的CSR論には、批判も少なくない。第一に、国家が担うべきと考えられてきた役割を不十分にしか果たせていないからといって、代わって企業に大きな政治的役割を求めることが直ちに正当化されるわけではない、との指摘がある。[53] 私企業に政治的・公共的な責任を求めることで国家が本来果たすべき責任を不当に軽減してしまうとの懸念であるが、既述のように現代社会では最適主体への機能分担を認めざるをえない。統治能力が欠けている脆弱国家・破綻国家の場合は当然のことながら、[54] 一般的な統治能力を備えた国家や国際機関であっても、企業の活動なくしては効果的な対処を為しにくいイシューや状況がある。

第二の批判として、企業はどういった条件の下でどの程度まで責任を負うのか、判断の基準が曖昧であるとの指摘がある。[55] これに対してチド・テンペルスらは、アイリス・マリオン・ヤングの所論に基づくことで、社会的に結合している諸々のアクターは、公私を問わず、構造的不正義に対処する政治的責任を持つと主張する。[56] 現代のグローバルな構造の下で経済的活動を行なう限り、人権侵害や不正義に加担しないよう最善の配慮に努めたとしても、何らかのかたちで不正義の一端と接してしまうことは避けがたい。そうである以上は、企業も（個別の条件は特定困難だとしても）政治的責任を共有することになると考えられる。

民主的企業統治の追求

さらにシェーラーたちは、企業が公共政策の形成や実施への関与を強める政治的CSRを民主的に正統化するため、主要なステークホルダーを包摂した熟議的実践を企業統治に取り入れることを主張する。[57] もとより企業に準政府的な側面があることを認めるなら、その被治者であるステークホルダーの参加を通じた民主的統治の要請を受け入れるべきだろう。[58] また、プライベート・ガバナンスにおける企業は、入力面での正統性を確保しにくいために過程面や出力面での正統性を求められることが多いものの、[59] 現実には透明性や答責性が欠如していると指摘されてきた。[60] このため私的権威としての企業の内部統治に変革を求めるシェーラーたちの議論は重要であり、非選挙的な代表性の意義を唱えてきた政治理論家たちの議論と接合する価値がある。

すなわち、熟議的企業統治への転換を求める政治的CSRの規範的解釈を、GSDにおける非選挙的な代表メカニズムに制度的な担保を提供する構想として位置づけるなら、個々の非国家主体に正統性の向上を求めるマクドナルドの立場が抱えていた限界は補うことができる。企業の内部統治に民主的な制度を組み込むことは、ステークホルダーと経営者のあいだで、マクドナルドが示すメカニズムよりも強く安定的に権威付与と答責性を働かせるだろう。その結果として個々の企業がステークホルダーを代表

していると の認識が共有され、正統性を主張しやすくなるなら、企業を交えた流動的権威の正統性も高まると期待できる。したがって本章では、民主的グローバル・ガバナンスの可能性は民主的企業統治の追求によってこそ開かれると主張したい（同様の主張は、企業以外の非国家主体についても成り立つ）。

民主的企業統治を実現するためには、各国政府による法規制の整備や各企業の自発的改善の取り組みだけでなく、グローバル市民社会による持続的な監視や、市民の政治的消費行動を通じた働きかけなど、さまざまな手段を組み合わせた複合的な規制の体系を機能させることが必要になるだろう。もちろん、こうした規制体系が少しずつ機能しうると前提した場合でも、企業組織に民主的な制度を確立することは容易でない。私企業を政府と同じように民主化するという遠大な戦略が十分な成果を得るまでには、長い時間を要するかもしれない。このため、民主的企業統治の追求に意義を認めない見解もありうる。しかしながら、主権を超えて働く越境的な統治に相応しい代表制を新たに構築するための道のりが険しいことは、むしろ自明の理ではないだろうか。それが適切な道だと考えられる限り、行く手に多くの困難が見込まれることは、歩みを進めない理由にならないはずである。

5　二重に越境的な代表制デモクラシー

本章では、選挙に基づく代表性を持たない非国家主体が重要な役割を果たすグローバル・ガバナンスの民主化可能性を検討することにより、標準的な代表制デモクラシーを成り立たせてきた諸前提（国境・国家・選挙）の問い直しを試みた。検討を通じて提示できたのは、非国家主体は国境横断的に分布する多様な機能的デモスの非選挙的な代表者として、特定地域における法的デモスの選挙的な代表者である国家と協働して統治に携わる正統性を調達できるし、機能的デモスの代表は非国家主体の内部統治を民主化することによって制度的に担保可能であるとの見通しである。この見通しの先に描かれる民主的グローバル・ガバナンスは、国境と伝統的な公私区分の双方を横断しており、従来の「主権的」な代表制を大きく逸脱することにはなるものの、[61] 代表制であることは変わらない。このような二重に越境的な代表制デモクラシーの構想を本章の成果として確認し、小論を終えることにしたい。

*本章は二〇一八年八月一〇日に早稲田大学で行なった研究報告を全面的に改稿したものであり、草稿は二〇二一年一〇月八日に（本書のベースとなった研究会と同名ながら別の）民主主義理論研究会で報告する機会を得た。関係各位に感謝申し上げる。なお、本章はＪＳＰＳ科研費 20K22075 の助成を受けた研究成果の一部である。

註

（1）非国家主体は、ＮＧＯや企業、産業団体、学術団体など各種の民間主体に加えて、地方政府など国家より下位の公的主体を含みうる概念である。ただし本章では、特定地域の法的デモスに依拠した代表性を主張しうる地方政府などは措き、専ら民間主体を指示して非国家主体の語を用いる。

（2）K. Bäckstrand, J. W. Kuyper, B.-O. Linnér, and E. Lövbrand, "Non-State Actors in Global Climate Governance: From Copenhagen to Paris and Beyond", *Environmental Politics*, Vol. 26, No. 4 (2017).

（3）民主的グローバル・ガバナンスに関する懐疑的見解として、以下を参照。Robert O. Keohane, "Nominal Democracy? Prospects for Democratic Global Governance", *International Journal of Constitutional Law*, Vol. 13, No. 2 (2015); Robert O.

Keohane, "Nominal Democracy? A Rejoinder to Gráinne de Búrca and Jonathan Kuyper and John Dryzek", *International Journal of Constitutional Law*, Vol. 14, No. 4 (2017).

（4）山田高敬「公共空間におけるプライベート・ガバナンスの可能性――多様化する国際秩序形成」『国際問題』第五八六号、二〇〇九年、阪口功「市民社会――プライベート・ソーシャル・レジームにおけるNGOと企業の協働」大矢根聡編『コンストラクティヴィズムの国際関係論』有斐閣、二〇一三年、第六章、山田高敬「国際レジーム論の系譜」西谷真規子・山田高敬編『新時代のグローバル・ガバナンス論――制度・過程・行為主体』ミネルヴァ書房、二〇二一年、第六章、内記香子「国際関係の法化、ソフト・ロー、プライベート・スタンダード」西谷ほか前掲『新時代のグローバル・ガバナンス論』第七章。

（5）伊藤一頼「私的規範形成のグローバル化がもたらす正統性問題への対応――国内公法理論からの示唆に着目して」『論究ジュリスト』第二三号、二〇一七年、九一一〇頁。

（6）生貝直人『情報社会と共同規制――インターネット政策の国際比較制度研究』勁草書房、二〇一一年、成原慧『表現の自由とアーキテクチャ――情報社会における自由と規制の再構成』勁草書房、二〇一六年。

（7）M. Hemmati, et al. *Multi-Stakeholder Processes for Governance and Sustainability: Beyond Deadlock and Conflict*, Earthscan, 2002; M. Raymond and L. DeNardis, "Multistakeholderism: Anatomy of an Inchoate Global Institution", *International Theory*, Vol. 7, No. 3 (2015); Felix Dodds, et al. *Stakeholder Democracy: Represented Democracy in a Time of Fear*, Routledge, 2019; 松尾隆佑『ポスト政治の政治理論――ステークホルダー・デモクラシーを編む』法政大学出版局、二〇一九年。

（8）Tim Büthe, "Global Private Politics: A Research Agenda", *Business and Politics*, Vol. 12, No. 3 (2010).

（9）このため法理論においては、非国家的な制度・組織が形成する秩序やルールに着目する法多元主義の議論が盛んとなっている。以下を参照。浅野有紀『法多元主義――交錯する国家法と非国家法』弘文堂、二〇一八年。

（10）Nico Krisch, "Liquid Authority in Global Governance", *International Theory*, Vol. 9, No. 2 (2017); K. Macdonald and T. Macdonald, "Liquid Authority and Political Legitimacy in Transnational Governance", *International Theory*, Vol 9, No. 2 (2017).

（11）A. Buchanan and R. O. Keohane, "The Legitimacy of Global Governance Institutions", *Ethics & International Affairs*, Vol. 20, No. 4 (2006); K. Bäckstrand, J. Kuyper, and N. Nasiritousi, "From Collaboration to Contestation? Perceptions of Legitimacy and

Effectiveness in Post-Paris Climate Governance", *Earth System Governance*, Vol. 9 (2021).

（12） Fritz Scharpf, *Governing in Europe: Effective and Democratic?* Oxford University Press, 1999; Vivien A. Schmidt, "Democracy and Legitimacy in the European Union Revisited: Input, Output and 'Throughput'", *Political Studies*, Vol. 61, No. 1 (2013); 西谷真規子「ガバナンスの正統性」西谷ほか前掲『新時代のグローバル・ガバナンス論』第一〇章、一五五－一五八頁。

（13） 西谷前掲「ガバナンスの正統性」一五〇－一五三頁。

（14） N. Nasiritousi, and H. Faber, "Legitimacy under Institutional Complexity: Mapping Stakeholder Perceptions of Legitimate Institutions and Their Sources of Legitimacy in Global Renewable Energy Governance", *Review of International Studies*, Vo. 47, No. 3 (2021).

（15） 伊藤前掲「私的規範形成のグローバル化がもたらす正統性問題への対応」。

（16） 成原前掲『表現の自由とアーキテクチャ』一三一頁、伊藤前掲「私的規範形成のグローバル化がもたらす正統性問題への対応」。

（17） Bäckstrand et al., "From Collaboration to Contestation?"; N. Nasiritousi, M. Hjerpe, and K. Bäckstrand, "Normative Arguments for Non-State Actor Participation in International Policymaking Processes: Functionalism, Neocorporatism or Democratic Pluralism?" *European Journal of International Relations*, Vol. 22, No. 4 (2016), p. 921; 興津征雄「国際機関の民主的正統性」『公法研究』第七九号、二〇一七年、一五三頁。

（18） K. Bäckstrand and J. W. Kuyper, "The Democratic Legitimacy of Orchestration: The UNFCCC, Non-State Actors, and Transnational Climate Governance", *Environmental Politics*, Vol 26, No. 4 (2017), p. 768. この点に関連して、「主権を超える統治」について論じる以下も参照。大竹弘二『公開性の根源——秘密政治の系譜学』太田出版、二〇一八年。

（19） もちろん現実にはあらゆる国が民主的な政府を持つわけではないし、ＥＵについて民主的正統性の欠損が盛んに主張されたように、委任を国境横断的に連鎖させることは代表関係の形骸化を招きやすいため、政府間の同意に基づくグローバル・ガバナンスであっても、その正統性が十分に高いと言えるかは疑問である。Buchanan and Keohane, "The Legitimacy of Global Governance Institutions". この点に関しては、本書第3章の小川論文が示唆に富む議論を展開している。

（20） N. Urbinati and M. E. Warren, "The Concept of Representation in Contemporary Democratic Theory", *Annual Review of Political*

Science, Vol. 11 (2008), p. 393; Jonathan W. Kuyper, "Systemic Representation: Democracy, Deliberation, and Nonelectoral Representatives", *American Political Science Review*, Vol. 110, No. 2 (2016), p. 309.

(21) Hanna Fenichel Pitkin, *The Concept of Representation*, University of California Press, 1967（ハンナ・ピトキン『代表の概念』早川誠訳、名古屋大学出版会、二〇一七年）.

(22) Michael Saward, *The Representative Claim*, Oxford University Press, 2010.

(23) 田畑真一「代表関係の複数性——代表論における構築主義的転回の意義」『年報政治学』二〇一七年第一号、一九〇頁。

(24) 同前、一九四頁。

(25) Kuyper, "Systemic Representation", p. 310.

(26) Urbinati and Warren, "The Concept of Representation in Contemporary Democratic Theory", p. 403. この点と関連するジョン・ドライゼクらの言説的代表論について、以下を参照。John S. Dryzek, *Foundations and Frontiers of Deliberative Governance*, Oxford University Press, 2010; H. Stevenson and J. S. Dryzek, *Democratizing Global Climate Governance*, Cambridge University Press, 2014, pp. 130–142; 高橋良輔「国境を越える代表は可能か?」山崎望・山本圭編『ポスト代表制の政治学——デモクラシーの危機に抗して』ナカニシヤ出版、二〇一五年、第二章。

(27) Urbinati and Warren, "The Concept of Representation in Contemporary Democratic Theory", pp. 403–404. 田畑前掲「代表関係の複数性」一八二－一八三頁も参照。

(28) 松尾前掲『ポスト政治の政治理論』。以下も参照。興津征雄「正統性の構造分析（下）——行政国家の正統性を手がかりに」『法律時報』第九三巻第二号、二〇二一年。

(29) Kuyper, "Systemic Representation", p. 310.

(30) 民主的システムにおける伝送ベルトとは、選挙運動、抗議運動、ロビイング、メディアなどを通じて動作し、授権された空間と公共空間を相互に結びつける機能を指すとされる。Kuyper, "Systemic Representation", pp. 312–313. なお、これらの用語法はドライゼクの議論に由来する。Dryzek, *Foundations and Frontiers of Deliberative Governance*.

(31) Terry Macdonald, *Global Stakeholder Democracy: Power and Representation beyond Liberal State*, Oxford University Press, 2008. 以

下も参照。高橋前掲「国境を越える代表は可能か?」、松尾前掲『ポスト政治の政治理論』。

(32) Macdonald, *Global Stakeholder Democracy*, pp. 170–172; 松尾前掲『ポスト政治の政治理論』二七一–二七三頁。

(33) Macdonald, *Global Stakeholder Democracy*, pp. 195–197.

(34) *Ibid.*, pp. 203–210.

(35) *Ibid.*, pp. 185–190.

(36) *Ibid.*, pp. 211–218.

(37) Kuyper, "Systemic Representation", pp. 310–311.

(38) この点については、選挙をめぐる近年の議論動向に触れている本書第5章の内田論文をあわせて参照されたい。

(39) ただしカイパーは、国際的な規範策定に関与する産業団体やロビイストなども非選挙的な代表者でありうるとしている。Kuyper, "Systemic Representation", p. 317. またマクドナルドは、NGOだけでなく企業にも非選挙的な代表メカニズムを適用できると想定している。T. Macdonald and K. Macdonald, "Democracy in a Pluralist Global Order: Corporate Power and Stakeholder Representation", *Ethics & International Affairs*, Vol. 24, No. 1 (2010).

(40) A. J. Hillman, G., D. Keim, and D. Schuler, "Corporate Political Activity: A Review and Research Agenda", *Journal of Management*, Vol. 30, No. 6 (2004); Th. Lawton, S. McGuire, and T. Rajwani, "Corporate Political Activity: A Literature Review and Research Agenda", *International Journal of Management Reviews*, Vol. 15, No. 1 (2013).

(41) J. G. Frynas and S. Stephens, "Political Corporate Social Responsibility: Reviewing Theories and Setting New Agendas", *International Journal of Management Reviews*, Vol. 17, No. 4 (2015), p. 485.

(42) 高浦康有「シティズンシップ概念とCSR(Corporate Social Responsibility)——「合理性」と「正統性」の危機をめぐる批判的検討」『社会と倫理』第二一号、二〇〇七年、葉山彩蘭『企業市民モデルの構築——新しい企業と社会の関係』白桃書房、二〇〇八年。

(43) D. Matten and A. Crane, "Corporate Citizenship: Toward an Extended Theoretical Conceptualization", *Academy of Management Review*, Vol. 30, No. 1 (2005). 以下も参照。A. G. Scherer, D. Baumann-Pauly, and A. Schneider, "Democratizing Corporate Governance: Compensating for the Democratic Deficit of Corporate Political Activity and Corporate Citizenship", *Business &*

Society, Vol. 52, No. 3 (2013); M. S. Aßländer, and J. Curbach, "The Corporation as Citoyen? Towards a New Understanding of Corporate Citizenship", *Journal of Business Ethics*, Vol. 120, No. 4 (2014).

（44） T. Tempels, V. Blok, and M. Verweij, "Understanding Political Responsibility in Corporate Citizenship: Towards a Shared Responsibility for the Common Good", *Journal of Global Ethics*, Vol. 13, No. 1 (2017), p. 90.

（45） Scherer et al., "Democratizing Corporate Governance", pp. 477–478.

（46） J. Mäkinen, and A. Kourula, "Pluralism in Political Corporate Social Responsibility", *Business Ethics Quarterly*, Vol. 22, No. 4 (2012); M. Joutsenvirta, and F. Vaara, "Legitimacy Struggles and Political Corporate Social Responsibility in International Settings", *Organization Studies*, Vol. 36, No. 6 (2015); A. G. Scherer, A. Rasche, G. Palazzo, and A. Spicer, "Managing for Political Corporate Social Responsibility: New Challenges and Directions for PCSR 2.0", *Journal of Management Studies*, Vol. 53, No. 3 (2016); 岩田浩「変貌する民主主義と企業経営——デューイの政治思想の経営倫理学的意義」『大阪産業大学経営論集』第一四巻第二号、二〇一三年、林順一「英国におけるＣＳＲの展開」『日本経営倫理学会誌』第二三号、二〇一六年。

（47） Glen Whelan, "The Political Perspective of Corporate Social Responsibility: A Critical Research Agenda", *Business Ethics Quarterly*, Vol. 22, No. 4 (2012). Cf. I. Lock and P. Seele, "Politicized CSR: How Corporate Political Activity (Mis-)Uses Political CSR", *Journal of Public Affairs*, Vol. 18, No. 3 (2018).

（48） A. G. Scherer and G. Palazzo, "The New Political Role of Business in a Globalized World: A Review of a New Perspective on CSR and Its Implications for the Firm, Governance, and Democracy", *Journal of Management Studies*, Vol. 48, No. 4 (2011), p. 901.

（49） Frynas and Stephens, "Political Corporate Social Responsibility", p. 485.

（50） Scherer et al., "Managing for Political Corporate Social Responsibility", pp. 273–274.

（51） *Ibid.*, p. 276.

（52） A. G. Scherer, and G. Palazzo, "Toward a Political Conception of Corporate Responsibility: Business and Society Seen from a Habermasian Perspective", *Academy of Management Review*, Vol. 32, No. 4 (2007), p. 1106. シェーラーたちによれば、政治的ＣＳＲ論を突き動かしてきた問題意識の一つは、政治的領域と経済的領域の分離を説いてきた旧来のパラダイムが、ガバナンスに対して企業が与えている影響の増大を概念的に把握しがたくしている点にあった。Scherer et al., "Managing for

Political Corporate Social Responsibility", p. 277.

(53) Tempels et al., "Understanding Political Responsibility in Corporate Citizenship", p. 95.

(54) *Ibid*., p. 99.

(55) *Ibid*., pp. 95–96; Aßländer and Curbach, "The Corporation as Citoyen?"

(56) Tempels et al., "Understanding Political Responsibility in Corporate Citizenship".

(57) Scherer and Palazzo, "The New Political Role of Business in a Globalized World"; Scherer et al., "Democratizing Corporate Governance".

(58) 松尾隆佑「民主的企業統治の擁護――共和主義的諸構想からステークホルダー・デモクラシーへ」『法と哲学』第七号、二〇二一年。

(59) 西谷前掲「ガバナンスの正統性」一五九頁。

(60) D. Fuchs, A. Kalfagianni, and J. Sattelberger, "Democratic Legitimacy of Transnational Corporation in Global Governance", in E. Erman and A. Uhlin eds., *Legitimacy beyond the State? Re-Examining the Democratic Credentials of Transnational Actors*, Palgrave Macmillan, 2010, ch. 3.

(61) 早川誠「非主権的政治体は可能か――政治思想における communitas communitatum をめぐって」『年報政治学』二〇一九年第一号。

第5章 「民主主義の危機」を超える民主主義の未来
——私たちのあいだで紡ぎだす正当化実践の価値と制度

内田 智

1 「危機」のなかで問われる民主主義の理念

現在、「民主主義の危機」を語る言説は巷間にあふれているといっても過言ではない。選挙における投票率の低下や大衆政党の機能衰微からはじまり、ポピュリズムの台頭、はては権威主義体制への淡い憧憬など複数の事象がその「危機」の現れとして指摘される。

「民主主義の危機」が叫ばれる今日の状況にあって、それでもなお民主主義の理念をリアリティあるかたちで構想することは可能であろうか。この問いに対して本章は、人々の間でなされる熟議(deliberation)の継続的なプロセスのうちにこそあるべき民主主義への展望が見出されることを示す。その道筋は、選挙やレファレンダムといった特定の制度あるいは契機に視座を閉ざすことでは見出されない。そうではなく、市民相互の正当化実践へと政治制度全体を絶えず「開かれた」ものにする制度条件を探求するという視座こそ、「民衆の理由にもとづく真なる支配[1]」としての民主主義の展望を提供しうることを詳らかにしよう。

こうした狙いの下、まず第2節では民主主義が現在、いかなる「危機」に直面しているのかを概観したうえで、第3節と第4節ではいまや自明のモデルとなっている議会制民主主義と直接制民主主義が抱える難点を詳らかにする。一方で議会制民主主義はその根幹をなす選挙という制度にまつわるいくつもの「病理」を抱えている。他方で直接制民主主義は、市民の直接的な意思の発露こそ民主主義の真髄であるという「夢想」に囚われている。これら従来のモデルが抱える隘路を指摘したのち、第5節では、そもそもなぜ民主主義であるべきかという根本的な問いに対してそれぞれ道徳的観点と認知的観点から正当化根拠が構成されうることを示す。そのうえで第6節では、議会制／直接制という二分法を超えて民主主義のあるべき姿を描き出そうとする理論的試みを検討する。その要諦は、常に人々に向けて開かれる継続的な熟議プロセスのなかでこそ「民衆の理由による真なる支配」は実現されうるのであり、そのプロセスをショートカットする政治制度などその名に値しないという点にある。民主主義はあくまでも私たちが理由を負い合う責任に対して互いに応答しあう正当化実践そのものである。このことには決して軽んじることのできない価値の重みがあるのだ。

2　民主主義が今まさに直面する「危機」

現代において民主主義はいかなる「危機」に直面しているのだろうか。例えば、選挙における投票率の長期的な低落傾向は、民主主義が危機にあることを示す明白な事象の一つとして挙げられることが多い。加えて、既成の大衆政党や労働組合に対する市民の参加率・支持率の低下、議会や政府に対する不信の高まりなども、民主主義の危機をめぐる言説のなかで引き合いに出される典型例であろう。

これらの事象が危機の兆候として語られるなかで、規範的理念としての民主主義に対する期待(aspirations)と現実の民主主義体制のパフォーマンスに関する実感(perceptions)との間にギャップが生じているとP・ノリスはいう。規範的理念としての民主主義に対する人々の支持はさしあたって今のところ凋落などしてはいない。問題は、規範的理念としての民主主義に対するあくなき高い期待と、現実の民主主義体制のパフォーマンスに対するシビアな実感とが懸け離れていることにある。[2]

こうした民主主義の危機に対する人々の意識は、「表舞台」での政治と「舞台裏」での政策決定との乖離が暗黙のうちに進行していく状況のなかで醸成されるとY・パパドポロスは指摘する。メディアでは、今なお「私たちの代表者」たる職業政治家が主たる政策決定者であるかのごとく、政策選択をめぐる政党間での競争が大々的に報道されている。しかし、このある意味「なじみのある」議会制民主主義という表向きのイメージが流布される背後で、実際の政策決定にかかわる権限は実のところ職業政治家の手を離れ、官僚や専門家といった民主的答責性(democratic accountability)を逃れているアクターへと集中しつつある。[3]

端的にいえば「表舞台」の政治と「舞台裏」の政策決定との乖離が行き着く先は「政策決定の徹底したテクノクラシー化」であり、その未来は決して明るいものではないだろう。民主主義をめぐる人々の幻滅は、まずもって政治家や政党に対する不信として表出される。実のところ、そこに留まるならば、さしたる問題ではない。真に深刻な問題は、その「波及効果」が規範的理念としての民主主義それ自体をも侵犯しうることにある。いまや規範的理念としての民主主義に対してすら不信が噴出しているのではないか。その典型が排外主義的な極右政党の台頭だろう。こうした政治における過激主義や部族主義（tribalism）、ポピュリズムの台頭は世界的に指摘されており、民主主義がまさに危機に直面していることの証左として衆目を集めている。(4)

民主主義の危機という言説はいまやグローバルな次元で喧騒を極めており、学術的応答が求められていることは確かである。だが、この危機への応答以前に検討されるべき問いがある。今その存続が危ぶまれている「民主主義」とは、そもそもいかなる政治制度か。さらには、民主主義のあるべき姿はいかなる条件を携えなければならないのだろうか。この課題にこそ今まさに応答しなければならない。そのためにも次節では、議会制民主主義をめぐる理論動向を確認したい。そのねらいは、近代以降の民主主義の「標準」形態として観念されがちな議会制民主主義が抱える「病理」にこそ民主主義の危機の淵源があることを詳らかにすることにある。(5)

3　議会制民主主義が抱える「病理」――「閉ざされた」政治制度への幻想

選挙が根幹をなす議会制民主主義という政治制度

議会制民主主義とは、そもそもいかなる政治制度なのだろうか。この問いに対して一つのモデルとなる回答は、B・マナンによって提示されている。彼によれば、今日、議会制民主主義と一般に称される政治制度は一八世紀に考案された「代議制統治（representative government）」を源流としており、その全般的特徴は現在に至るまで変わっていないという。

代議制統治とは、一言でいえば、定期的に実施される選挙を通じて選抜される市民の代表者が政策決定を行う政治制度である。その意味において代議制統治は、すべての市民が等しく直接的に政策決定過程へと参画する政治制度とは異なる。とはいえ、代表者による政策決定は市民から完全に隔絶されて行われるわけではなく、市民間で交わされる自由な意見の表明のなかで検証にかけられ、来たる選挙時に審判が下される。(6)

代議制統治の特徴に関するマナンによるこうした説明はまさしく議会制民主主義のごく「教科書的」なモデルを示しており、何ら瑕疵を抱えてはいないと思う向きもあるかもしれない。しかしながら、議会制民主主義は、実のところ、まさにその根幹をなす選挙という制度につきまとういくつもの「病理」をその構造のうちに抱えている。

選挙というメカニズムに内在する不平等性

議会制民主主義が抱える第一の「病理」は、選挙が人々の間の不平等性を前提とした代表選出手続きであるというところに求められる。これは一見、奇異に思われるかもしれない。というのも、普通選挙制ならびに「一人一票」原則という条件が充たされているならば、選挙はむしろ市民間の平等性を具現化しているとも考えられるからである。

しかし仮に選挙権・被選挙権が人々に対して平等に付与されるとしても、それはあくまで投票機会の平等であって、公職に就く機会の平等ではない。ここにこそ選挙に基づく議会制固有の不平等性が立ち現れる。それはすなわち、選挙は人々の間で広範かつ均等には分布していない何らかの「特異な（extra-ordinary）」人物を代表者として選抜するメカニズムとして機能するという点にある。

ここで注意を要する点は、代表者選抜にあたって採用されうる／採用されるべき普遍的・客観的な選別の規準が存在しうるか否かは問題ではないということだ。過去の経歴や社会的地位、富・財産、弁舌の巧みさ、あるいはカリスマ性等、選挙に際していかなる特性が具体的な卓越性の指標として採用されるかは、文脈に左右される。しかし、いかなる具体的な特性が参照されるにせよ、ごく限られた人物のみが備えているとみなされる何らかの特性にしたがって代表者が選抜されると想定されていることに変わりはない。

こうした意味において選挙は、たとえ被選挙権がすべての市民に対して形式的に平等に付与されているとしても、構造的に差別的な性質を帯びることになる。その結果、「他にはない稀なる特性」を備えているとされる一部の人々のみに法・政策の決定権限を集中させてしまうエリート統治的な傾向性を、選挙という手続きは免れられない(7)。

もっとも、マナン自身は選挙に備わる不平等性を代議制統治に内在する欠陥とは見ていない。彼に言わせれば、代議制統治とはそもそもが寡頭制的要素と民主制的要素を組み合わせた一種の混合政体なのだ(8)。こうした視座を議会制民主主義に投影するならば、選挙がエリート選抜機能を果たすことは、混合政体としての議会制民主主義の理想をまさに反映した制度的特徴の一つにすぎないということになる。

しかしながら、仮にこの点を認めるとしても、寡頭制的要素と民主制的要素との間の「ひずみ」はマナンが考える以上に議会制民主主義のうちに露呈している。その「ひずみ」は、代議制統治に期待されたはずの代表者に対する「権威づけ（authorization）」と「答責性（accountability）」という観念に潜む虚像のうちに見出される。

投票を通じた代表者に対する権威づけという幻想

各市民は選挙での投票を通じて代表者ならびにその代表者による選択・決定に対して同意（consent）を与え、代表者による選択・決定を「自らのもの」として承認する。こうした選挙を通じた代表者に対する権威づけという観念は、選挙の民主制的性格を正当化する根拠として、例えば日本において「マニフェスト政治」の推進を求める論調にもその根強い影響力がうかがえるだろう(9)。

しかしながら、権威づけの回路として選挙を捉えるという見方は、次のような難点を抱えている。第一に、いかなる個別の代表者であれ全員一致の同意にもとづいて選出されることがまずありえない以上、個々の代表者がすべての市民を代表しているなどとなぜ正統に主張することができるのかが判然としないという疑問が立ちはだかる。第二に、H・ピトキンが指摘したように、代表者に対する権威づけという契機にのみ焦点が絞られるあまり、その後の代表者の行為・判断が軽視されてしまう恐れがある(10)。極端にいえば、選挙の際にひとたび権威づけがなされたならば代表者には「白紙委任状」が与えられてしまう。結果、市民たちは自ら権威を付与した代表者の判断・決定にただ追従するよりほかないという事態に陥ってしまう。選挙を通じた代表者に対する権威づけという観念は、その見かけとは裏腹に、こうした反民主的な含意を内包している。

答責性の回路としての選挙という虚構

他方、代表者の答責性を確保するためのメカニズムとして選挙が機能しうるか否かをめぐっても、議会制民主主義は難問にさらされる。はたして古典的な議論が想定するように、選挙は人々の利害関心やニーズに対して感応的な政策決定を行うように代表者を動機づけ、十分な業績を上げなかったとみなされる代表者に対して不信任というサンクションを課すメカニズムとして有効に機能しうるのであろうか[11]。「リアリスト」を自負するCh.エイクンとL・バーテルズは、これらの可能性を単なる虚構として退ける。彼らによれば、大半の市民は、自己の「合理的」な利害関心や立候補者の過去の業績に対する評価に基づいて投票しているわけでは決してない。実態としては、これらの要因とは直接的な関連性のない社会集団への党派的な帰属意識によって多くの市民の投票行動は規定されていると彼らは断じる[12]。

選挙が答責性のメカニズムとして有効に機能しえないということについては、A・ゲレーロが議会制民主主義の「病理」という観点からより踏み込んだ考察を展開している。ゲレーロによれば、議会制民主主義の下で各々の代表者は、あくまで目先の選挙での勝利へと動機づけられるがゆえに、対処の実効性が短期的には見えにくい政治的問題を回避もしくは隠蔽する傾向にある。加えて、感情的なアピールに対する脆弱性や内向きなバイアスへの陥りやすさといった人々の心理傾向も、代表者が選挙で勝利するために「利用」されがちである。つまり、選挙をめぐって生じるダイナミクスは、市民たちの利害関心や選好に対する代表者ひいては議会制全体としての認知的感受性を狭隘なものとし、歪曲させるように作用してしまう。これらは議会制民主主義に内在する構造的病理であり、答責性の回路としてまったく機能しえないのだと彼は喝破する[13]。

議会制民主主義が抱える「病理」に関するここまでの考察の要点を述べよう。議会制民主主義は、選挙制度を中核とする限りにおいて、法や政策の決定権限を一部の「優れた」とみなされる「少数の者たち（oligoi）」へと集中させ、決定形成プロセスを閉塞させる内在的バイアスを抱えている。加えて、こうした選挙代表としての議員と被代表者である市民との間に生み出される分断を相殺して余りあるような構想も見出しがたい。議会制が権威づけならびに答責性を果たす確たる根拠はないのである。この意味において議会制民主主義は、エリートによる統治へと傾斜していく可能性こそあれ、「民衆の理由にもとづく真なる支配」の理念からは程遠い[14]。

4　直接制民主主義という「夢想」――「代表なき意思の発露」という虚妄

議会制民主主義は終わった？：「直接制民主主義」に対する夢と憧憬に潜む陥穽

多くの人々が「民主主義」として観念する議会制民主主義はいまやいくつもの「病理」を露呈させており、民主主義に対する幻滅と不信の淵源となっている。こうした状況のなかで、議会制民主主義というモデルそのものと決別し、直接制民主主義の復権に危機を克服するための突破口を見出そうとする言説が根強い影響力を及ぼしている。

直接制民主主義の具体的な形態として想起されやすい実例は、社会運動、抗議活動、デモ活動といった一連の民衆運動であろう。例えばアメリカのウォール街において展開された「オキュパイ運動」、アラブ地域において発生した「アラブの春」、香港の「民主化デモ運動」などが、いまや機能不全をきたしている議会制民主主義という枠組みを超えて、あるべき民主主義の理想を具現化している実例として語られることも少なくない。

しかしながら、直接制民主主義にもまた陥穽が伏在していることを看過するべきではない。問題は、市民による意思の直接的な発露こそが民主主義の真髄に他ならないという想定にある。その陥穽から引き出される結論を先取りするならば、「民衆による剝き出しの意思」を全面化するあまり、「民衆による理性的な理由の反省」という民主主義に不可避の契機を捉え損なうという瑕疵を直接制民主主義擁護論は抱えているのだ。

市民の直接的な意思の発露こそが真の民主主義なのか？

選挙による議員選出をもって自らの意思の自由な表明とみなすという虚構に陥った人民は、その実「奴隷」の境遇へと転落しているにすぎない。ルソーがこのように説いたことは周知の事実であろう。[15]

議会制民主主義に対するルソーの批判の根底には、「意思は決して代表されえない」という観念がある。意思はあくまで同一の主体に属するものであって、それを代表することのできる別の主体など存在しえない。こうした考えから彼は、議会制を退け、人民の意思が発露される「最終審級」として、すべての市民が参集し決定をなす人民集会を位置づける直接制民主主義のある種の理念型を提示する。

人民による最終的な意思の発露こそが民主主義の要諦であるというルソー的な見解は、C・シュミットによる議会制民主主義批判のうちにさらに先鋭的なかたちで見出される。彼は、利害関心の多元性や意見の相対性を前提とした「公開の討論」や権力分立を近代の議会制民主主義を支える原理として描出するものの、これらは本来的に民主主義とは異質な思想体系である自由主義に由来すると断じる。「下された決定は決定する者自身にとってのみ妥当する、ということが民主主義の本質に属する」[16]。このように喝破する彼は、統治者と被治者の同一性、さらには統治者＝被治者たる人民の意思の同一性こそが民主主義の論理から導き出される原理であると論じる。

民主主義の本質はあくまで人民の意思の同一性にあり、この同一なる人民の意思を直接的に発露させることこそが真の民主主義である。こうしたシュミットの見解は、人々の間の利害関心や意見の多様性を軽視し、ひいては滅却させる危険性をはらんでいる。彼の民主主義観を突き詰めた先には、人民の喝采によって支持される独裁がまさに民主主義の実現として正当化されるという、かの有名な逆説的結論が待ち受けているのだ。

代表の契機なき民主主義などありえない

ルソーやシュミットの民主主義論の中心に据えられている「人々の直接的な意思の発露こそが民主主義の真髄である」という観念は、現代のポスト議会制民主主義論にも伏在している。例えばS・トーミーは、発達した情報通信ツールを媒介としたコミュニケーションを通じて、人々が現状に対する憤懣を発露させ「共鳴」しあうという「来たるべき民主主義」を提唱する[17]。

こうしたトーミーの「来たるべき民主主義」の展望に見出される難点は、「代表から共鳴へ（from representation to resonance)」という彼のフレーズのうちに潜んでいる。彼は議会制と決別し、より「直接的」

な民主主義を志向するという意図の下、「代表」を議会制と同一視してしまっている。その結果、政治という営為における代表という契機のはたらきを捉え損なうという過誤を彼は犯している。

では、議会制という特定の制度形態に還元されることのない代表とは、いったい何なのであろうか。その答えは、市民一人ひとりが自らの選好や利害関心、ましてや意見や判断を形成するうえで代表という契機が不可避的に随伴するところに求められる。各個人はそれぞれあらかじめ固定化された選好や利害関心を携えており、それらを直接無媒介に表明することができるという見方は、非常に素朴な主意主義的人間観、あるいは表層的な経済学的モデルを現実に投影した政治観を安易に前提とすることで成立しうるにすぎない[18]。

そもそも各個人が自らの選好や利害関心を理解するということ自体、多種多彩な属性を代表する他者――この他者は各個人の自己の内面にすら常に潜んでいる――による媒介を伴わざるを得ない[19]。より具体的にいえば、他者との間で「代表するという主張（representative claims）」が受容可能であるか否かをめぐり相互に理由を提示し応答しあうという実践を通じてはじめて、各人の選好や利害関心は「構成」される[20]。この「理性的な理由の反省」という次元を閑却し、市民による直接無媒介な意思の発露こそが民主主義の真髄であると考えることは、結局のところ一種の「夢想」にすぎないのである。

5　民主主義の道徳的価値と認知的価値

ここまでの考察をふまえるならば、議会制民主主義がいくつもの「病理」を抱える一方で、直接制民主主義もまた「夢想」でしかないことはもはや明らかであろう。しかしながら、ここに至って思い浮かぶ一つの疑問は、「なぜ民主主義であるべきなのか」という問いである。この問いに対して応答することなくしては、民主主義の危機に対して評価を下すことも、民主主義の未来の可能性を論じることもできないだろう。

そこで本節では、道徳的価値と認知的価値それぞれの観点から民主主義の正当化根拠の在処を詳しく見ていくことにしよう。その際に留意を促しておきたい要諦は、民主主義を議会制か直接制かという制度選択の問題に矮小化するのではなく、まずもって市民相互の間でなされる正当化実践として捉え直すべきであるという視座である。この観点からこそ、「民衆の理由による真なる支配」としての民主主義の価値は描き出されるはずだ。

民主主義の道徳的正当化：「恣意的支配の不在としての正義」という道徳的価値

民主主義を根拠づける道徳的価値とは、いったい何か。この問いに対する「一つの回答（an answer）」は、R・フォルストによる「恣意的支配の不在としての正義（Justice as Nondomination）」構想のうちに見出される[21]。

恣意的支配の不在は、従来、自由論の文脈において共和主義的な自由構想として論議の焦点となってきた。これに対してフォルストは、恣意的支配の不在は自由概念ではなく正義概念から導出される根源的要請であると論じる。恣意的支配という問題は――従来のネオ・ローマ型共和主義者の主張に反して――単にリスト化可能な個人の選択の諸自由が他者による恣意的な干渉可能性を免れているか否かを問うことで解き明かすことのできるような課題ではない。各個人の選択の諸自由を規定している一連の政治的・社会的な規範や制度がそもそもいかに形成され、それら規範・制度のもとで生きる人々に対して十分に正当化されているか否か。この「批判的＝政治的正義」をめぐる問いのうちにこそ、恣意的支配という観念は定位される。(22)

恣意的支配という不正義に対するこうした彼の視座は、道徳をめぐるJ・ハーバーマスの「討議倫理（Diskursethik）」アプローチに棹差して構築されている。(23) 討議倫理は、道徳の要諦をめぐって次のような形式で問いを設定するところから出発する。人々が各々相異なる利害関心やニーズ、あるいは「善き生」の構想を抱いている状況は不可避の事実である。しかしそれでもなお、人々が何らかの規範をみなが等しく遵守すべき道徳規範として受容するのであれば、その際に前提とされる「はず」の条件とは何か。このように道徳規範を受容する際の手続き的前提条件を探り、そこから引き出される道徳規範を再構成することで道徳の要諦を詳らかにしようと試みる点に討議倫理の特徴がある。

こうした討議倫理的な再構成の試みから導かれるフォルストの理論的主張を簡単にまとめるならば、次の二点に集約される。第一に、何らかの規範に服することになる人々自身がその規範の正当化理由について検証し評定することができる討議的正当化手続きが前提として要請される「はず」である。第二に、討議的正当化手続きにおいては相互性（reciprocity）と一般性（generality）という二つの規準が最高次の正当化原理として再構成され定位される「べき」である。

ここで示される相互性とは、ある規範に服することになる人々の誰一人として自己と他者を差別化する「特権」を自らの権利として要求してはならないということ、ならびに、各人が自ら抱く特定のニーズや利害関心を一方的に他者に投影してはならないということを意味する。他方、一般性とは、規範の影響を被るいかなる当事者も正当化手続きから排除されてはならないということ、また、自らの要求を正当化する理由がすべての人格により共有されうるものでなくてはならないことを意味する。[24]

これら相互性と一般性の規準から一つの道徳的＝政治的権利が導出される。それが、道徳的人格として人々がみな等しく有するはずの「正当化への権利（the right to justification）」である。この「正当化への権利」こそが「恣意的支配の不在としての正義」構想の枢要をなす。「正当化への権利」という観念を通してみるならば、自らの生活を規定している規範や制度をめぐる正当化実践に携わる主体としての道徳的＝政治的地位が承認されるか否かが、正義の第一の問題として問われねばならないのだ。別様にいえば、自らの「正当化への権利」が否定され、正当化なき規範・制度への従属ないし甘受を強いられている状態こそが恣意的支配という不正義なのである。[25]

以上のような「恣意的支配の不在としての正義」構想においては、民主主義は一連の政治的・社会的な規範や制度の妥当性をめぐって人々の間でなされる正当化実践そのものとして定位される。この正当化実践としての民主主義を通じてはじめて、「正当化への権利」から派生的に導き出される諸権利をより十全に保障し行使するための制度を「私たちの間で」構築することが可能となる。さらにいえば、「正当化への権利」それ自体をより実質的に私たちが行使することを可能とする制度条件の構想もまた正当化実践としての民主主義の成果に他ならない。一言でいえば、民主主義とは人々が等しく有する「正当化への権利」の基本的な行使なのであり、「正義の政治的実践」そのものなのだ。この意味において正義と民主主義は等根源的かつ密接不可分な関係にある実践的原理なのである。[26]

民主主義の認知的正当化：多様性を継続的に包摂する熟議プロセスが備える認知的価値

なぜ民主主義であるべきなのかという問いへの応答は、道徳的観点からのみ導出されるものではない。認知的観点から見て「より望ましい」帰結を生成するプロセスとして民主主義を捉え、その特性の解明を試みるアプローチもまた、民主主義の正当化根拠を提示しうる。

それでは、人々の間でなされる正当化実践としての熟議には、道徳的価値とは別に、いかなる認知的価値が備わっているのだろうか。この問いに対してH・ランデモアとF・ピーターは、人々の間で不合意が生じている状況においてこそ、二人称的な「理由の交換」のプロセスとしての熟議が備える独自の認知的価値が見出されると論じる。

彼女らによれば、自らが元々抱いている意見を支える理由を単に案出し提示するだけならば、それは単なる自己正当化にすぎず、熟議は成立してはいない。自己とは異なる意見を認識し、その正当化理由の妥当性に対する批判的検討を経たうえで異論を提起する他者を納得させるべく理由を再生成する。このような自他のあいだでなされあう理由づけのフィードバック・ループが生じてはじめて真に熟議が行われているといえる[27]。

こうした相互往還的な理由づけとしての熟議のプロセスのなかで、ひとたび人々が自他の間で不合意が生じていると認識するならば、自らが抱いている意見を確固不変のものとして保持している状態にもはや安住することはできない。そうではなく、自らの意見が他者をも納得させうる理由に基づくものか否かを再検討し、必要とあらばより妥当な理由に基づく意見への修正を図る方向へと人々は導かれることになる。[28] 翻って、自己に対する異論に直面しないならば、たとえ専門家とされる人々といえども、自己の信念・判断に対する過信や集団極性化といった「認知的失敗」に陥る可能性が高い。[29]

熟議の認知的価値をめぐるランデモアやピーターによる以上の見解は、不合意の事実に対する当事者／行為者の認識が、認知的利得をもたらすプロセスとしての熟議を駆動させるような原動力を生み出し得ることを示している。[30] こうした熟議そのものが備える認知的価値への洞察をふまえつつ、彼女らはさらに踏み込んで熟議が民主的であるべき根拠、すなわち多様なパースペクティヴを携えた人々が熟議へと継続的に包摂されるべき根拠を問う。そして、その答えを政治の世界に不可避的に随伴する根源的な不確実性（radical uncertainty）に求めている。

政治における不確実性はまず、人々が直面する問題状況ならびにその問題状況への対処案がもたらす効果に関する経験的な認識が人々の間で決して一元化されえないという点に見出される。これに加えて、いかなる政治的決定がなされるべきかという規範的問いに関してもあらかじめ確定された正解がないという意味において不確実性は避けられない。[31]

もし仮に政治的問題が完全に計算可能なリスクの領域に属するものであれば、正確にリスク計算を遂行し、適切な解決策を提示できるだけの認知的能力を備えた一部の人々に決定権限を委ねる知者支配（epistocracy）が認知的観点から正当化されうるかもしれない。しかしながら、経験的にも規範的にも不確実性に満ちた政治の世界においては、問題を解決するにあたって必要とされる知識あるいはパースペクティヴを誰が備えているのかを事前に特定すること自体がそもそも不可能である。[32]

そうである以上、熟議が認知的に「より望ましい」帰結をもたらす蓋然性を高める道筋は、問題の探知と解決策の生成において認知的資源となる多様なパースペクティヴを備えた人々を熟議プロセスへと平等かつ継続的に包摂するよりほかない。このプロセスから特定の人々を事前に排除することを正当化する理由も、ひいては誰か特定の人々の発言に対してあらかじめ「より過大あるいは過少な重みづけ」を与える理由も認知的価値の観点からすればありえないのである。[33] こうした意味において政治における根源的な不確実性は、熟議プロセスが民主的であるべき根拠を構成するのである。

本節における考察の要点を述べるならば、次のようになる。民主主義は、まずもって市民相互の間でなされる正当化実践として捉え直されうるし、捉え直されるべきだ。この正当化実践としての民主主義の規範的根拠は、道徳的価値と認知的価値、その双方に見出すことができる。一方において、民主主義には道徳的＝政治的権利である「正当化への権利」の行使を通じた「恣意的支配の不在としての正義」の実践プロセスとしての道徳的価値がある。他方において、民主主義には根源的な政治的不確実性を携える世界にあって不合意を随伴させる多様なパースペクティヴを平等かつ継続的に包摂する熟議プロセスとしての認知的価値がある。これら二つの価値こそが正当化実践としての民主主義を規範的に正当化する原理を構成するのである。

6　民主主義に未来はあるか？——議会制／直接制の二分法を超えて

前節では、「なぜ民主主義であるべきか」という問いに対して道徳的価値と認知的価値の双方の観点から民主主義の正当化根拠が構成されうることを示した。しかし、すでに第3節・第4節で見たように、一方で議会制民主主義の「病理」は覆い隠しようもなく、他方で直接制民主主義が「夢想」にすぎないことも明らかである。そうである以上、いずれかのモデルにただ単純素朴にすがるという方途では民主主義を「危機」から救い出す有意な可能性は見出せない。

それでは、議会制／直接制という二分法を超えて、あるべき未来の民主主義の展望を描くことは可能なのだろうか。この課題に対する応答するにあたっての第一歩として、以下ではランデモアとC・ラフォンによる民主主義の再構想の試みを導きの糸にその手がかりを探ることにしたい。

最終的に「閉じられる」意思決定など民主主義にはない：開かれた民主主義

ランデモアは、既存の民主主義体制が抱える難点を「閉鎖性」に求める。彼女のみるところ、議会制と直接制は一見すると対照的なモデルであるものの、何らかの「最終的」な意思決定の契機へと民主主義体制が「閉じられる」と想定する点では共通している。だがそれゆえにこそ、いずれのモデルも新たな政治的問題を探知し、対処策を形成していくうえで認知的資源となる多様なパースペクティヴや解釈に対して目を閉ざすという隘路に陥っている。[34]

最終的に「閉じられる」意思決定など民主主義にはない。一言でいえば、「開かれた民主主義（open democracy）」への道筋を探ることがランデモアの企図するところである。この「開かれた民主主義」の要諦は、まずもって継続的な熟議を通じた「動態的な包摂性のプロセス」にあり、そして熟議に際してすべての市民が自らの発言を他者によって受け止められる「平等な発言権を行使する機会の保障」

にある。[35]

しかしそれでは、人々を平等かつ継続的に包摂する熟議のプロセスとして民主主義が駆動していくにあたっての制度条件とは何か。この問いをめぐってランデモアは、市民自身が他の市民の代表者として発言する機会を開くための制度的回路として、議会制とは異なる代表制のポテンシャルに着目している。具体的には、くじ引きと輪番制の組み合わせを通じた「くじ引き代表制（lottocratic representation）」が、代表者として選出される機会を人々に対して平等かつ不偏的に開く代表制の形態として挙げられる。代表者を選出する手続きとしてのくじ引きが有する特長は、まさに代表者をランダムに選び出すという点にある。これにより、選挙に内在するエリート統治的バイアスが縮減されるとともに、市民たちの人口統計的な多様性ひいては認知的多様性をより反映することが期待できるというわけである。[36] こうしたくじ引き代表制をはじめとする非議会制的な複数の代表制を輪番制と組み合わせつつ、「交互に代表し、代表される（representing and being represented）」機会が人々に対して平等に保障される政治制度へと民主主義体制を再編していく。ここに議会制とも直接制とも異なる「開かれた民主主義」構想の特徴がある。[37]

以上のようなランデモアの「開かれた民主主義」のねらいは、端的にいえば、すべての市民が政治的アジェンダをめぐって常に熟議を始めることを可能とする政治制度を構築することにある。民主主義とは、単に、自らの代表者を選択する自由をもつことや、何か特定の争点に関する最終的な発言権をもつことに尽きるのではない。民主主義は何よりもまず、最初の発言権をもつこと、いやそれどころか、私たちが欲する時にはいつでも発言できる権利をもつことを肝要とする営為なのだ。[38]

市民相互の正当化実践なき政治は民主主義の名に値しない：ショートカットなき民主主義

ここまでみてきたランデモアによる「開かれた民主主義」論の要諦は、ラフォンが自ら「ショートカットなき民主主義（democracy without shortcuts）」と称する熟議民主主義の構想とも軌を一にしている。両者の違いは、民主主義の規範的正当化のアプローチの差異に求められる。かたやランデモアは、あくまで民主主義が備える認知的価値にもとづいて人々を継続的かつ平等に包摂する熟議プロセスの意義を強調する。これに対してラフォンは、民主主義の道徳的価値に依拠しつつ政治的決定の正統化プロセスとして公共的熟議を定位するというアプローチをとっているといえる。

自らの熟議民主主義の構想を展開するにあたってラフォンは、自己のみならず他の市民も同様に服する政治的決定の適理性（reasonableness）について互いに納得（convincing）させあうプロセスとして公共的熟議を捉える。この相互の正当化実践に携わる限りにおいて、市民たちは自由かつ平等な存在として互いに処遇しあうという民主的理想にコミットしているといえる[39]。

ところが、「より民主的」な政治制度の構築に向けた「改革」案として提示されている従来の制度構想は、こうした民主主義の理想からかえって私たちを遠ざけてしまうとラフォンはいう。一方で、政治的不合意という状況にあって万人の見解を公平に扱う手続きとして、議会という場における多数決に政治的決定の正統性の終局的な根拠を求める構想は、結局のところ非民主的な合意をもたらす。つまり、マクロな公共圏のなかで提起される様々な異論に対して多数派となった者たちが応答責任を果たすという契機を軽視し、ひいては政治的不合意の存在そのものを否定してしまいかねない[40]。他方で、社会運動やデモ活動などといった政治活動への市民自身による直接参加の制度的回路ばかりを重視する構想は、市民の政治参加に対して狭隘かつ近視眼的な見方に陥るおそれがある。その結果、政治的に能動的な姿勢をとるか否かにかかわりなくすべての市民が何かしらの仕方で日常的に関与している公共的意見の形成プロセスの長期的なダイナミクスを捉え損なってしまっている。(41)

これらの構想に共通して見出される難点は、端的にいえば、政治的決定の適理性をめぐる市民相互の「マクロ」な正当化実践としての熟議プロセスをショートカットすることを提案しているところにある。その結果、いずれの構想も一部の限られた人々による意見・判断への黙従（blind deference）を許し、すべての市民が自由かつ平等な存在として相互に認証し尊重しあうという民主主義の理想から離反するに至っている。(42)

真に「より民主的」な政治制度の構想を描こうとするのであれば、それはあくまでもマクロかつ継続的な公共的熟議のプロセスに寄与しうるか否かという観点から錬成されなくてはならない。こうした視座からラフォンは、くじ引きによって選出された市民からなる熟議的ミニ・パブリックスが市民相互の継続的な正当化実践を触発する媒体の一つとして機能しうる可能性を探究している。熟議的ミニ・パブリックスの意義は、理想的な状況下で政治的問題をめぐる熟議と決定を「代行」するという点にあるのではない。あくまでも各々の市民自身が正当化実践をなすにあたって利用可能な資源として、政治的決定をめぐる賛否それぞれの有意な論拠を生成しうるという点にこそ、熟議的ミニ・パブリックスの「より民主的」な制度としてのポテンシャルが見出されるのだ。(43)

ラフォンが自身の熟議民主主義構想の要諦として何よりも強調するポイントは、「民主主義へのコミットメントとは、端的にいえば、ショートカットなど存在しないことを了解すること」である。「公共的熟議を通じた政治的決定の相互的な正当化のプロセスがいかに困難ではかなく、リスキーであるとしても、単純にそのプロセスを省略するのでは、私たちが民主的理想に近づくことなどできはしない。むしろ実のところ、それは私たちを民主的理想から遠ざけてしまう」のである。(44)

　ここまでみてきたランデモアとラフォンに共通する議論の要諦は、議会制にせよ直接制にせよ、市民による参加を特定の組織あるいは契機にのみ閉じるという陥穽にはまり、かえって「民衆の理由にもとづく真なる支配」としての民主主義の実践とは逆方向へと私たちを誤導してしまっているという問題意識である。そして、こうした陥穽を回避する唯一の有望な道筋とは、民主的手続き全体を継続的にすべての市民に向けて開放していく制度条件を民主的手続きそのもののうちに包摂するという方向だけであるといっても過言ではない。彼女らの議論の意義を再度確認するならばそれは、決して「最終的な」意思決定への閉塞を許さない政治制度としての民主主義体制の構築に向けて、正当化実践としての熟議が「迂遠ではあるが避けることのできない」プロセスであることを私たちに再認識させてくれるということなのだ。

7　おわりに――民主主義の実現に向けて私たちが「負い合う責任」とは何か？

「民主主義の危機」の時代にあって、議会制民主主義と直接制民主主義は、それぞれに問題を露呈させている。一方において、議会制民主主義はその根幹をなす選挙をめぐる「病理」を抱えており、エリート統治的な傾向性を逃れられない。他方、直接制民主主義もまた、市民による直接的な意思の発露にこそ民主主義の真髄があるという「夢想」に囚われている。

それでは、こうした議会制／直接制という二分法を超えて、「民衆の理由にもとづく真なる支配」としての民主主義の実現に向けて私たちがとりうる方途とはいったい何か。この問いをめぐる理論展開はまだ緒についたばかりである。

しかしながら、そのあるべき未来の民主主義を実現するうえで欠かすことができない一つの視座があることは確かだろう。それは、私たちはみな、本来的に「理由の空間」のなかで互いに理由を負い合う責任を担う存在であるという視座である。[45] 誤解を避けるために付言するが、この責任は上位の権威、ましてや超越的な権威によって課されるような類の「押しつけられる」責任ではない。そうではなく、私たちが日々の日常において既にみずから「引き受けている」責任である。[46] こうした理由を負い合う責任の実践として私たちは既に熟議を実践しているのであり、あらゆる政治制度のうちで常に「正当化実践としての民主主義」をなしているのである。

唯一無二の「青写真」となる理想を提示することを「民衆の理由にもとづく真なる支配」たる民主主義は許さない。あくまでも「いま、ここに生きる」私たち自身が私たちの間で政治的に向き合う実践そのものが民主主義なのであり、それ以上でも以下でもない。真にリアリティある民主主義の姿を描こうとするならば、それは私たちのあいだで負い合う正当化実践の終わりなきプロセスなのであり、翻っていえば常に「開かれた」そして「ショートカットを許さない」熟議のプロセスそのものなのだ。迂遠かつ終局することのない熟議を正面から受け止めるとき少なからぬ不安を抱く可能性はもちろんある。

だが、理想としての民主主義を理論として示し、その理解を深め、ひいては私たちのあらゆる関係性の「さらなる民主化」を日々の「リアリティある実践」のうちにそれでもなお紡ぎ続けていくこと。このことだけが「民衆の理由にもとづく真なる支配」たる民主主義を可能とするといっても過言ではない。私たちは今まさにここで理由を負い合い、民主主義を実践しているというこの価値を決して過少に見積もるべきではない。

※本章は、科学研究費助成事業（課題番号 18K12715）の研究成果の一部でもある。

註

（1）Hélène Landemore, *Open Democracy: Reinventing Popular Rule for the Twenty-First Century*, Princeton: Princeton University Press, 2020.
（2）Pippa Norris, *Democratic Deficit: Critical Citizens Revisited*, Cambridge: Cambridge University Press, 2011, pp. 4–8.
（3）Yannis Papadopoulos, *Democracy in Crisis?: Politics, Governance and Policy*, London: Palgrave: Macmillan, 2013, p. 3.
（4）*Ibid.*, pp. 239–240. 部族主義の台頭に関する考察としては、Cass R. Sunstein, *Conformity: The Power of Social Influences*, New York: New York University Press, 2019 を参照。また、ポピュリズムについては、本書第III部の諸論考を参照されたい。
（5）近代民主主義における標準形態としての議会制と民主制のカップリングに関する歴史的経緯については、あわせて本書第I部の諸論考も参照。
（6）Bernard Manin, *The Principles of Representative Government*, New York: Cambridge University Press, 1997, chap. 5.
（7）*Ibid.*, pp. 139–142.

(8) *Ibid.*, pp. 145–156.
(9) 早川誠『代表制という思想』風行社、二〇一四年、一二二－一二四頁。
(10) Hanna Fenichel Pitkin, *The Concept of Representation*, Berkeley: University of California Press, 1967, pp. 47–49（早川誠訳『代表の概念』名古屋大学出版会、二〇一七年、六四－六六頁）.
(11) 代表と答責性に関する古典的な見解としては、Pitkin, *The Concept of Representation* の「答責的代表観（accountability view）」、Morris P. Fiorina, *Retrospective Voting in American National Elections*, New Haven: Yale University Press, 1981 の「業績投票（retrospective voting）」に基づくモデルや Adam Przewhorski, Susan C. Stokes, Bernard Manin eds., *Democracy, Accountability, and Representation*, Cambridge, U.K.; New York: Cambridge University Press, 1999 の答責性研究が挙げられる。なお、代表と答責性の結びつきの多様性については Jane Mansbridge, "Rethinking Representation", *The American Political Science Review*, Vol. 97, No. 4, 2003, pp. 515–528 も参照せよ。
(12) Christopher H. Achen and Larry Bartels, *Democracy for Realists: Why Elections Do Not Produce Responsive Government*, Princeton; Oxford: Princeton University Press, 2016.
(13) Alexander Guerrero, "The Epistemic Pathologies of Elections and the Epistemic Promise of Lottocracy", in Elizabeth Edenberg and Michael Hannon eds., *Political Epistemology*, Oxford: Oxford University Press, 2021, pp. 158–161.
(14) 無論、議会制民主主義をそれでもなお擁護する議論は存在する。その好例として、代表者による意思決定とは区別される「市民による判断（judgement）の形成」の契機と代表概念を結びつける議会制民主主義を規範的に擁護するN・ウルビナティが挙げられる。本章では紙幅の関係から取り扱えないが、さしあたり Nadia Urbinati, *Representative Democracy: Principles and Genealogy*, Chicago: University of Chicago Press, 2006 を参照されたい。
(15) ジャン＝ジャック・ルソー著、作田啓一・阪上孝訳『ルソー選集7　社会契約論／政治経済論』白水社、一九八六年、一一〇頁。
(16) カール・シュミット著、樋口陽一訳『現代議会主義の精神史的状況』岩波書店（岩波文庫）、二〇一五年、二一頁。
(17) Simon Tormey, *The End of Representative Politics*, Cambridge, U.K.; Malden, Mass.: Polity Press, 2015, pp. 131–136.
(18) Landemore, *Open Democracy*, pp. 65-66.

（19）　代表という契機に内在する他者による媒介という場合の「他者」は、現に存在する他人のみに限られるわけではない。例えば読書を通じた著者との対話、あるいは自己内での反省においても、自己の思考内に他者を代表／表象し、その他者との間で熟議／熟慮を行っていると考えられる。この点については、Hugo Mercier and Hélène Landemore, "Reasoning is for Arguing: Understanding the Successes and Failures of Deliberation", *Political Psychology*, 2012, Vol. 33, No. 2, pp. 243–258; Hélène Landemore and Hugo Mercier, 'Talking It Out With Others vs. Deliberation Within and the Law of Group Polarization: Some Implications of the Argumentative Theory of Reasoning for Deliberative Democracy", *Analise Social*, 205, XLVII (Vol. 4), pp. 910–923; ならびに John S. Dryzek, *Foundations and Frontiers of Deliberative Governance*, Oxford: Oxford University Press, 2010 の「言説的代表（discursive representation）」論も参照されたい。

（20）「代表するという主張」ならびに構築主義的代表モデルについては Michael Saward, *The Representative Claim*, Oxford; New York: Oxford University Press, 2010 ならびに田畑真一「代表関係の複数性——代表論における構築主義的転回の意義」『年報政治学』二〇一七年第一号、一八一–二〇二頁を参照。

（21）　以下に見る「恣意的支配の不在としての正義」構想は、民主主義の道徳的正当化根拠とは何かをめぐるあくまで「一つの回答」である。本章では紙幅の関係で詳細に検討することができないが、民主主義を根拠づける道徳的価値として平等や自由を定位する構想もありうる。

（22）　Rainer Forst, "A Kantian Republican Conception of Justice as Nondomination", in Andreas Niederberger and Philipp Schick eds., *Republican Democracy: Liberty Law and Politics*, Edinburgh: Edinburgh University Press, pp. 162–163.

（23）　ハーバーマスの討議倫理の理論構成ならびに道徳・政治におけるその含意を簡潔かつ的確に考察した論考としては、高橋良輔「ディスクルス倫理の可能性と限界——構想の解明・批判的考察・再評価の試み」『青山国際政経大学院紀要』第一一号、二〇〇〇年、二五–九一頁、ならびに James Gordon Finlayson, *Habermas: A Very Short Introduction*, Oxford: Oxford University Press, 2005（村岡晋一訳『ハーバーマス』岩波書店、二〇〇七年）を参照されたい。

（24）　Rainer Forst, *The Right to Justification: Elements of a Constructivist Theory of Justice*, New York: Columbia University Press, 2011, pp. 19–20.

（25）　Forst, "A Kantian Republican Conception of Justice as Nondomination", op. cit., p. 155.

(26) Rainer Forst, *Justice, Democracy and the Right to Justification: Rainer Forst in Dialogue*, London, New Delhi, New York and Sydney: Bloomsbury, 2014, p. 200. フォルストの「批判的＝政治的正義」構想の要諦と意義に関する詳細な検討を行っている論考としては、内田智「もうひとつのグローバルな「批判的＝政治的」正義論の可能性——分配的正義論と政治的リアリズムを超えて」『思想』二〇二〇年七月号、岩波書店、一五四－一七四頁を参照。

(27) Mercier and Landemore, "Reasoning is for Arguing", p. 246.

(28) Fabienne Peter, "Epistemic Self-Trust and Doxastic Disagreements", *Erkenntnis*, Vol. 84, issue 6, 2019, pp. 1202–1203.

(29) Mercier and Landemore, "Reasoning is for Arguing", pp. 250–253.

(30) 熟議の認知的価値については、内田智「現代デモクラシー論における熟議の認知的価値——政治における「理由づけ」の機能とその意義をめぐる再検討」『政治思想研究』第一九号、二〇一九年にて主にランデモアに依拠しつつより踏み込んだ考察を行っている。加えて、本章とは異なる射程から数理分析モデルを用いて民主主義の認知的価値を模索する坂井亮太『民主主義を数理で擁護する——認識論的デモクラシー論のモデル分析の方法』勁草書房、二〇二二年も併せて参照されたい。

(31) Fabienne Peter, "Truth and Uncertainty in Political Justification", in Elizabeth Edenberg and Michael Hannon eds., *Political Epistemology*, Oxford: Oxford University Press, 2021, pp. 66-67.

(32) Hélène Landemore, "Democracy as Heuristic: The Ecological Rationality of Political Equality", *The Good Society*, Vol. 23, No. 2, 2014, pp. 171–174.

(33) *Ibid.*, p. 175.

(34) Landemore, *Open Democracy*, p. 8.

(35) *Ibid.*, pp. 144–145.

(36) くじ引きと民主主義の関係は、近年の民主主義論において重大テーマの一つとして注目を集めている。この点をめぐる議論の理論的な射程については瀧川裕英「世界はくじを引いている——くじ引き投票制の可能性」『法と哲学』第七号、二〇二一年、二三－四九頁の考察が有益である。また、実際の制度への応用を試みる野心的な論考として、岡﨑晴輝「選挙制と抽選制」『憲法研究』第五号、二〇一九年、八七－九六頁、山口晃人「ロトクラシー

——籤に基づく代表制民主主義の検討」『政治思想研究』第二〇号、二〇二〇年、三五九―三九二頁も参照。

(37) Landemore, *Open Democracy*, chaps. 4 & 5. ただしランデモアは、くじ引き代表制以外にも、各市民が自発性にもとづいて政策決定をめぐり意見表明を行う「自選代表制（self-selected representation）」や、争点別に投票権の委任を認める「液状代表制（liquid representation）」も積極的に評価している。その理由は、これらの代表制が既存の議会制と比べて代表者として発言する機会の平等化に資するポテンシャルを備えているという点にある。

(38) Landemore, *Open Democracy*, p. 14.

(39) Cristina Lafont, *Democracy without Shortcuts: A Participatory Conception of Deliberative Democracy*, Oxford: Oxford University Press, 2020, p. 4.

(40) *Ibid.*, pp. 52–53.

(41) *Ibid.*, pp. 25–27.

(42) *Ibid.*, pp. 7–8, 167.

(43) *Ibid.*, pp. 140-144. ただし、ラフォン自身はミニ・パブリックスがマクロな公共的熟議をショートカットするための道具として濫用される可能性を懸念していることは付記すべき点であろう。この点については *Ibid.*, chap. 4 を参照せよ。

(44) *Ibid.*, p. 4.

(45) Forst, *The Right to Justification*, chap. 1.

(46) この「理由の空間」のなかで私たちは理由を負い合う責任を有する存在であるという視座との関連でいえば、理由に関する諸能力を備えた道徳的人格間での二人称的答責性の構想を関係論的平等主義のうちに析出する宮本雅也「関係論的平等主義の方法と責任構想——社会構造の焦点化を通じて」、博士論文、早稲田大学、二〇二一年はきわめて示唆に富んだ論考である。

第 III 部

自由民主主義の危機と代替構想 (2)

対立をめぐって

第6章　現代ドイツの右翼ポピュリズム
——その歴史と世界観[1]

板橋拓己

1　ドイツにおける右翼ポピュリズムの成功

第二次世界大戦後の西欧諸国では、急進的な右翼（radical right）の伸長が幾度か見られた。第一の波は終戦直後、第二の波は一九六〇年代後半、そして第三の波は一九八〇年代後半である。オーストリア自由党、スイス国民党、フランスの国民連合（旧・国民戦線）、イタリアの同盟（旧・北部同盟）など、いま各国の国政を左右し、ニュースなどでも注目を集める右翼ポピュリスト政党は、程度の差はあれども、比較的長い歴史をもつものが多い。

しかしドイツでは、政治学者カス・ミュデが言うところの、二〇一〇年以降の「第四の波」、すなわち「急進右翼ポピュリスト政党（populist radical right parties）」のブームのなかで、初めて本格的な急進右翼政党が国政に進出した。[2]「ドイツのための選択肢（Alternative für Deutschland: AfD）」という政党である。二〇一三年に結党されたＡｆＤは、一七年の連邦議会選挙で一気に第三党・野党第一党の位置につけ

（得票率一二・六％、九四議席）、一八年にはドイツのすべての州議会で議席を有するにいたった。二一年の連邦議会選挙では得票を減らしたものの（一〇・三％、八三議席）、後述のように旧東ドイツ地域を中心に着実に支持を固めている。

他の西欧諸国とは異なり、それまで急進右翼ないし右翼ポピュリスト政党の躍進が見られなかったドイツで、その種の政党が「ついに（finally）」[3]成功したのである。本章では、ＡｆＤ台頭の経緯を辿りつつ、なぜドイツではそれまで急進右翼政党が成功しなかったのか、そして、なぜＡｆＤは成功したのかを考察する。そのうえで、ＡｆＤが決して新興の勢力ではなく、長い歴史的なルーツをもっていることを指摘する。

2　「移民国家」ドイツと難民危機

「移民国家」としてのドイツ

ＡｆＤが躍進する直接のきっかけとなったのは二〇一五年のいわゆる「難民危機」だが、ここではまず、難民危機以前から「移民国家」としてのドイツのあり方が動揺していたことを確認したい。

戦後のドイツ連邦共和国（統一以前は西ドイツ）は、経済復興に伴い労働力が不足すると、一九五〇年代半ばから南欧諸国、そして一九六一年の協定によりトルコから移民労働者を受け入れてきた。けれども、長いあいだドイツは国籍に関して血統主義を採用し、「ドイツは移民国家ではない」と言い張ってきた。

こうした状況が変わったのが、中道左派の社会民主党（ＳＰＤ）と緑の党の連立政権（赤緑政権）期である。同政権は、二〇〇〇年の国籍法改正および〇四年の移民法制定によって、出生地主義を条件付きで認める（成人までは二重国籍を認め、成人後に国籍を選択させる）方向へと舵を切った。ここにドイツは名実ともに「移民国家」となったのである。(4)

さらに、二〇一三年末のキリスト教民主同盟・社会同盟（ＣＤＵ／ＣＳＵ）（中道右派）とＳＰＤの連立協定に基づき、両親のどちらかが八年以上ドイツに合法的に滞在していれば、ドイツで産まれた子供はドイツ国籍を取得可能となった。そして、その子供が二一歳までに八年間ドイツに居住、または六年間ドイツで就学した場合、二重国籍を認めることとなった。

ドイツ内務省刊行の『移民に関する報告書』によると、難民危機以前の二〇一五年の時点で「移民の背景をもつ住民」は一七一一万人で、全人口の約二一％にのぼった。そのうちドイツ国籍保持者は九三四万人、外国人は七七七万人であった。また、トルコ系が最大グループで、一七一一万人のうち約一六％を占めている。(5)

反イスラム的言動の公然化

こうしたなか、難民危機よりはるか前から、イスラム系の人びとをいかにしてドイツ社会に統合するかが議論されてきた（いわゆる「並行社会 Parallelgesellschaft」の問題）。たとえば、激しい論争になったものとして、二〇一〇年秋の「ザラツィン論争」がある。これは、当時ドイツ連邦銀行理事で、ＳＰＤ党員でもあったティロ・ザラツィンが、〈イスラム系移民は福祉に依存しているのに、ドイツ社会への統合に応じようとはしない〉から、このままでは『ドイツは自滅する』（これが彼の本の題名である）と論じたことに端を発するものである。アンゲラ・メルケル首相をはじめ主要政治家の多くはザラツィンを非難したものの、ザラツィンのようなエリート知識人がかかる意見を表明したことは衝撃であった。また、ザラツィン論争のトレンドに乗って、ドイツの右翼たちは、歴史認識問題ではなく、移民問題にますます集中するようになった[6]。

また、社会レベルで台頭したのが、イスラム系移民に対する排斥運動「ペギーダ（Pegida）」である（正式名称は「西洋のイスラム化に反対する愛国的ヨーロッパ人 Patriotische Europäer gegen die Islamisierung des Abendlandes」で、ペギーダはその頭文字）。これは、二〇一四年一〇月に旧東ドイツ地域の古都ドレスデンで行われた、反移民・難民を主張する「月曜散歩」に端を発するものである。ペギーダは、フェイスブックなどのSNSを駆使して参加人数を拡大させ、ドレスデンのみならず、ライプツィヒ、あるいは旧西側のボンなどドイツ各地に広がった。彼らは、「普通の市民」を自称し、「嘘吐きメディア（Lügenpresse）」を糾弾し、政治家は「国民の代表ではなく、裏切り者」だと主張する。

ゲッティンゲン民主主義研究所の調査によれば、ペギーダのデモへの参加者は、平均以上の学歴の中年男性が多いという（平均年齢は四四・二歳で、約八割が男性）。また、ペギーダのデモに際してはカウンターデモが組織されるのが恒例となっているが、こちらは半数が女性であり、平均年齢も若い（参加者の半数が三五歳以下[7]）。

ペギーダは、代表のルッツ・バハマンが「民衆煽動罪」（刑法一三〇条）の容疑で捜査を受けたこと（のち有罪が確定）、そして運動が極右に傾いたことから一時衰退したが、難民危機で再び息を吹き返すこと

になる。(8)

要するに、移民・難民の「統合」は難民危機以前から問題になっていたし、ペギーダに代表される反イスラム運動も、難民危機以前から存在していたのである。

なお、「並行社会」の問題については、トルコ人側の責任が強調されるきらいがあるが、ドイツ社会の問題も大きいことは指摘しておきたい。長らくドイツは、トルコ系移民らを「ガストアルバイター（ゲスト労働者）」と呼称しており、どれほど移民がドイツ経済に貢献しようと、あくまで「お客様」扱いを続けてきたのである（ようやくドイツ政府もこうした姿勢を改め、前述の移民法で、ドイツ語教育などを導入した「統合コース」を設置する）。

難民危機とドイツ

「アラブの春」以来、不安定化した北アフリカおよび中東から、多くの難民がＥＵを目指し、ドイツでも難民庇護申請者数が増加した。当初はいわゆる「地中海ルート」から難民は流入したが、とくに二〇一五年春以降、より安全な「バルカン・ルート」を経て急激に多数の難民が押し寄せるようになった。それに対しメルケル首相は、周知のように、二〇一五年九月、難民に国境を開放する決断をした。結果、ドイツにはピーク時で一日あたり一万人超の難民が殺到することとなった。

なお、ドイツにとって大量の難民流入は初めての経験ではない。よく知られているように、かつてナチ政権が大量の難民を生み出したことへの反省から、ドイツの憲法にあたる基本法の第一六条二項（現第一六ａ条一項）には、「政治的に迫害されている者は庇護権を有する」と定められている。そして、一九九〇年代前半にはユーゴ紛争に由来する難民を、九一年から九三年の三年間だけでも計約一〇〇万人、庇護申請者として受け入れている（九一年二五万人、九二年四三万人、九三年三二万人）。さらに遡れば、第二次世界大戦直後に東側の国々から追放された、被追放民と呼ばれるドイツ人を数百万人単位で受け入れたこともあった。

ただし、ドイツが難民に開かれ続けていたかというと、そうではない。一九七〇年代以降、「経済難民」による「庇護権の濫用」という議論が幅を利かせるようになり、ドイツの難民政策は寛大さを失っていく。東西統一後の一九九三年五月には基本法の庇護権規定が改正され、その理念は形骸化した。すなわち、第一六a条二項以下で、EU構成国など「安全な第三国」から入国した者を庇護申請対象者から除外したのである。こうして、上述のように一九九二年に四三万を数えた庇護申請者数は、二〇〇九年には約三万人にまで減少していた。

そして、二〇一五年の難民危機は、それまでの難民流入とは量的にも質的にも異なっていたことを強調しておく必要があろう。まず、二〇一五年の一年間で八九万人の難民庇護申請者というのは、さすがに未曾有の数だった。また質としても、第二次世界大戦直後の難民は「民族同胞」だったし、ユーゴ難民も、少なくとも文化的にはドイツに近い人びとだった。それに対し、今回の難民は中東出身のイスラム系が多く、こうした人びとを大量に受け入れるのは初めてのことである（八九万人のうち、シリア出身者が三五・九%で最大を占める[9]）。

「歓迎」から「不安」へ

それでも当初、ドイツ世論は歓迎ムードだった。たとえば、ミュンヘン中央駅に到着する難民を、市民は救援物資を携えて歓呼で迎えた。しかし、予想を超える難民の数に、難民が集中したバイエルン州の保守政党キリスト教社会同盟（ＣＳＵ）の政治家は悲鳴をあげ、市民の間にも当惑と懸念の色が広がった。早くから難民収容施設への放火といった非道な犯罪も起きたし、ケルン市長選では選挙前日の一〇月一七日に難民受け入れを支持した候補者が刺されるという事件もあった（結果はその候補者が当選）。

こうしたなか、メルケル首相は「もし緊急事態に［難民に］友好的な顔を見せたことで謝らねばならないなら、そんな国はわたしの国ではない」（二〇一五年九月一五日）と述べ、珍しく信念のあるところを見せた。イギリスの『エコノミスト』誌はメルケルを「不可欠なヨーロッパ人（The indispensable European）」と呼び、アメリカの『タイム』誌は彼女を「パーソン・オブ・ザ・イヤー」に選んだ。

しかし、風向きを変えたのは、二〇一五年の大晦日から一六年元日にかけてケルンやハンブルクで起きた一〇〇〇件を超える暴行・略奪事件である。これはもっぱら難民による犯罪というわけではないが、容疑者のなかに難民庇護申請者が多かったことも事実であり、ここから世論は一気に硬化した。そして、かかる状況を受けて支持率を上昇させたのが、右翼ポピュリスト政党「ドイツのための選択肢（ＡｆＤ）」である。

3 「ドイツのための選択肢（AfD）」の躍進

AfDの登場

もともとAfDは、ユーロ危機を背景に、脱ユーロとドイツ・マルク復活を掲げて、二〇一三年二月に誕生した政党である。[10]「ドイツのための選択肢」という党名は、メルケルが「ユーロ救済以外に選択肢はない」と述べてきたことへのアンチテーゼを意味している。

AfDの創設者は、ハンブルク大学の経済学教授ベルント・ルッケである。彼は、当初からギリシャ支援に反対し、二〇一二年の欧州安定メカニズム（ESM）も批判していた。また、『フランクフルター・アルゲマイネ』など高級新聞の編集人も務めたことのあるコンラート・アダムも旗揚げに参加した。つまり、知識人・エリートが中心となって設立した政党だったのである。これまでドイツでは、ヨーロッパ統合は一種の「国是」であり、それに反対するのは一部の極右と極左に限られていたが、こうした社会的地位の高い人びとが反ユーロを掲げて政治的に声をあげたことの意味は小さくない（なお、エリートによるユーロ批判は、前述のザラツィン論争あたりから顕在化していた。ドイツ連銀理事を解任されたザラツィンは、二〇一二年に『ヨーロッパにユーロは不要である』という著作を刊行している）。

また、結党時点でのAfDは、とくに排外主義的な政党ではなかったと評価されることが多い。実際、二〇一三年の同党の選挙綱領は、反ユーロ以外は中道保守のCDU／CSUの政策とそれほど変わるものではなかった。とはいえ、この時点での南欧救済への反対論は、「ドイツ人の利益の擁護」といっ

たナショナリスティックな主張と結びついていたことに注意が必要である。(11)
ＡｆＤには、当初から三つのグループが併存した。第一は、ルッケのような経済学者を中心とした市場原理主義的なエリートたち。第二は、ユーロ導入で割を食ったと考える中小企業の人びと。第三が、「国民保守」などとも呼ばれる右翼グループである。

ＡｆＤの右傾化

ＡｆＤは、二〇一三年の連邦議会選挙を前にして結党されたが、そこでは四・七％を得票した。これは新党としては健闘と言えるが、「五％の壁」（後述）を超えられず、議席は得られなかった。その後、市場原理主義的な経済学者のグループと右翼グループとの間で内紛が起きるなか、後者が主導するかたちで、二〇一四年五月の欧州議会選挙（得票率七・一％）と、同年八・九月のザクセン（九・七％）、テューリンゲン（一〇・六％）、ブランデンブルク（一二・二％）の州議会選挙（いずれも旧東ドイツ地域）で議席を獲得していった。

こうして、フラウケ・ペトリら右翼グループの力が伸長し、二〇一五年には党の右傾化が進む。たとえば一五年一月から、ペトリらは前述のペギーダとも接触するようになった。政策面でも、もはや通貨・税制政策ではなく、難民庇護政策（庇護権が認定されなかった者の即時退去の徹底など）、治安（外国人犯罪者の即時国外退去、公共の場での監視カメラの増設など）、イスラムに関する項目が前面に出るようになった。

決定的だったのが、難民危機直前の二〇一五年七月に開催されたエッセン党大会で、創設者のルッケがペトリに権力闘争で敗れ、右翼陣営の勝利が確定したことである（これによりルッケら新自由主義系の人びとはAfDを離脱し、新党を結成した）。こうしてAfDは、反ユーロ政党というよりも、右翼政党に転じたと言える。そして、難民が流入するなかで、より排斥的かつポピュリスト的な性格を帯びるようになったのである。

ドイツ政治と極右政党

これまでドイツの極右勢力は、危険な存在とはいえ、政治システム全体を脅かすような影響力はなかった。しばしば国民民主党（NPD）、共和党、ドイツ民族同盟（DVU）などの極右政党が州議会選挙で議席を獲得したことはあるものの、規模は小さく、長続きもしなかった[12]。

これには四つの理由がある。第一に、戦後ドイツではナチの過去への反省から、法的に人種差別を禁止する公的な空間が形成されてきた。たとえば、宗教や人種に関して差別的な言動をすると、刑法犯（先述の「民衆煽動罪」）として捕まる可能性があるし、極右政党は憲法擁護庁の監視対象となる。かつては社会主義帝国党（SRP）という極右政党が違憲として解散させられたこともあった[13]。これまでドイツでは、パブリックな場で宗教・人種差別的なことを主張するだけで、政治的に命取りに繋がったのである。

第二は、「CDUとCSUの右に政党なし」と言われるように、二大政党の一つであるCDU／CSUがきわめて保守的で、極右政党に票が流れるのを阻んできた。また、左派のSPDの側も、たとえば上述の二重国籍問題などについて保守側に譲歩してきた。つまり、主要政党間にコンセンサスがあり、極右政党をマージナルな存在に追いやることができたのである。

第三は、いわゆる「五％阻止条項」の存在である。連邦議会選挙や州議会選挙では、比例代表で五％以上得票できなかった政党は議席を得られない。これが、小政党にとって高い壁として立ちはだかってきた。一九六〇年代半ばに成功を収めたNPDも、六九年の連邦議会選で議席の獲得に失敗すると（得票率四・三％）、停滞を余儀なくされた。

第四は、市民による対抗運動の形成である。ドイツの市民社会には反人種主義的規範が広く浸透しており、たとえば外国人に対する憎悪犯罪が起きれば大規模な抗議デモが組織されるし、ペギーダのデモには、必ず大きなカウンターデモも伴うことになる。

従来の極右政党とAfDの違い

かかる環境のなか、AfDは生き延びた。確かにAfDは、既成政党とも従来の極右政党とも異なる興味深い政党である。これまで国政に関わってきたドイツの主要五政党は、いずれも東西分断時代にルーツがある。与党経験のあるCDU／CSU、SPD、自由民主党（FDP）、緑の党は、基本的に西ドイツ時代の政党政治の延長線上にある。また、左翼党は、東ドイツの社会主義統一党の後継政党を母体とし、SPDから離脱した左派が合流したものである。これら既成政党に対して、AfDはドイツ統一後初めて全ドイツ的な規模で組織されたという意味で、新しいドイツを象徴する政党と言えよう。

また、AfDは従来の極右政党とも性格が異なる。第一に、AfDは人的にナチズムとの関係が相対的に希薄である（一般党員や支持者にはネオナチが流れ込んでいるのだが）。

第二に、党上層には博士号取得者など高学歴が多く、出身階層も高い人びとが多い。さらに、党首（二〇一七〜一九年）や連邦議会議員団長（二〇一七〜二一年）を務めたアレクサンダー・ガウラントのように、もともとCDUに在籍していたが、同党の「左傾化」（後述）に失望してAfDに加わった熟練政治家も存在する。

第三に、極端な民族主義ないし人種主義は表に出さず、移民排斥を主張する。たとえば、各民族の文化がその特性・独自性を維持するには、移民から隔離される必要があるという、「民族多元主義（Ethnopluralismus）」という主張を振りかざす。あるいは、「女性や同性愛者の人権を侵害するイスラムは、西洋の民主主義や自由に適合しない」といった論法で移民や難民を排斥しようとする。[14] かかる論法によって、露骨な人種主義は避けつつも、潜在的に反イスラム感情を抱いてきた層に訴えかけることに成功している（ただし、しばしば「失言」というかたちでAfDの政治家の人種主義は露わになり、それが同党の注目度を高めている面がある）。

第四は、新しいメディアの駆使である。ドイツの主流のメディアは極右勢力を無視する傾向にあり、現にAfDも当初はほぼ黙殺状態にあった。また、AfDが次第に存在感を発揮するようになると、主流メディアはもっぱら批判的な文脈でのみ同党を取り上げた。しかし、AfDはそうした現状を逆手にとり、主流メディアを「嘘吐きメディア」と呼ぶ一方で、SNSを効果的に活用している。二〇一七年連邦議会選の時点でAfDのフェイスブックのフォロワーは三六万人を超え、SPD（約一七万人）やCDU（約一五万人）のフォロワー数をはるかに凌いでいた。

二〇一六年三月にはバーデン＝ヴュルテンベルク、ラインラント＝プファルツ、ザクセン＝アンハルトの三州で州議会選挙が行われたが、これはメルケルの難民政策について、ドイツ国民が最初に審判を下した選挙であった。結果は、ＣＤＵが三州全てで得票率を落とす一方、ＡｆＤはそれぞれで議席獲得に成功し、とりわけザクセン＝アンハルトでは二四・三％の支持を集めた。そしてＡｆＤは、その後の州議会選挙でも議席を獲得し続け、遂には連邦議会でも議席を獲得するにいたるのである。そこで次に二〇一七年の連邦議会選挙を概観してみよう。

4　「安定」の政治の変容

二〇一七年連邦議会選挙

二〇一七年の連邦議会選をめぐる選挙戦は、内外から「退屈」と形容されていた。無理もない。このときドイツの経済は依然好調、メルケルの四選も確実。たとえば直近の米仏の選挙戦、すなわちトランプが勝利したアメリカ、マクロン旋風が巻き起こったフランスの選挙戦と比べれば、「退屈」であった。しかし蓋を開けてみれば、結果は深刻だった。まず、大連立政権の与党ＣＤＵ／ＣＳＵとＳＰＤの二大政党が大きく票を落とした。とりわけ中道左派のＳＰＤは戦後最低の得票率（二〇・五％）を記録した。また、メルケル率いる中道右派のＣＤＵ／ＣＳＵも投票日直前で失速し、三二・九％の得票にとどまった。

その一方でＡｆＤは一二・六％を得票し、一気に第三党に躍り出た（最終的に大連立が再び成立したため、野党第一党となる）。選挙結果が判明した夜、ＡｆＤの幹部が高らかに「勝利」を宣言する一方で、ベルリンなどでは反ＡｆＤデモが直ちに組織される事態となった。

ＡｆＤはすべての党から票を奪ったが（たとえばＣＤＵ／ＣＳＵから九八万票、ＳＰＤから四七万票）、それまで投票を棄権していた層から得た票も大きかった（一二〇万票）。

前回選挙で五％阻止条項により議席を失っていたＦＤＰも復活を果たし（一〇・七％）、左翼党（九・二％）、緑の党（八・九％）を含めて、ドイツ政治は「六党体制」（ＣＤＵとＣＳＵを別々に数えるなら七党体制）の時代に本格的に突入したと言える。

こうして連立形成の選択肢が狭まるなか、選挙から五か月以上に及ぶ連立交渉の末、結局は二〇一八年三月にメルケルを首班とするＣＤＵ／ＣＳＵとＳＰＤの大連立政権が再び成立した。選挙直後にＳＰＤが連立離脱を表明したこともあり、ＣＤＵ／ＣＳＵ・ＦＤＰ・緑の党から成る「ジャマイカ連立」（各党のシンボルカラーである黒・黄・緑がジャマイカの国旗と同じ配色になることからの呼称）という新しい組み合わせが模索されたが、難民の家族の受け入れや石炭火力発電廃止をめぐって頓挫した。

メルケル政治の鬼子としてのＡｆＤ

確かにＡｆＤの躍進は印象的だが、これをもってドイツ社会が「右傾化」した（あるいは「ナチの復活」）と断ずることはできない。もちろんＡｆＤの党エリートのなかには極右的な人物も多い。けれども、このときＡｆＤに票を投じた有権者のなかで同党の主張に「納得」している者は三一％に過ぎず、実に六〇％の人が「他党への失望」から票を投じている。さらに言えば、五五％のＡｆＤ投票者が、同党が「極右から十分に距離をとれていない」と考えている（いずれも世論調査機関インフラテスト・ディィマップによる)。

つまり、ＡｆＤ投票者の多くは、必ずしも同党の過激主義に共鳴しているわけではない。むしろ既成政党への不満、そして「自らの生活が変わってしまうことへの不安」から票を投じた者が多かったのである（むろん、そうした「不安」は排外主義につながるのだが）。

言うなればＡｆＤは、長期にわたるメルケル政治が産んだ「鬼子」である。その原因たる三つの点を指摘しよう。

第一に、メルケルは、自らが保守でありながら、長きにわたってリベラルな政策を推進してきた[15]。メルケルのもとでＣＤＵはいわば「社会民主主義化」し、ドイツ政治全体の「中道化」（ガウラントらにとっては「左傾化」）が進んだ。これはＣＤＵないしメルケルの柔軟性を示すものであり、都市部の女性や若者など新しい支持層の獲得に成功したが、他方で従来ＣＤＵを支持してきた保守層が（すでに難民危機以前から）離反の動きを見せていた。そこで右側にできた空隙にＡｆＤが滑り込んだのである。

第二は、右記とも関連するが、メルケルの政治スタイルに関わる問題である。メルケルは、決して自ら主義主張を唱えたり立場を固定することはせず、世論の動向を注視しながら、可能なら他党の政策もどんどん取り込むことを厭わない政治家である。脱原発への決断や最低賃金制度の導入、そして同性婚承認（ただしメルケル個人は反対）が好例だろう。こうしたメルケルの政治スタイルは、既成政党間の対立軸を著しく曖昧なものにした（これが前述の「退屈」の一因でもある）。そうしたなかＡｆＤが良くも悪くも明確な対立軸を打ち出し、有権者に刺激を与えた面がある。

第三は、言うまでもなくメルケルの寛容な難民政策である。大量の難民流入が喚起した大きな変化への「不安」がAfD票となった。実のところAfDは移民・難民の少ない旧東ドイツ地域で大きな支持を集めたが、これは（欧州各国に共通した傾向だが）移民の少ない地域でこそ、自らのコミュニティが脅かされることへの「不安」がかき立てられるからである。[16]

ドイツ型代表制民主主義の動揺

ヴァイマル共和国とナチの経験から、良くも悪くも戦後の連邦共和国は、制度的に直接民主主義的な要素を排し、間接民主主義を徹底させてきた。かつてナチが濫用したため、国民票決《プレビシット》はない。また、「建設的不信任」制度（不信任案を提出する際には、必ず後任の首相候補の提案が必要とされる）、「憲法敵対的」政党の禁止、そして前述の「五%阻止条項」などが導入された。要するに、きわめて「安定」を志向した政治体制を採用したのである。そうした制度設計の出発点には、単一争点の賛否や政党の適否の判断などを国民に委ねようとしない、国民の民主主義運用能力への根深い不信もあった。戦後（西）ドイツの政治は、政治学者ヤン＝ヴェルナー・ミュラーの言う「制約された民主主義」の典型であった。[17]

かかるドイツ型民主政治に対しては、これまでも様々なかたちで不満が表明されてきたが、近年の特徴はそれが主に「右からの抗議」であり、「ポピュリズム」的なものであることだ。[18] CDUとSPDの二大政党を中心とした既成政党間の対立（そしてそれに対応したジャーナリズムや知識人間の対立）はあるけれども、それはあくまでエリートないしエスタブリッシュメント間の対立で、「普通の人」の声は届いていないのではないか。「普通の市民」が争点だと思っていることが、政党間の争点になっていないのではないか。こうした疑問を提起して煽ったのが、ペギーダであり、AfDである。彼らの反エスタブリッシュメント感情や、「嘘吐きメディア」批判、そして「われわれこそが人民《フォルク》だ」というスローガン（東ドイツ変革期の民主化運動のフレーズを模倣している）はそのことを示している。

また、前述のように、AfDはヨーロッパ政策に関する既成政党批判から成立したものである。これまでドイツのヨーロッパ政策はエリート主導で進み、市民はそれに「受動的な合意」を与えてきた。しかし、ギリシャ債務危機あたりから、政府のヨーロッパ政策への不満が世論からも表明されるようになった。それでもヨーロッパ政策は、二〇一三年や一七年の連邦議会選挙の主要争点にはならなかった。CDUとSPDの二大政党はどちらも親EUで、濃淡の差はあれユーロ救済を是認していた。こうした空隙をついたのがAfDである。

AfDの定着

二〇一八年一〇月の二つの州議会選挙での議席獲得により、AfDはすべての州に議席を有する政党となった。(19) また、一九年九・一〇月の旧東独三州（ザクセン、ブランデンブルク、テューリンゲン）での州議会選挙すべてで、AfDの得票率は二割を超えた。ザクセン州にいたっては、二七・五％であった。さらに、二〇二〇年二月五日の「テューリンゲンの政変」は州政治を超えて、連邦政治に波及した。AfDと（党中央の意向に従わなかった）CDUの票によって、FDPの州首相が誕生したのである。この騒動により、メルケルの後継者であったアンネグレート・クランプ＝カレンバウアーがCDU党首を辞任するにいたった。ドイツ政党政治におけるAfDの存在感の高まりを示す出来事であった。

その一方で、依然として党内闘争は絶えない。たとえば、他党との連立も視野に入れた「現実路線」

を掲げたペトリは二〇一七年の連邦議会選直前に党内闘争に敗れ、選挙後に離党した。また、党政治家たちの極右的言動が次第に公的にも問題視されるようになった。たとえば、党内の最右翼グループである「翼（Flügel）」が憲法擁護庁の監視対象となったことを受けて、二〇二〇年三月にイェルク・モイテン共同党首（当時）が「翼」の解散を宣言している。さらに、二一年三月には、党全体が憲法擁護庁の監視対象となったことが明らかになった。党内穏健派の顔であったモイテンは、二二年初頭に離党した。

ＡｆＤは右傾化することによって成功を収めてきたわけだが、他方で右傾化すればするほど穏健な保守層の支持を遠ざけるとともに、基本法が定める「自由で民主的な基本秩序」に抵触し、存続の危機に晒される。こうした右傾化のジレンマにＡｆＤは悩まされている。[20]

直近の二〇二一年の連邦議会選挙でＡｆＤは、メルケル政権の新型コロナ感染症対策のほぼすべてに反対するキャンペーンを展開したが、得票率一〇・三％と前回よりも落とした。とはいえ、旧東独地域に限ってはＣＤＵを凌いで、ＳＰＤに次ぐ第二位の得票であり、とりわけザクセン州とテューリンゲン州では第一党であった（いずれも約二四％の得票率）。旧東独地域を中心に、ＡｆＤは着実にドイツ政治に根を下ろしており、もはや簡単に消滅する存在ではないと言えよう。

5　「新右翼」の歴史と世界観

このように、これまで急進右翼の台頭を防いできたドイツでも、ついにＡｆＤという急進右翼ポピュリズム政党の成功を許した。ではＡｆＤは、近年世界を席巻している急進右翼「第四の波」に乗じて登場した、新奇な政党なのだろうか。否、と主張するのが、在野の歴史家フォルカー・ヴァイスの『ドイツの新右翼』(原題『権威主義的反抗』)である。[21] 同書は、戦前から戦後(冷戦期は西ドイツ)まで連綿と続き、いまAfDに流れ込んでいる、「新右翼」と呼ばれる思想・運動の潮流を歴史的に解明したものである。以下では、とりわけヴァイスの研究に依拠しながら、①新右翼の歴史的起源と、②新右翼の世界観、とくに何(誰)が「真の敵」なのか、という二点を検討したい。

戦間期からの連続性

しばしば現代ドイツ(およびヨーロッパ)の新右翼は「反六八年」と性格づけられる。[22] つまり、一九六八年の学生運動に端を発し、やがて普及したリベラルな思想への反発が新右翼の特徴とされる。これは一面では的を射ているのだが、ヴァイスはドイツの新右翼の出発点はさらに遡れるとする。

ヴァイスによれば、ドイツの新右翼は戦間期(ヴァイマル共和国期およびナチ期)に起源をもつ。そしてヴァイスは、「新」という形容にかかわらず、ドイツの右翼は「いかに時代とともに形態《すがたかたち》を変えようと、核心部分はむかしのまま」だと主張する。[23]

そもそも新右翼の「新」とは、主にナチズムとの違いを強調するために用いられてきた。しかし、現在のドイツの新右翼は、言われるほどナチとの距離を保っているわけではないし、思想的にも戦間期の右翼思想の焼き直しが多い。そうした古さを隠すため、「新」という形容が好まれてきたとも言える。

そして、戦間期の右翼から現代の新右翼をつなぐキーパーソンとしてヴァイスが強調するのが、アルミン・モーラー(一九二〇〜二〇〇三年)という文筆家である。高名な思想家エルンスト・ユンガーの私設秘書を務め、法学者カール・シュミットにも師事したモーラーは、日本でも専門家にはある程度名が知られた人物である。彼の博士論文をもとにした著書『ドイツにおける保守革命』（一九五〇年）は、「保守革命」という戦間期ドイツの思想潮流に関する古典となってきた。[24]

しかし（これは近年の研究でも指摘されるが）このモーラーが発明した「保守革命」というラベルこそ、戦間期ドイツの右翼・極右思想をナチズムから切り離し、戦後への延命を可能にしたものだった。つまり、実際にはナチと区別し難い極右思想すら含みつつ、ナチとは誹られない「保守革命」という伝統をモーラーは創造したのである。ヴァイスは、「今日でもなお極右が存続しているのは［モーラーの］同書とともに再出発したおかげでもある」と指摘している。[25]

そして、戦後の西ドイツにおいて、モーラー自身が右翼的な思想の喧伝者となり、多くのシンパを育てた。現代ドイツの新右翼を代表する論者であるカールハインツ・ヴァイスマンやゲッツ・クビチェクらはモーラーの弟子である。さらに、弟子のカスパール・フォン・シュレンク゠ノッツィングが一九七〇年に創刊した雑誌『クリティコン』は、ドイツにおける新右翼の代表的な雑誌となる。

加えてモーラーは、西ドイツのリベラルな保守主義者や親米保守を嫌い、リベラリズムを「病原菌」と評していた。一九七四年の論考でモーラーは次のように述べている。「保守主義者は、左翼からの転向者には門戸を広く開けておくべきだが、リベラルからの転向者には門戸を閉ざすべしと、わたしは確信している。なぜか？　左翼は、火傷をした場合、何が問題かを知っている。しかしリベラルは、自らが火をつけても、それを知らない。（中略）左翼は、われわれにも必要となるかもしれない、手法や不屈さをもたらしてくれる。リベラルがもち込むのは、病原菌であり、その学習性の無さである」。[26]つまりここでモーラーは、〈左翼よりもリベラリズムに警戒せよ〉、〈左翼には学ぶべきところがあるがリベラリズムは害悪でしかない〉と論じているのである。次に見るように、こうした思考様式も現在の新右翼に受け継がれていく。

「新右翼」の世界観

ヴァイスの議論のなかでもとくに興味深いのは、現代ドイツの新右翼の「真の敵」はイスラム系移民ではなく、リベラリズムだという主張だろう[27]。

新右翼思想の根幹には自らの「アイデンティティ」の擁護があるが、新右翼にとってドイツ人の「アイデンティティ」を脅かすものは二つある。うち一つは確かに「イスラム」だが、しかしイスラムはもともと外的な存在であり、新右翼にとっては「本来の居住地」に追いやればよい相手である。それよりも重要な敵は、リベラリズムや「アメリカニズム」などの普遍主義である。

新右翼の人びとが尊敬する法学者カール・シュミットによる（抹殺すべき）「絶対的な敵」という概念を用いるならば、イスラム系の移民・難民は「現実の敵」ではあるが、「絶対的な敵」ではない。ドイツ人は、イスラム系移民によって「自らの」文化を抹殺されてきたわけではないからだ。

むしろ「絶対的な敵」は、ドイツ内部に浸透している普遍主義（進歩主義、世俗主義、フェミニズム、リベラリズム、アメリカニズムなど）なのである。冷戦期においてもモーラーは、ソ連を軍事的に防ぎうる外的な脅威にすぎないとする一方で、アメリカニズムは「自分自身の骨の髄から洗い落とさねばならない」と主張していた。

興味深いことにヴァイスは、新右翼の人びとのイスラムへの「親近感」も指摘している。なぜなら、彼らもイスラムも「（西洋）近代への抵抗」を試みている点では同じだからである。つまり、イスラムは「われわれ［ドイツ人ないしヨーロッパ人］のアイデンティティ」と等価値の「別のアイデンティティ」をもつがゆえに相容れない（が隔離・追放すればよい）存在である一方で、普遍主義は「われわれのアイデンティティ自体の否定」であるがゆえに「絶対的な敵」なのである。

それゆえ、たとえばモーラーの弟子ヴァイスマンは、イスラムではなく「個人主義と快楽追求を特徴とする西側のリベラリズム」を主敵と見なし、また、「リベラリズムに罹患した国民は破滅する」が新右翼の合言葉となっているのである。

結集の場としてのAfD

こうした新右翼の世界観を現実政治に転換することを期待された存在こそが、AfDに他ならない。保守政党たるCDUはリベラル化し、新右翼の人びとを失望させた。その失望は、メルケルがCDUを主導するにいたって、憎悪にまで変わっていく。

すでに新右翼の人びと（なかでもモーラーの弟子たち）は、二〇〇〇年前後に「国家政治研究所（Institut für Staatspolitik）」という独自のシンクタンクを創設し、またアンタイオス書店という出版社を創業、さらには週刊新聞『若き自由』や雑誌『独立』などの刊行も始めていた。実はこれらの諸勢力は内部対立を抱えていたが、そうしたなか右傾化を果たしたAfDが、彼らに結集の場を提供することになったのである。(28)

こうしてみると、ＡｆＤを単なる新興ポピュリスト政党として捉えることが、いかに問題かがわかる。ドイツの右翼ポピュリズムについては、現状分析はもちろんのこと、今後は歴史的・思想的側面からも、いっそう研究が深められるべきだろう。

註

（1） 本章には、以下の拙稿と重なる記述がある。「変貌するドイツ政治」成蹊大学法学部編『教養としての政治学入門』ちくま新書、二〇一九年、三〇七—三二三頁、「「ドイツ問題」の再来?」『じっきょう地歴・公民科資料』第九三号、二〇二一年、一—六頁。

（2） Cas Mudde, *The Far Right Today*, Cambridge: Polity, 2019, Ch. 1; 古賀光生「極右勢力／急進右翼ポピュリズム」伊藤武・網谷龍介編『ヨーロッパ・デモクラシーの論点』ナカニシヤ出版、二〇二一年、第一章、一一—二九頁、とくに一二—一三頁を参照。

（3） Kai Arzheimer, "The AfD: Finally a Successful Right-Wing Populist Eurosceptic Party for Germany?" *West European Politics*, Vol. 38, No. 3, 2015, pp. 535–556; Nicole Berbuir / Marcel Lewandowski / Jasmin Siri, "The AfD and its Sympathisers: Finally a Right-Wing Populist Movement in Germany?" *German Politics*, Vol. 24, Issue 2, 2015, pp. 154–178.

（4） 概観として、佐藤成基「移民政策」西田慎・近藤正基編『現代ドイツ政治——統一後の20年』ミネルヴァ書房、二〇一四年、二九三—三二〇頁。

（5） Bundesministerium des Innern, *Migrationsbericht des Bundesamtes für Migration und Flüchtlinge im Auftrag der Bundesregierung. Migrationsbericht 2015*, S. 213.

（6） フォルカー・ヴァイス『エリートたちの反撃——ドイツ新右翼の誕生と再生』佐藤公紀訳、新泉社、二〇二〇年（Volker Weiß, *Deutschlands Neue Rechte. Angriff der Eliten - Von Spengler bis Sarrazin*, Paderborn: Ferdinand Schöningh, 2011）、二五〇—二五一頁。なお、ザラツィンが（よりによって）ＳＰＤに所属していることは同党内で長らく問題視されてきたが、ようやく二〇二〇年七月に除名が決定された。

（7） Lars Geiges / Stine Marg / Franz Walter, *Pegida. Die schmutzige Seite der Zivilgesellschaft?* Bielefeld: Transcript, 2015, S. 65 u. 71.

（8） Cf. Hans Vorländer / Maik Herold / Steven Schäller, *PEGIDA and New Right-Wing Populism in Germany,* Cham: Palgrave Macmillan, 2018; Ina Schmidt, "Pegida: A Hybrid Form of a Populist Right Movement", *German Politics and Society,* Vol. 35, No. 4, 2017, pp. 105-117.

（9） Bundesamt für Migration und Flüchtlinge, *Migrationsbericht 2015. Zentrale Ergebnisse,* S. 8.

（10） いまやＡｆＤに関する文献は数多いが、党史についてはさしあたり以下を参照。Ralf Havertz, *Radical Right Populism in Germany: AfD, Pegida, and the Identitarian Movement,* London / New York: Routledge, 2021, pp. 34-51; 近藤正基「排外主義政党の誕生――「ドイツのための選択肢（ＡｆＤ）」の発展と変容」新川敏光編『国民再統合の政治――福祉国家とリベラル・ナショナリズムの間』ナカニシヤ出版、二〇一七年、一七九―二一〇頁。

（11） 拙稿「ＥＵとドイツ」西田・近藤編『現代ドイツ政治』一七四―一九七頁、とくに一八九頁。

（12） 以下に詳しい。Armin Pfahl-Traughber, *Rechtsextremismus in Deutschland. Eine kritische Bestandsaufnahme,* Wiesbaden: Springer VS, 2019, S. 57-97.

（13） 詳しくは、本書所収の大竹論文（第7章）を参照されたい。

（14） こうした西欧の右翼ポピュリストの一見したところ「リベラル」な論法については、水島治郎『ポピュリズムとは何か』中公新書、二〇一六年が明快に解説している。

（15） メルケルの政治については次の拙稿を参照。「メルケルとは何者だったのか」『世界』第九五一号、二〇二一年、一四四―一五三頁。

（16） 本章ではこれ以上立ち入らないが、二〇一七年連邦議会選挙におけるＡｆＤ支持者層の詳細な分析として、Michael A. Hansen and Jonathan Olsen, "Flesh of the Same Flesh: A Study of Voters for the Alternative for Germany (AfD) in the 2017 Federal Election", *German Politics,* Vol. 28, No. 1, 2019, pp. 1-19. 邦語では、野田昌吾「「ドイツのための選択肢（ＡｆＤ）」の台頭」水島治郎編『ポピュリズムという挑戦――岐路に立つ現代デモクラシー』岩波書店、二〇二〇年、八六―一一〇頁、とくに九四―一〇〇頁、佐藤成基「ＡｆＤ（ドイツのための選択肢）の台頭と新たな政治空間の形成——国民国家の境界をめぐる政治的対立軸」宮島喬・佐藤成基編『包摂・共生の政治か、排除の政治か——移民・難民と向き合うヨーロッパ』明石書店、二〇一九年、一三五―一六六頁、とくに一四四―一五六頁。

(17) ヤン＝ヴェルナー・ミュラー『試される民主主義——20世紀ヨーロッパの政治思想』板橋拓己・田口晃監訳、岩波書店、二〇一九年、（下）三―四七頁。

(18) 井関正久『戦後ドイツの抗議運動』岩波書店、二〇一六年、とくに第五章を参照。

(19) なお、二〇二二年五月におこなわれたシュレースヴィヒ＝ホルシュタイン州議会選挙でＡｆＤは五％阻止条項を突破できず、議席を失った。

(20) 野田「「ドイツのための選択肢（ＡｆＤ）」の台頭」一〇二―一〇四頁。

(21) フォルカー・ヴァイス『ドイツの新右翼』長谷川晴生訳、新泉社、二〇一九年（Volker Weiß, *Die autoritäre Revolte. Die Neue Rechte und der Untergang des Abendlandes*, Stuttgart: Klett-Cotta, 2017）。

(22) 「一九六八年」と「新右翼」との関係を論じて話題になった書として、Thomas Wagner, *Die Angstmacher. 1968 und die Neuen Rechten*, Berlin: Aufbau-Verlag, 2017.

(23) ヴァイス『ドイツの新右翼』八頁。

(24) 邦語のモーラー研究として以下を参照。川合全弘「ドイツ版ゴーリズムの提唱——アルミン・モーラーの政治評論」『再統一ドイツのナショナリズム——西側結合と過去の克服をめぐって』ミネルヴァ書房、二〇〇三年、第二章、同「書評：ある保守革命家の生涯——カールハインツ・ヴァイスマン『アルミン・モーラー：政治的伝記』を読む」『産大法学』第四五巻三／四号、二〇一二年、二八五―二九九頁。なお、モーラーの蔵書は「ワイマール期ドイツ保守革命——アルミン・モーラー文庫」として、北海道大学附属図書館に収蔵されている（https://www.lib.hokudai.ac.jp/collections/special/konse-deutsch/）。

(25) ヴァイス『ドイツの新右翼』第二章、引用は六三頁。

(26) 以下からの引用。Axel Schildt, „»Die Kräfte der Gegenreform sind auf breiter Front angetreten« Zur konservativen Tendenzwende in den 70er Jahren", in: ders., *Annäherungen an die Westdeutschen. Sozial- und kulturgeschichtliche Perspektiven auf die Bundesrepublik*, Göttingen: Wallstein, 2011, S. 259–301, hier S. 277.

(27) 以下、ヴァイス『ドイツの新右翼』第八章。

(28) Karin Priester, "Die Alternative für Deutschland", *Vierteljahrshefte für Zeitgeschichte*, 67. Jg., Heft 3, 2019, S. 443–453, hier S. 451–453. 新右翼のネットワークにつき、『ツァイト』紙の記者二人による興味深い著作として、Christian Fuchs / Paul Middelhoff, *Das Netzwerk der Neuen Rechten. Wer sie lenkt, wer sie finanziert und wie sie die Gesellschaft verändern*, Reinbek bei Hamburg: Rowohlt Polaris, 2019.

第7章　代表制民主主義の危機と戦闘的民主主義

大竹弘二

1　戦闘的民主主義のリヴァイヴァル？

民主主義社会において反民主主義者の権利はどこまで認められるのか。仮に反民主主義者が民主主義の諸制度を利用して権力を獲得し、民主主義そのものを廃棄したとしても、それは民主主義の止むを得ざる帰結として受け入れるべきなのか。民主主義は自らの内なる敵に対して脆弱であるがゆえに、このような自己破壊の危険があるということは、かねてから指摘されてきたことである。このいわゆる「民主主義のパラドクス」は、自由と権利をすべての人に平等に与える近代の自由民主主義の陥穽ともみなされてきた。

民主主義において自由と寛容は無制限に保障されるべきなのかというのは、すでに長く議論されてきた問題である。例えば、グスタフ・ラートブルフやハンス・ケルゼンなどは、民主的手続きに則って行われた決定であれば、たとえそれが民主主義を廃棄するようなものであっても従わねばならないとする価値中立的な手続き主義の立場をとっている。[1] 他方、このような相対主義的なスタンスとは反対に、自由と寛容は自らを破壊しないために一定の限界を持たねばならないとする考えも古くから存在する。例えば、ジョン・ロックは、他者に寛容でない者に対して政治共同体が寛容である必要はないとしており、[2] またジョン・スチュアート・ミルも、自分自身を奴隷として売り渡す行為を自由の自己矛盾として拒否し、「自由の原理は人が自由でなくなる自由を持つことを要求することはできない」[3] と述べている。このように明確に自由主義の立場に立つ論者であっても、無制限な自由が当の自由そのものを侵食してしまう危険性に警戒の目を向ける者は多い。

自由民主主義の自己破壊が現実政治の問題として問われたのが、二〇世紀ドイツにおけるナチスの権力獲得であった。ヴァイマル民主主義の諸制度を利用して政権に就き、最終的に民主主義を転覆してしまったナチスを前にして、ドイツからの亡命を強いられたユダヤ系政治学者カール・レーヴェンシュタインは有名な「戦闘的民主主義（militant democracy）」のテーゼを打ち出すことになる。ナチスのような反民主主義的な敵から民主主義を防衛するため、民主国家は場合によっては、そうした敵の基本権剝奪や政党禁止、さらには検閲や警察権力といった非リベラルな戦闘的手段を動員せねばならないというのである。

二〇世紀前半のナチズムの経験のなかから生まれた戦闘的民主主義の思想は、今日再び一定のアクチュアリティを持ちつつあるようにも見える。その背景となっているのは、近年のヨーロッパにおける右翼ポピュリズム政党の勢力伸長であり、また、急進的イスラーム主義をはじめとする宗教原理主義の台頭である。こうした「反民主的」ともみなせる政治勢力が民主政治のうちでプレゼンスを高めていく事態に対し、現在の代表制民主主義は明確な対応策を見出せていないようにも思える。自由民主主義に対するこれらの新たな挑戦は、今日における代表制民主主義の危機をもたらす一因となっている。

こうしたなかで、「新戦闘的民主主義論者」とも呼びうる今日の理論家たちは、民主主義防衛についての考察を深め[4]、ときに「不寛容な民主主義（intolerant democracy）[5]」や「防衛的民主主義（defending democracy）[6]」などの語を用いながら戦闘的民主主義論のリヴァイヴァルを試みている。だが、戦闘的民主主義の思想に対しては、民主主義防衛のための戦闘的措置がそれ自体、民主主義を毀損するおそれがあるという批判が繰り返し向けられてきた。民主主義の友と敵との区別はつねに恣意性を含み、そうした戦闘的措置は政治的反対者を抑圧するための党派的な手段にもなりうるというわけである。

したがって、民主主義防衛は危うい均衡の上に成り立っている。民主主義は、一方ではあらゆる政治的立場を容認する無防備な価値中立に固執することで反民主主義者に乗っ取られてはならない。他方でそれは、過剰な戦闘的防衛によって自ら非民主的な圧政に転化することがあってはならない。こうしたジレンマを回避できるような民主主義防衛のあり方とはどのようなものであるべきか。戦闘的民主主義についての理論的な再検討は、今日さまざまな挑戦に晒されている代表制民主主義の危機、ひいては自由民主主義そのものの危機を克服するための手掛かりになりうるだろう。

2　戦闘的民主主義の発展

ナチスの経験と戦闘的民主主義

民主主義社会の脆弱性とその戦闘的防衛の必要性をはっきりと主題化したのは、ナチスの政権掌握によって亡命を強いられることになったレーヴェンシュタインらドイツ語圏出身の思想家たちである。例えば、カール・マンハイムは第二次世界大戦中に亡命先で出版した著作のなかで、自由主義的な相対主義の限界を指摘して、自由と寛容を守るためにこそ「計画化」された「戦闘的民主主義」が必要であると主張している。[7] また、ナチス・ドイツに併合された母国オーストリアからの亡命を余儀なくされたカール・ポパーも『開かれた社会とその敵』(一九四五年) のなかで、無制限な寛容が必然的に寛容の破壊をもたらすことに警告を発していた。

こうした戦闘的民主主義の思想は、「戦う民主主義 (wehrhafte/streitbare Demokratie)」を掲げる第二次世界大戦後のドイツ連邦共和国 (西ドイツ) において具体的に制度化されることになる。憲法に相当するドイツ連邦共和国基本法では、「自由で民主的な基本秩序」に敵対する人物や団体に対して、結社の禁止 (第九条)、基本権の剝奪 (第一八条)、政党活動の禁止 (第二一条) などが可能となり、そうした憲法敵対性について判断する「憲法の番人」として連邦憲法裁判所が設けられた。戦後西ドイツの戦闘的な民主主義防衛の実例を示すのが、一九五〇年代に行われた二つの政党禁止である。憲法裁判所は一九五二年にナチスの流れをくむ極右の社会主義帝国党 (SRP) を禁止したのに続き、一九五六年にはドイツ共産党（ＫＰＤ）にも活動禁止判決を下す。その限りで、よく指摘されるように、東西冷戦期の西ドイツの戦闘的民主主義は、左右両翼の反民主的イデオロギーを意識したものであり、単にナチスの再来を防ぐだけでなく、共産主義勢力に対する秩序防衛という性格も持っていた。

戦闘的民主主義はしばしば西ドイツの政治体制に特有とみなされてきたが、第二次世界大戦後の国際的な人権規範にも同様の思想を見出すことができる。戦後のさまざまな国際条約もまた、ナチスの権力奪取の経験を踏まえて、条約上の権利を利用して当の権利を破壊する権利濫用の禁止規定を設けている。例えば、一九四八年の世界人権宣言の第三〇条では、この宣言に規定された権利や自由の破壊を目的とする活動のために宣言上の諸規定を用いることは認められないとしている。また、一九五〇年のヨーロッパ人権条約では、第一七条で同じように、この条約で認められた権利や自由の破壊を目的とする活動のために条約上の諸規定を用いてはならないとしているほか、第八条（私生活および家族生活の尊重）、第九条（思想、良心、宗教の自由）、第一〇条（表現の自由）、第一一条（集会および結社の自由）で規定された諸権利について、「民主的社会において必要」とされる場合にはその制限が認められている。さらに、一九六六年の市民的及び政治的権利に関する国際規約（自由権規約）でも、規約が定める権利や自由の濫用の禁止が第五条に明記されるとともに、集会の権利（第二一条）や結社の権利（第二二条）について、「民主的社会において必要」な場合の制限が認められ、また参政権（第二五条）に関しても、「不合理」ではない制限であれば許容する余地を残している。このように、戦後の国際的な人権条約では総じて、戦前のヴァイマルの経験をある程度念頭に置きつつ、民主主義の自己破壊を防ぐためには一定の戦闘的な権利制限が必要であるという思想がコンセンサスとなっている。

各国への戦闘的民主主義の拡大

憲法や法律で反民主的勢力に対する禁止や権利制限を定めている国は、ドイツ以外にも少なからず存在する。そこにはとりわけ、ファシズムやナチズムのような権威主義体制を経験した国々が多く含まれる。例えば、一九四七年に制定されたイタリア共和国憲法では、「暫定規定および最終規定」の第一二条で、ムッソリーニのもとで独裁体制を敷いたファシスト党（PNF）の再建が禁止されている。オーストリアでは、一九四五年五月八日に公布されたナチス禁止法が、四七年以降、憲法体系のなかに組み込まれることになった。戦後も長くフランコによる独裁政権が続いたスペインでは、フランコ死後の一九七八年に成立した憲法の第六条で政党の内部組織と機能が「民主的」であることが求められている。同じように一九七〇年代までサラザールのファシズム体制が続いたポルトガルでも、七六年に制定された現行憲法の第四六条において、ファシスト的イデオロギーを掲げる組織の禁止が定められている。このように、ファシズム体制からの民主化を達成したこれらの国々の憲法では、民主主義を危険にさらす政治イデオロギーに対する戦闘的姿勢が明確にされている。

戦後西ヨーロッパの旧ファシズム諸国で採用されたこの「抑制された民主主義」[8]は、一九八九年以降になるとポスト共産主義体制の東ヨーロッパ諸国に取り入れられ、かなりの国々で共産党の禁止やその政治参加の制限が行われた。これら東ヨーロッパ諸国の共産党禁止はいわば民主化過程における「移行期正義」と呼びうるものであり、永続的なものというよりは暫定的な措置であって、二〇〇〇年代前半頃には徐々に緩和されていくことになる。[9]それでも、例えば一九九七年制定のポーランド憲法の第一三条では、全体主義的な政党の禁止が規定されるなど、非民主的な体制を経験した国々の憲法には、民主主義防衛への特有のセンシビリティを見出すことができる。

また少なからぬ国々は、ファシズムやコミュニズムのような反民主的イデオロギーを掲げる政治勢力だけでなく、人種・民族・宗教等への憎悪や差別を煽動する政治勢力をも憲法上の戦闘的な措置の対象としている。例えば、前述のポルトガル憲法第四六条は人種差別的な組織についても禁止を規定しているし、同じく前述のポーランド憲法第一三条では人種的・国民的憎悪を容認する政党も禁止されている。一九九六年のウクライナ憲法では、第三七条で民族・人種・宗教間の敵意を煽動する政党の禁止が定められている。イスラエルの憲法体系の一部をなすクネセト基本法の第七A条においては、人種差別を煽動する政党を国政選挙から排除することが定められている。同様に、一九五一年に制定されたインドの選挙法にあたる人民代表法はその第一二三節で、異なる社会集団同士の緊張が高まるのを防ぐため、立候補者が宗教・人種・カースト・コミュニティ・言語などに訴えて選挙活動を行うことを「汚職行為」として禁止している。主に反差別を旨とするこれらの戦闘的規定は、民主主義体制の全面的な転覆の阻止というよりは、民主主義の理念を傷つけるような言論や行為の規制を目的としたものと言える。

世界各国の憲法における戦闘的規定のなかには、単なる民主主義防衛にとどまらず、国の基本的な現行秩序の変更の禁止にまで適用範囲を広げているものも見られる。前述のイスラエルのクネセト基本法第七A条では、国政選挙からの排除対象のなかに、イスラエルが「ユダヤ人の」国家であることを否定する政党も含まれている。また、一九九一年に制定されたブルガリア憲法は、第一一条において民族・人種・宗教を基盤とする政党を禁止しているが、これは国の領土的統一を脅かす組織や民族・宗教間の反目を煽る組織の禁止を定めた第四四条と合わせて見ると、トルコ系やマケドニア系など国内の少数民族による分離主義を抑えるための規定とみなすことができる。ウクライナ憲法の第三七条でも領土の不可侵を侵害する政党が禁止されており、これはロシア系住民による分離主義的な動きをある程度念頭に置いたものと考えられる。

トルコ共和国憲法の第六八条では、政党が守らねばならない国の諸原則が列挙されているが、そこには人権、平等、法の支配、国民主権などと並んで、領土と国民の不可分の統合が挙げられている。これは主にトルコ国内のクルド人による独立運動に対して向けられたものであると言える。また、オスマン帝国崩壊後に成立したトルコ共和国は、建国の父ケマル・アタテュルク以来、厳密な政教分離を国是としている。これに従って、憲法第六八条では政党が世俗主義を遵守すべきことも定められており、政教分離に抵触するような宗教政党が禁止されている。このように、各国の戦闘的規定はしばしば、国家の統一やその国のアイデンティティの防衛を目的としている。

こうしてみると、国際条約においても各国憲法においても、一定の戦闘性を含んだものは相当数存在することが分かる。しかしながら、これらの国々で行われた戦闘的措置のなかには、民主的な秩序の防衛というよりも、その正当性が必ずしも自明ではない現行秩序の防衛のために為されていると思われる事例も少なからず存在する。したがって、戦闘的民主主義の試み自体が民主主義を毀損する可能性があるというジレンマは依然解決されているとは言い難く、民主主義防衛の名のもとでの権利制限がどの程度まで許容されるかについてはなお慎重に検討されねばならない。

3　戦闘的民主主義の変容

政党禁止理由の多様化

各国の戦闘的民主主義において、民主的秩序の敵として想定されているものはさまざまである。それに応じて、民主主義防衛の代表的な措置である政党禁止に関しても、国によってさまざまな禁止理由が挙げられている。

伝統的には、戦闘的民主主義における政党禁止は、反民主的なイデオロギーを掲げる政治勢力をその標的としていた。戦後ドイツの場合が典型的だが、そこで敵として想定されているのは、ナチスのように民主主義と真っ向から対立する政治体制を志向する政治勢力であり、戦闘的民主主義は民主主義体制の全面的な転覆を防ぐことが主要な目的となる。冷戦期にそうした敵とみなされたのはコミュニズムとファシズムという左右両翼の過激主義であり、反民主的な敵に対して無防備なイデオロギー中立性ゆえに崩壊したヴァイマル共和国の過ちを繰り返さぬため、民主主義を否定する政治勢力は、憲法上の諸権利を予防的に制限もしくは剝奪される。ドイツだけでなく、オーストリア・イタリア・スペイン・ポルトガルといった旧ファシズム諸国におけるファシスト政党禁止は、こうした古典的な戦闘的民主主義の例である。

しかし近年ではむしろ、必ずしも民主主義を根本的に否定しているとは言えない政党・団体にまで戦闘的な防衛措置が適用されることも増えている。大まかに言って、近年見られる政党禁止理由は、以下の三つのカテゴリーに分類できる。すなわち、（1）憎悪や差別の煽動、（2）暴力への支持、（3）国民的一体性に対する挑戦、である。[10]

政党禁止理由（1）――憎悪や差別の煽動

異なる人種・民族・宗教等への憎悪や差別を煽動している人物・団体は、必ずしも民主主義そのものを全面的に否定しているとは限らない。近年のヨーロッパで問題となっている右翼ポピュリズムについて言えば、それは移民や難民を敵視するが、決してナチスのように民主主義そのものを転覆しようとしているわけではない。それはむしろ民主主義や国民主権を引き合いに出して自らの外国人排斥を正当化しようとさえする。しかし、このように集団同士の憎悪や差別を煽ることは、それ自体が民主主義の理念を傷つけるとみなしうるのであり、それゆえ少なからぬ国々ではこうした行為を戦闘的な規制の対象にしている。

こうした政党規制の早い例としては、一九八〇年代から九〇年代にかけてイスラエルで行われた極右政党のカハ党の禁止が挙げられる。[11] イスラエルからのアラブ人追放を露骨に掲げるこの人種差別的な政党に対し、一九八四年にイスラエルの中央選挙管理委員会はその選挙参加の禁止を決定する。人種差別を理由とする政党規制を認めた憲法上の規定がないことを理由に最高裁判所がこの決定を覆した後、イスラエルでは一九八五年にクネセト基本法の改正が行われ、人種差別を煽動する政党の選挙参加を禁じた先述の第七A条が新設される。その結果、一九八八年と九二年の国会議員選挙からカハ党は排除され、間もなく政党としても消滅することになった。

同じく、一九五一年の人民代表法で人種や宗教に訴える選挙活動が「汚職行為」として禁じられたインドでも、イスラーム教徒への敵意を煽るような選挙運動をしていたヒンドゥー至上主義者バール・タークレー（ヒンドゥー・ナショナリズム政党シヴ・セーナーの創設者）が一九八七年に同法の違反により訴追され、最終的に最高裁判所がその選挙参加の禁止を支持している。[12]

また、ベルギーの場合、政党禁止のための法的規制は存在しないものの、ヨーロッパ人権条約に定められた権利や自由と敵対する政党への公的助成金の停止が可能である。北部フランデレン地方を地盤とする右翼ポピュリズム政党フラームス・ブロックが二〇〇四年にフラームス・ベランフという新政党へ組織替えを余儀なくされたのは、人種差別煽動を理由とした助成金停止を回避するためであった。[13]

政党禁止理由（2）——暴力への支持

ある政党もしくは政治団体が準軍事的性格を有し、実際にテロや騒乱を引き起こしているような場合、これを禁止することにさほど疑問の余地はないように思える。しかしより判断が難しいのは、当の政党や政治団体自体は暴力的手段を用いているわけではないが、それと思想的・イデオロギー的に親和性のある武装組織と一定の繋がりがあると見られるケースである。こうしたケースは、国内に民族マイノリティの分離独立運動を抱えた国々でしばしば見ることができる。

例えば、スペインではかねてからバスク地方の分離独立を目指す武装組織「バスク祖国と自由（ETA）」によるテロが頻発してきた。こうしたなかでスペイン議会は、ETAの政治部門とみなされるバスク民族主義政党バタスナを事実上の標的として二〇〇二年に政党法を改正し、暴力を行使するだけでなく、それを支持する政党を非合法化する規定を設けることになる。これに基づいて同年に行われたバタスナの活動禁止においては、単にＥＴＡのテロを明確に非難しなかっただけで暴力支持とみなしうるのかが問題となったが、この活動禁止措置は二〇〇三年にスペインの最高裁判所によって、次いで二〇〇九年にはヨーロッパ人権裁判所によって追認されることになった。[14]

トルコにおいてもまた、武力闘争を通じたクルド人地域の独立を目指すクルディスタン労働者党（ＰＫＫ）との関係をめぐって、政党禁止がたびたび問題となっている。親クルドの人民労働党（ＨＥＰ）に対して一九九三年に下された活動禁止はその一例である。トルコの憲法裁判所はこの禁止理由として、ＨＥＰの活動がトルコ憲法第六八条に規定された領土的一体性を危険にさらす恐れがあることに加え、（ＨＥＰ自体はＰＫＫの武力闘争から距離を置いていたにもかかわらず）ＰＫＫによるテロとの繋がりが疑われることを挙げていた。しかしながらこの政党禁止に関しては、ヨーロッパ人権裁判所が一九九九年と二〇〇二年の二度にわたり、禁止を不当とする判決を下している。[15]

ヨーロッパ人権裁判所はスペインのバタスナ禁止とトルコのＨＥＰ禁止において異なる結論を下しているが、こうした判断の揺らぎは、これらのケースが単なる暴力支持の有無にとどまらず、国民的一体性を脅かす民族的マイノリティの分離主義にどう対処するかという、その国のアイデンティティに関わる問題が複雑に絡み合った事例であることに起因していると言えよう。

政党禁止理由（３）——国民的一体性に対する挑戦

冷戦時代の伝統的な戦闘的民主主義は、ファシズムやコミュニズムといった反民主的イデオロギーを掲げる政治勢力が主な標的であった。だが、冷戦後の宗教対立や民族対立の高まりに伴って、戦闘的民主主義の標的は、「国民の統一（もしくは既存の多元主義的統合）やアイデンティティに挑戦する特殊な宗教政党および民族政党」にシフトしつつあるとも指摘されている[16]。反民主的という理由ではなく、国民的一体性への脅威という理由から戦闘的な防衛措置がとられる事例が増えてきているのであり、分離主義的な民族的マイノリティ政党への禁止措置などはそうしたケースに当てはまる。しかし、戦闘的民主主義をこのように民主主義防衛からアイデンティティ防衛へと拡大することは多くの問題を孕んでいる。

一九八四年にイスラエルで設立された「平和のための進歩リスト」は、ユダヤ人とアラブ人の和解を目指し、イスラエルがエスニシティに中立的な民主主義国家となることを掲げていた左派政党である。先述のように、イスラエルでは八五年にはクネセト基本法が改正され、新設された第七A条において政党が「ユダヤ人の」国家としてのイスラエルを否定することが禁じられるが、これに基づいて八八年に中央選挙管理委員会は「平和のための進歩リスト」の国政選挙参加を禁止した。しかしながら、イスラエルの最高裁判所は最終的にこの選挙参加禁止を覆し、アラブ人の平等を訴えることは、イスラエルが民主的なユダヤ人国家であることを否定することにはならないという判決を下すことになった[17]。

先述のようにブルガリアでは憲法四四条で、国の統一を脅かすような分離主義的な組織の禁止が規定されている。この規定に基づいて、二〇〇〇年には国内のピリン地方でのマケドニア人の自決を掲げる統一マケドニア組織イリンデン・ピリンが禁止されたが、同年、ヨーロッパ人権裁判所はこの禁止決定を覆し、ある政党が暴力を伴わずに単に民族の自決もしくは領土の分離を主張しているだけでは活動禁止の正当な理由にはなりえないと判断した。[18] また、一九九〇年代にソ連から分離独立したラトビアでは、国内のロシア人マイノリティが国政に影響力を及ぼすのを防ぐため、ラトビア語の能力を欠いた人物の国政選挙参加を禁じたが、これに関してもヨーロッパ人権裁判所が二〇〇二年に、こうした言語要件による政治参加の剝奪は不当との判決を下している。[19] このように、各国の司法あるいは国際的な司法の場では、国民的アイデンティティもしくは国家の統一を維持するための手段として戦闘的民主主義の規定を用いることは問題含みであるとの判断がしばしば下されている。

しかし他方で、司法判断のなかで国のアイデンティティに関わる戦闘的措置が認められたケースも存在する。典型的なのはトルコにおける福祉党禁止である。[20] 一九九八年にトルコの憲法裁判所は、トルコ共和国憲法第六八条の「世俗的な共和国」の原則への違反を理由として、親イスラームのトルコ福祉党に解散命令を下した。これを不服とする福祉党はこの問題をヨーロッパ人権裁判所に提訴するが、ヨーロッパ人権裁判所は二〇〇一年と二〇〇三年の判決において、福祉党禁止を正当とみなして追認することになる。同裁判所によれば、この政党禁止は、ヨーロッパ人権条約第一一条のなかで例外的な制限として認められている「民主的社会において必要」な措置として、集会および結社の自由を定めた同条への違反には当たらないというのである。

しかしながら、世俗主義の擁護と民主主義防衛をこのように同一視することに対しては、多くの批判も寄せられている。[21] ヨーロッパにおいても世俗主義原則は決して自明ではなく、イギリスやデンマークのように国家教会制を採っている国もあるなかで、トルコの場合のみ宗教政党と民主主義の両立可能性を否定することは、結局のところイスラームへの偏見に起因した判断ではないか。ヨーロッパ人権裁判所のこの「戦闘的世俗主義」[22]は、もはや民主主義防衛というより、イスラームとの間に「検疫線」[23]を引こうとする文化防衛に近い。戦闘的民主主義に一定の理解を示す論者であっても、そのような「戦闘的文化」が「民主主義の名のもとでの不寛容」の拡大を示す徴候であることを懸念する者は多い[24]。

戦闘的民主主義の新たなパラダイム

以上のような、憎悪や差別の煽動、暴力への支持、そして国民的一体性に対する挑戦といった理由に基づく戦闘的措置は、民主的／反民主的という区別を基準としてきた旧来の戦闘的民主主義とは一線を画すものである。実際、今日では、どんなに過激主義的な政党であっても、自由民主主義にあからさまに反するイデオロギーを掲げることはほとんどない。それゆえ、例えば法学者ガー・ブライは、戦闘的民主主義の古典的なパラダイムである「ヴァイマル・パラダイム」の限界を指摘している[25]。「ヴァイマル・パラダイム」においては、反民主的な政治勢力による権力獲得を防止することが主要な目的とされてきたが、いまやそうした権力獲得の可能性がほとんどないケースでも政党禁止がなされるようになっているからである。近年の戦闘的民主主義はむしろ、過激主義的な政党が選挙などの政治的アリーナを利用して自らの主張をアピールし、それが正統性をもった主張であると人々に印象付けるのを防ぐために行われることも多い。ブライが言うところのこの新たな「正統性パラダイム」においては、政党禁止の目的は、過激な政治勢力の主張からその正統性を奪い、彼らの主張が有権者の「思考枠組」を規定しないようにすることにあるとされる[26]。

事実、第二次世界大戦後の早い時期から戦闘的な政党禁止が行われてきたドイツでも、二〇〇〇年代に入ってから二度検討された極右政党のドイツ国家民主党（ＮＰＤ）の禁止手続きは、反民主的イデオロギーを理由に行われた一九五〇年代の二つの政党禁止（五二年の社会主義帝国党と五六年のドイツ共産党）のケースとはその性格が異なるものとなっている。ドイツ国家民主党がその違憲性を問われたのは、民主主義の全面的否定や権力獲得の危険というよりも、その排外主義的な差別煽動が理由となっているからである。

しかしながら、権力獲得による民主主義転覆の危険性という「分かりやすい」基準に依拠できなくなった戦闘的民主主義は、その濫用の可能性が高まることも確かである。戦闘的措置の目的が拡大するなかで、権利制限や禁止の基準は不可避的にその恣意性を増すことになる。一九六〇年代の反体制運動に関わった者を標的として七二年に西ドイツで出された「過激派条例」は戦闘的民主主義の恣意的拡大として繰り返し批判されてきたが[27]、すでにそれに先立つ親ナチス的な社会主義帝国党への禁止判決のような自明のケースにおいてさえ、ドイツ連邦憲法裁判所は禁止の実質的な基準を明確に見つけ出すのに苦慮していた[28]。まして近年のように、守るべきとされる実体的価値が、単に自由民主主義体制にとどまることなく、憎悪煽動によって毀損される人間の尊厳、あるいはその国の一体性や国民的アイデンティティにまで広げられる場合、戦闘的措置の基準はより曖昧なものとなっていき、戦闘的民主主義の拡大適用の恐れは一層高まることになるだろう。

4　民主主義防衛の二重戦略

過激主義の「同心円的な封じ込め」モデル

戦闘的民主主義には、その正当な適用範囲をどのように画定できるのかという困難がつねにつきまとう。それが戦闘的な仕方で守ろうとしている実体的価値は結局のところ恣意性を免れ得ず、それゆえその拡大適用によって民主主義が毀損される危険性はつねに残り続けるという理由で、戦闘的民主主義の理念そのものを批判する意見も根強く存在する。実際、過激主義者を政治システムから排除したところで必ずしも問題の根本的解決になるとは限らず、むしろかえってその過激化を招く恐れもある。重要なのは、民主主義の敵とされる人々を政治共同体から排除するのではなく、政治共同体のうちに包摂するための実践だというわけである。戦闘的民主主義の理論的な再検討を進めている近年の論者もこうした批判はある程度受け入れており、なかには戦闘的な排除と熟議による包摂とが両立した民主主義システムを模索している者もいる。

例えば、政治学者ステファン・ルメンスらは、ユルゲン・ハーバーマスの民主的意志形成の二回路モデルとシャンタル・ムフの闘技民主主義論を組み合わせるかたちで、「過激主義の同心円的な封じ込め」モデルを提起している[29]。彼によれば、このモデルは、他者の戦闘的排除を正当化する実体主義的な民主主義理解と、他者を熟議のうちで包摂することを可能にする手続き主義的な民主主義理解との対立を克服するものである。彼はまず、ハーバーマスの二回路モデルを踏まえつつ、民主システムにおける二つのレベルを区別する。つまり、フォーマルな意志決定がなされる中心部の法・政治制度と、市民たちによる公共の討議が行われる周辺部のインフォーマルな公的領域である。過激主義の封じ込めは、この二つのレベルでそれぞれ異なる仕方で行われる。戦闘的な仕方で民主主義防衛が行われるのは、議会や選挙といった民主システムの中心部においてである。そこにおいては、立法上・政治上のさまざまな措置によって過激派が断固排除されねばならず、彼らとの妥協はあり得ない。他方、後者のインフォーマルな公的領域においては、過激派やそれを支持する人々もまた政治共同体の一市民として公共の討議に参加する資格を持つ。そして他の市民は彼らの意見や不満に耳を傾け、過激主義の理由や動機を理解するように努めねばならない。つまり、民主システムの中心部においては政策決定への過激派の影響を除去する「抑圧的な」戦略が採られるのに対し、その周辺部においては過激派の人々が有している諸関心に配慮する「包摂的な」戦略が採られるのである。[30]

この「同心円的な封じ込め」モデルにおいては、過激派は、民主システムの中心部では「民主主義の過激な敵」として排除されるが、その周辺部では「民主的な対抗相手」として熟議のプロセスの一参加者となる。[31] ルメンスはムフによるアンタゴニズム／アゴニズムの区別を独自に敷衍しながらこのことを説明している。ルメンスによれば、中心部における闘争で問題になっているのはヘゲモニーの獲得であり、そこではヘゲモニーを握った自由民主主義がそれ以外の政治理念を脱正統化する。ヘゲモニー闘争は勝利した一方が他方を排除する「オール・オア・ナッシング」[32]の闘争であり、自由民主主義は自らを相対化してそのヘゲモニーを他の政治理念に譲り渡すようなことがあってはいけない。それゆえ、自由民主主義を否定する過激派に対して行われるのは、妥協の余地のない「アンタゴニズム的な」闘争である。自由民主主義の敵は民主システムの中心部から断固排除されねばならないというのである。

しかし、中心部から排除された過激派は、完全に殲滅されるべき敵とみなされてはならない。自由民主主義は、政治的勝者が敗者を完全に排除することのないという点で、歴史的に特異な体制である。このリベラルな体制がヘゲモニーを握っている限り、過激派といえどもシステムの周辺部でその存在を許容される。つまり、民主システムの周辺部では、過激派は平等な対抗相手として承認され、対話と交渉の余地を与えられる。この場合、過激派との敵対関係はヘゲモニーの獲得をめぐるものとはならず、それはあくまで対等者同士の「アゴーン的な」闘争として展開される。「民主的な対抗相手同士の闘争は非ヘゲモニー的な闘争であるのに対し、民主主義者と民主主義の敵との闘争はヘゲモニー的な闘争である」(強調原文)[33]。要するに、ルメンスの「同心円的な封じ込め」モデルは、反民主主義者への戦闘的な措置の必要性を認めつつも、そうした排除の実践を市民社会における包摂の実践によって補完しようとするものである。

このように近年の戦闘的民主主義論者のなかには、必ずしも厳しい戦闘的措置だけで民主主義防衛ができるとは考えておらず、さまざまなアクターを熟議のうちに包摂し民主的文化の中に組み込んでいく市民社会の役割に注目する者も多い。例えば、政治学者ジョヴァンニ・カポッチャは、政党禁止のように「短期の」視点から行われる措置に対し、過激主義の社会的な根を断つための市民教育といった「長期の」視点からの措置の重要性も強調している[34]。戦闘的な法的措置は、過激派に民主主義のエートスを植え付けるための教育的措置によって補われる必要があるというのである。ヤン＝ヴェルナー・ミュラーは、冷戦期の伝統的な戦闘的民主主義が、二〇〇〇年代以降、市民教育や市民社会へのコミットによって過激派を民主システムのうちに取り込んでいく「防衛的民主主義」へと変質しつつあることを指摘している[35]。市民社会というインフォーマルな公的領域では、民主主義の敵とされる過激派も政治的な規範形成のプロセスのうちに受け入れられ、民主的な合意形成を学習していく。その限りで、民主主義防衛は行政機関や憲法裁判所のような特定の制度的審級にのみ委ねられるのではなく、平等な対抗相手として過激派と向き合う市民社会の各々の構成員もまた、広い意味で民主主義を防衛する役割を担うわけである。

市民社会における過激主義の包摂

民主主義防衛を問題にするさい、根本的に防衛すべきものとして考えられるのは、制度としての民主主義システムというより、自己言及的に自らを修正していく一種の学習過程としての民主的な合意形成のプロセスである。したがって、システム中心での政策決定から排除される敵であっても、市民社会における規範形成の過程からは排除されるべきではない。政党禁止等によって代表制システムから排除される過激派であったとしても、依然として論議を通じて民主的な自己修正過程に参加する市民であり続けるからである。代表制民主主義への参加の制限は、熟議民主主義への参加の制限を意味するものではない。たとえある個人や政治勢力を代表制システムから一時的に排除することが許容されるとしても、それによって彼らが政治共同体に参加する市民としての資格までも剥奪されてはならない。戦闘的民主主義はあくまで、万人の平等な政治参加という民主主義の理念を毀損してはならないのである。

こうした要請に応えうるような戦闘的な民主主義のあり方とはいかなるものであるべきか。ルメンスの「同心円的な封じ込め」モデルに従うのであれば、まず、インフォーマルな公的領域としての市民社会においては原則として戦闘的な措置が採られるべきではない。市民社会は包摂と熟議の空間として維持されるべきであり、それゆえ、言論・表現の自由、あるいは集会・結社の自由などの市民的権利に対する制限は慎重であるべきである。それらは集団での論議を通じて自らの規範的自己理解を作り上げていく民主的生活形式の必要条件であり、これらを規制することは民主主義そのものを傷つける危険性を高めることになる。ブライは、近年の戦闘的民主主義の「正統性パラダイム」のもとでは、個人や（政党ではない）結社への規制、さらにはそうした個人や結社が行う発言に対する規制は必ずしも要求されないと述べている[36]。市民社会は可能な限り多くの問題を熟議の対象とすべきであり、過激主義的な主張に対しても言論によって対峙する態度を安易に捨てるべきではない[37]。

こうした観点からすると、その国のアイデンティティに関わるような問題は、戦闘的民主主義の適用対象を超えていると言える。国のアイデンティティは何らかの防衛すべき実体として存在するものというよりも、国民の集合的な選択の結果としてたえず作り上げられていくものである。民主的な政治共同体においては、集合的な学習を通じて共同体のアイデンティティが形成されるプロセスからアプリオリに排除される者があってはならない。そうした共同体の自己理解は、理念上、その構成員すべての平等な参加のもとで行われる。それゆえ、戦闘的民主主義を国民的アイデンティティの防衛にまで拡大することは、究極的にはその民主的共同体としての正統性を疑わしいものにするだろう。ナンシー・L・ローゼンブラムはこう指摘する。「国民的アイデンティティの維持がリベラルな、もしくは民主的な諸要素よりも優先されることはあるかもしれない。しかし、それが民主的参加にもたらすコストを考えることなく、アイデンティティや統合の防衛を民主的な自己防衛とみなすことは、完全な混同である[38]」。

民族的マイノリティの自決権や世俗主義的な国家体制の擁護なども、民主国家においては正当な議論の対象として認められるべきであり、国民の合意によってそのあり方が決められねばならない。実際、こうした事例を戦闘的民主主義の適用対象とすることについては、司法が否定的な判断を下すことも多い。先述のように、イスラエルでの親アラブ政党「平和のための進歩リスト」の選挙参加禁止は最高裁判所によって撤回されているし、また、ブルガリアにおけるマケドニア民族組織イリンデン・ピリンの禁止や、ラトビアのロシア人マイノリティの国政参加禁止についても、ヨーロッパ人権裁判所がそれを不当とする判決を下している。あるいは、一九九〇年代前半のトルコにおいて、クルド人の自決権を容認したトルコ統一共産党と社会党が相次いで禁止されたさいも、ヨーロッパ人権裁判所はこれらの禁止を認めず、たとえ国の現行の組織形態に異議を申し立てるものであったとしても、国内の一部の住民の主張を公的な議論に載せることは民主主義を脅かすものではないと判断している[39]。

世俗主義の擁護について言えば、一九九八年にトルコで行われた福祉党禁止に対してはヨーロッパ人権裁判所もこれを認める判決を下したが、この判決は多くの論者によって批判されている。なかには、そもそも民主主義が厳格な世俗主義のもとでしか成り立たないという想定そのもののバイアスを問う意見も存在する。例えばローゼンブラムはヨーロッパのキリスト教民主主義政党の例を挙げて、宗教が穏健化して民主主義の支持者になるケースは十分ありうることを主張している。ヨーロッパでは総じて「宗教の政治化は民主主義の発展にとって有益な効果をもたらした[40]」とみなせるのであり、イスラーム圏の宗教政党についても同様のことが期待できないとは言えないというのである。その国のアイデンティティに関わる決定は、最終的には、すべての国民を包摂する民主的な議論を通じてしか正統性を獲得できない。その場合、過激主義の側にも、社会のメインストリームのうちに受け入れてもらうためには、単に現行の政治システムを拒絶するにとどまらない穏健化への動機が生じる。民主主義は根本的には、このような包摂の力を持つ市民社会への信頼のうえに成り立つものでなければならない。

「ソフトな」戦闘的民主主義

他方で、市民社会における包摂とは逆に、民主システムの中心においては戦闘的な排除が許容されるという場合、そうした排除の実践とはいかなるものであるべきか。そのさいには、市民社会での合意形成に関与するための市民的権利とは異なり、代表制システムにおいて活動するための政治的権利（参政権）は制限可能ということになるが、そのための手段は必ずしも伝統的な戦闘的民主主義の方法である政党禁止に限る必要はない。

法学者のサミュエル・イサチャロフは反民主的な政党に対する規制を三つの種類に分けている。[41] 一つは政党禁止であり、これは戦後ドイツの戦闘的民主主義を典型的に特徴づけるものである。もう一つは、選挙コードを定めて、選挙のさいの政党の言論を規制するやり方である。これは政党の組織ではなく、その発言内容に焦点を定めた規制であり、選挙期間中に人種や宗教間の不和をもたらすような発言をすることを「腐敗行為」として禁じたインドの人民代表法などがその例である。最後に、政党の選挙参加の禁止である。これは問題のある政党に対して、政党組織としての存続は許すが、選挙への参加は認めないというかたちで規制をかけるやり方であり、イスラエルやインドなどで採られている。

戦闘的民主主義の再検討を進めている近年の論者たちは、政党禁止よりも、イスラエルやインドに見られる選挙参加禁止のような規制を、より時代に合ったものとみなしているようである。[42] 政治的権利（参政権）を制限する場合でもそのやり方は可能な限り抑制的であるべきであり、イスラエルやインドのような「ソフトな戦闘的民主主義[43]」はその一つのモデルを提供しているというのである。この場合、政党は選挙の場から排除されるとしても、言論の場そのものを奪われるわけではない。選挙や議会というアリーナの外であれば、政党はなお言論によって政治に関与することができる。過激主義的な政党は民主国家の中心をなす代表制システムへの接近を防ぐだけで十分なのであり、その組織そのものまで禁止する必要はないとされるのである。

また、過激主義的な政党を封じ込める他の方法として、政党への公的助成金の停止なども考えられる[44]。そのさいしばしば挙げられるのはベルギーの事例であり、先に述べたように、極右政党フラームス・ブロックは助成金停止への恐れから二〇〇四年に解党して新政党フラームス・ベランフへと衣替えしたが、それ以降は勢力の退潮を余儀なくされることになった。このフラームス・ブロックのケースは、政党組織の禁止以外にもさまざまな仕方で過激主義を封じ込め、弱体化させる手段があることを示すものとして注目される[45]。

繰り返すが、過激主義者を戦闘的に排除する場合でも、それが政治共同体における平等な市民としての資格までも剝奪するものであってはならない。制限を受けるのは基本的に政治的権利（参政権）にとどめるべきであり、彼らが市民社会に包摂されることを可能にする市民的権利まで否定してはならない。また、そうした政治的権利（参政権）の制限には、政党禁止以外にも、選挙参加禁止や公的助成金の規制のように、彼らが公の場で自らの政治的立場を主張することまでは否定しないさまざまな方法がある。過激主義者は代表制システムから排除されるべきかもしれないが、それは彼らが民主システムの全体から排除されることを意味するわけではない。代表制民主主義の危機は究極的には、単に脅威を排除することによってではなく、それを市民社会のうちで包摂的に馴致することによって対処されるべきである。戦闘的民主主義の役割はあくまで限定的であり、実体主義的に理解された民主的価値やその制度を戦闘的に防衛する措置は、すべての市民の平等な参加に基づく手続き主義的な民主主義の実践によって支えられていなければならない。民主主義防衛は結局のところ、単なる代表制システムに尽きることのない民主主義のそうした潜在力を信頼することでのみ成功するだろう。

註

（1）Jan-Werner Müller, "Militant Democracy", in András Sajó and Michel Rosenfeld (eds.), *Oxford Handbook of Comparative Constitutional Law*, Oxford: Oxford University Press, 2012, p. 1257.

（2）ジョン・ロック『寛容についての手紙』加藤節・李静和訳、岩波文庫、二〇一八年、九四頁。

（3）J・S・ミル『自由論』関口正司訳、岩波文庫、二〇二〇年、二二六頁。

（4）近年の戦闘的民主主義論とそれに対する批判をまとめた論集としては、Anthoula Malkopoulou and Alexander S. Kirschner (eds.), *Militant Democracy and Its Critics: Populism, Parties, Extremism*, Edinburgh: Edinburgh University Press, 2019.

（5）Gregory H. Fox and Georg Nolte, "Intolerant Democracies", *Harvard International Law Journal*, 36(1), 1995, pp. 1–70.

（6）Stefan Rummens and Koen Abts, "Defending Democracy: The Concentric Container of Political Extremism", *Political Studies*, 58(4), 2010, p. 651.

（7）カール・マンハイム「現代の診断」長谷川善計訳『マンハイム全集5　変革期における人間と社会』潮出版社、一九七六年、二三八－二四四頁。

（8）Jan-Werner Müller, "Should the EU Protect Democracy and the Rule of Law inside Member State?", *European Law Journal*, 21(2), 2015, p. 152.

（9）Peter Niesen, "Banning the Former Ruling Party", *Constellations*, 19(4), 2012, pp. 552–553, 555.

（10） 政党禁止のこうした分類については、Nancy L. Rosenblum, *On the Side of the Angels: An Appreciation of Parties and Partisanship*, Princeton University Press, 2008, p. 415; Gur Bligh, "Defending Democracy: A New Understanding of the Party-Banning Phenomenon", *Vanderbilt Journal of Transnational Law*, 46(5), 2013, pp. 1337–1345 参照。

（11） Cf. Rosenblum, *On the Side of the Angels*, op. cit., pp. 433, 435–436; Bligh, "Defending Democracy", op. cit., pp. 1338–1339; Samuel Issacharoff, *Fragile Democracies: Contested Power in the Era of Constitutional Courts*, New York: Cambridge University Press, 2015, pp. 94–97.

（12） Cf. Issacharoff, *Fragile Democracies*, ibid., pp. 86-88.

（13） エリック・ブライシュ『ヘイトスピーチ』明戸隆浩ほか訳、明石書店、二〇一四年、一六三―一七〇頁、参照。

（14） Cf. Bligh, "Defending Democracy", op. cit., pp. 1340, 1353–1354; Issacharoff, *Fragile Democracies*, op. cit., pp. 62–65.

（15） Cf. Issacharoff, *Fragile Democracies*, ibid., pp. 65–67.

（16） Rosenblum, *On the Side of the Angels*, op. cit., pp. 418.

（17） Cf. ibid., pp. 445–446.

（18） Cf. Bligh, "Defending Democracy", op. cit., p. 1343.

（19） Cf. Samuel Issacharoff, "Fragile Democracies", *Harvard Law Review*, 120(6), 2007, pp. 1438-1439.

（20） Cf. Issacharoff, *Fragile Democracies*, op. cit., pp. 70–74.

（21） ヨーロッパ人権裁判所のトルコ福祉党判決に対する批判は数多くあるが、例えば、Patrick Macklem, "Guarding the Perimeter: Militant Democracy and Religious Freedom in Europe", *Constellations*, 16(4), 2012, pp. 577–581; Svetlana Tyulkina, *Militant Democracy: Undemocratic Political parties and Beyond*, New York: Routledge, 2015, pp. 190–194 を参照。

（22） Macklem, "Guarding the Perimeter", op. cit., p. 581.

（23） Ibid., p. 575.

（24） Müller, "Militant Democracy", op. cit., pp. 1265–1266.

（25） Bligh, "Defending Democracy", op. cit., p. 1326.

（26） Ibid, p. 1358.

(27) Cf. Müller, "Militant Democracy", op. cit., p. 1260.
(28) Cf. Issacharoff, *Fragile Democracies*, op. cit., p. 119.
(29) Rummens and Abts, "Defending Democracy", op. cit., pp. 653–658.
(30) Ibid., p. 656.
(31) Stefan Rummens, "Resolving the Paradox of Tolerance", in Malkopoulou and Kirschner (eds.), *Militant Democracy and Its Critics*, op. cit., p. 112.
(32) Ibid., p. 116.
(33) Ibid.
(34) Giovanni Capoccia, "Militant Democracy: The Institutional Bases of Democratic Self-Preservation", *Annual Review of Law and Social Science*, 9, 2013, p. 217, n. 18.
(35) Müller, "Militant Democracy", op. cit., p. 1262.
(36) Bligh, "Defending Democracy", op. cit., p. 1369.
(37) ただしペーター・ニーゼンは、二〇〇〇年前後から「市民社会」に立脚した新たな戦闘的民主主義の傾向が見られるようになってきたと述べている（Peter Niesen, "Anti-Extremism, Negative Republicanism, Civic Society: Three Paradigms for Banning Political Parties", in Russell A. Miller and Peer Zumbansen (eds.), *Annual of German and European Law*, Volume I, Oxford: Berghahn, 2004, pp. 107–111）。つまり、「民主主義をそれ自体として守るべきものとみなすのではなく、マイノリティや後の世代を守るものとして民主主義をみなす」（ibid., p. 108）ような傾向が強まっており、その結果、人間の尊厳を傷つけるようなヘイトスピーチの規制などが戦闘的民主主義の主要な目的となりつつあるというのである。ニーゼンによれば、こうした新たな傾向を示すのが、政権獲得の可能性はないにしても、排外主義的な主張を公に喧伝するドイツ国家民主党（ＮＰＤ）の禁止をめぐる論争である。しかし、このような戦闘的民主主義は、「表現の自由との衝突」（ibid., p. 109）という問題をひき起こす点で、伝統的な戦闘的民主主義以上に大きな困難を抱えることになる。
(38) Rosenblum, *On the Side of the Angels*, op. cit., p. 446.

(39) Cf. Patrick Macklem, “Militant Democracy, Legal Pluralism, and the Paradox of Self-Determination”, *International Journal of Constitutional Law*, 4(3), 2006, pp. 506–507.

(40) Rosenblum, *On the Side of the Angels*, op. cit., p. 451.

(41) Cf. Issacharoff, “Fragile Democracies”, op. cit., pp. 1422–1423; Issacharoff, *Fragile Democracies*, op. cit., p. 78.

(42) Cf. Issacharoff, “Fragile Democracies”, op. cit., pp. 1457–1458; Bligh, “Defending Democracy”, op. cit., pp. 1375–1377.

(43) Jan-Werner Müller, “Protecting Popular Self-Government from the People?: New Normative Perspectives on Militant Democracy”, *Annual Review of Political Science*, 19, 2016, p. 259.

(44) Rummens and Abts, “Defending Democracy”, op. cit., p. 657.

(45) Rosenblum, *On the Side of the Angels*, op. cit., p. 566, n. 13.; Bligh, “Defending Democracy”, op. cit., p. 1376.

第8章　アゴニズムを制度化する
――熟議／闘技論争の第二ラウンドのために

山本 圭

1　はじめに――敵対性はどこへ行った？

「これからの数年間は、右派ポピュリズムと左派ポピュリズムが政治的対立軸の中心となる」[1]。二〇一八年に刊行された『左派ポピュリズムのために』において、シャンタル・ムフはこう息巻いていたが、この予測はほどなくして外れたように見える。確かにほんの数年前まで、ポピュリズムは多くの政治学者の関心の中心にあった。この主題について多くの書籍や論文が書かれ、日本でも「ポピュリズムとは何か」をめぐる言説が研究論文だけでなく、メディアにも溢れていたことは記憶に新しい。

しかし二〇二〇年のCovid-19パンデミックの前後から、ポピュリズムにはかつてほどの話題性がない。現実政治を見ても、アメリカではバイデンがトランプを下し、さらに左派ポピュリストとして活躍していたサンダースもコービンも、さらにはポデモスもシリザもすっかり存在感をなくしてしまった。あれほど騒がしかった敵対性は、一体どこに行ってしまったのだろうか。

理論的な観点から見ても、もともとそうなる懸念はあった。拙著『アンタゴニズムス――ポピュリズム〈以後〉の民主主義』でも論じたように[2]、ポピュリズムには敵対的な他者が不可欠であり、ポピュリズムによる人民の構築にラディカル・デモクラシーの可能性は託されていた。しかしポピュリズムは一時的で感情的なつながりの創出には都合がよくとも、持続的な政治を実現するには不向きなところがある。たとえば、それは人々の情念を動員するため、つねに話題を更新し続けなければならず、そうすると、あるイシューについて深く理解したり、時間をかけて討論したり、立ち止まって変化を観察することが疎かになるだろう――政治家や著名人の発言について抗議の声が広がるも、翌月にはすっかり忘れられてしまうといった光景がこのかん繰り返し見られたように[3]。そのため、同書では敵対性にもとづいた左派ポピュリズムよりも、それを闘技の形式で受け止めるアゴニズムをラディカル・デモクラシーの理論として再評価したのであった。

それでは、その闘技の形式とは具体的にどのようなものだろうか？　じつはこの問題は、アゴニズムの議論において深刻なものになりつつある。本論でも詳述するように、アゴニズムは一般に、政治における対立や多元主義、あるいは偶発性を重視する議論であり、これまでおもに政治的エートス論や「政治的なもの」をめぐる議論として展開される傾向にあった。しかしこうした見解が、具体的にどのような形で法や制度として定着するのかについては、あまり積極的に語られてこなかった。言い換えれば、アゴニズムをどのように現実政治に位置付けるのか、つまりはそれをどのように制度化するのかという問題には十分な蓄積がなされてこなかったのである。

そこで本章の目的は、アゴニズムと制度の関係について考察することである。近年の民主主義論では、理論をいかにして制度に落とし込むかということが積極的に問われている。たとえば熟議民主主義ではかねてより、いかに討議空間を設計するかということに関心が集まり、ミニ・パブリクス論や討論型世論調査について積極的な検討が進んできているという経緯がある。それに対し、熟議モデルに対抗するかたちで現れた闘技民主主義のほうではこの検討はほとんど進んでおらず、いまだ緒に就いたばかりと言ってよい。

とはいえ、アゴニストが制度にまったく無関心であったかといえばそうではない。[4] たとえばムフは『闘技学 *Agonistics*』（二〇一三年）のなかで、ラディカル・ポリティクスにはネグリ＝ハート的な「撤退」路線ではなく、制度に取り組み、それを変容するような関与が必要になると繰り返し主張している。[5] また、制度化の方向性を、アゴニズムの精神を制約する保守的なものと決めつける必要もない。たとえば若きドゥルーズは、法が行為の制限であるのに対し、制度とは行為の肯定的な規範であるとし、「民主主義とは、多くの制度とごくわずかの法を持つ政体である」[6] と語っていた。本章もまた、制度の問題を考察することで、自由民主主義との関係のなかでアゴニズムをアップデートしようとする試みである。

2　アゴニズムの多様性

すでによく知られた議論ではあるが、はじめに近年の議論も参照しながらアゴニズム、ないし闘技民主主義について簡潔に振り返っておこう。民主主義の闘技モデルは一九九〇年代頃から、熟議民主主義への対抗モデルとして提唱され、対立や敵対を民主主義の本性として捉えたことで広く論争を呼び起こした。大まかに言えばこの論争では、民主主義の特徴を合意にみるか対立にみるかをめぐって活発な議論がなされてきたと言える。

最初にマーク・ヴェンマンの議論を手がかりに、アゴニズムの特徴を描き出してみよう。ヴェンマンはアゴニズムの三つの特徴を指摘している。[7] それによると、第一は「構成的多元主義（constitutive pluralism）」である。これは、主に次のことを意味している。すなわち、多元性が合理的な諸原理によっては調停されないこと。そして、複数性は諸集団や諸個人のあいだの差異のみならず、それらのアイデンティティを構成する状況それ自体の複数性でもあるということ。そしてアゴニズムは、そうした複数性が支配的な価値観によって歪められたり操作されたりすることに鋭い感覚をもっていることである。アゴニズムの理論家たちが、安易なコンセンサス志向をあれほど警戒するのは、こうした点から理解する必要がある。

アゴニズムの第二の特徴は、「世界についての悲劇的ビジョン」である。これは世界が受難や諍いから最終的には救済されることはないという、アゴニストの世界観を表現したものであり、第一の特徴である構成的多元主義の帰結でもある。ヴェンマンはここで、古代ギリシャ悲劇と現代アゴニズムとの関連を強調している。ただし、これは人智を超えた悲劇的な運命を前に諦念するといったことではない。むしろ、アゴニズムは人々の生や行為を支配しようとする悲劇的な力と交渉しつつ、政治的対立になんとか折り合いをつけていく「戦略的かつ戦術的な教義」なのである。この点は、闘技民主主義が同時代の他の合理主義的な民主主義論と大きく異なる態度であるとされる。

最後にアゴニズムの第三の特徴は、対立を政治的善と捉える信念である。よく知られているように、闘技民主主義の理論家はしばしば合意よりも対立の積極的な役割を評価する。たとえばムフにとってそれは剝き出しの敵対性を和らげるといったことであり、他のアゴニズムの理論では、対立を通じて個人性の表出を可能にしたり、対立を承認と相互依存の条件であると捉えたり、あるいはそれによって社会的平等を推し進めるといったことである。いずれも対立の存在は克服すべき嘆かわしいものではなく、政治的な価値や善であると考えられている。

以上、ヴェンマンにしたがい、アゴニズムの三つの特徴を整理した。このほかにも、アゴニズムの特徴として「偶発性」や「相互依存」を強調する論者もいる。(8) こうした諸特徴が、たとえば現代の支配的な民主主義論である集計民主主義や熟議民主主義から、闘技民主主義を区別するものになっているのである。

さて、こうした大まかな特徴を共有しているとしても、アゴニズムの現代理論も一枚岩ではなく、その内部にも多様性がある。区別の仕方は論者によってまちまちであるが、ここでは最も包括的な議論としてエド・ヴィンゲンバッハの区分を見ておこう。(9) 彼はアゴニズムを反抗的、表出的、立憲的、対抗的、そして応答的アゴニズム（oppositional, expressive, constitutional, adversarial, responsive）の五つに区分している。それらの簡潔な特徴と代表的な論者は以下の通りである。(10)

まず、「反抗的アゴニズム」から見ていこう。これは政治を制度化された秩序や規範に対する抵抗と捉えるものであり、代表的な論者としてジャック・ランシエールやアラン・バディウが挙げられている。たとえばランシエールは、国家や行政全般にかかわる統治の側面を「ポリス」と呼び、またそうしたポリス的な秩序を中断する人民の現れを「政治」と呼んで両者を区別している。反抗的なアゴニズムは、現行の支配体制に抵抗する人民の現れをデモクラシーと見做し、そのため基本的に制度や秩序を抑圧の装置と見る傾向にある。

第二は、「表出的アゴニズム」である。これは民主政治における対立や競争を通じた自己‐創出の契機を重視し、多様な善の構想や異なった価値観が競合できる民主政治を要求する。さらにその競合は、政治が生起する境界線や手続きをめぐっても行われる点も重要である。つまり、対立はアリーナの内部だけでなく、その境界もまた民主的な討議に曝されている。ヴィンゲンバッハは、このタイプのアゴニズムを「卓越主義的バージョン」と「批判的バージョン」に区別している。前者は、対立を通じて人間的な卓越さを達成しようとするものであり、ニーチェ主義的な議論を展開するデイヴィッド・オーウェンの立場が典型的である。後者は、あらゆる閉合や排除、あるいは規範化に抗って、政治を新しい差異やアイデンティティが開示される表出主義的な契機と捉えるものであり、ボニー・ホニッグ（さらには初期のウィリアム・コノリー）が代表的な論者であるとされる。

第三が、「立憲的アゴニズム」である。これはジェームス・タリーのような立場を指している。この立場は、（たとえば反抗的アゴニズムのように）枠組みそれ自体に対する闘争というよりも、異なった価値観やアイデンティティのあいだに相互の敬意を促すような枠組み内部での闘争を重視する。しかし立憲的アゴニズムにおいても、この枠組みをなす諸規則や諸原理は永続的な基礎付けというわけではなく民主的な討議の対象であり、未来の交渉や修正にたえず開かれている点も指摘しておく必要がある。

第四は、「対抗的アゴニズム」であり、代表的な論者にシャンタル・ムフのような人がいる。よく知られているように、彼女はシュミットの友‐敵理論に触発されながら、敵対性を「政治的なもの」と捉え、対立が政治の多元性と偶発性を担保すると考えつつ、そこから敵対を闘技へ、敵を対抗者に転換することを提起している。このような立場からすると、政治とは、自由民主主義の諸価値を遵守する対抗者間のヘゲモニー闘争であるとされる。

第五は「応答的アゴニズム」であり、ここではステファン・ホワイトと後期のウィリアム・コノリーの名前が挙げられている。この立場は深い差異に対する寛大さのエートスを涵養し、多元主義を受け入れる。たとえばコノリーは、対抗相手との差異を尊重する「闘技的な敬意」、まったく予期しないものへの「批判的応答性」、そしてそうした現れを承認する「生成の政治」をキーワードに、他者に対する敵意を和らげ、新しい差異や多元性を受け入れるアゴニズムを提示している。

以上が、ヴィンゲンバッハによる現代アゴニズムの五つの区分である。熟議民主主義との論争では一枚岩的にまとめられがちなアゴニズムではあるが、このかんの議論の中で豊かに発展してきたことはあらためて評価されてよい。もちろん、この五つのアゴニズムは部分的に重複するところもあり、飽くまで暫定的な分類ではある。しかし、現代アゴニズムの諸潮流の多様性を包括的に捉えるにはそれなりに有用な区分であるといえよう。

3　アゴニズムの制度的な赤字

本章の冒頭で述べたように、近年の民主主義論は理論的、抽象的な議論に終始せず、そこで得られた知見を社会に実装する方法が積極的に模索されている。たとえば熟議民主主義では、規範的研究と経験的研究の協働が検討されている。これは単に理論を実践に原理的に当てはめるようなものではなく、むしろ理想理論として考案された熟議と現実の実践のあいだには緊張があることを認めつつ絶えず両者を往復する、そのような協働のあり方のことである。[11] そのほか、ジェンダーおよびフェミニズム研究においても、理論と実証を架橋するという関心から制度を問い直す「フェミニスト制度論」にも関心が集まっている。[12]

他方でアゴニズムの理論はこれまで、おもに抵抗の理論やエートス論として議論されてきた。たとえば先にも挙げたヴェンマンは、「戦闘的なアゴニズム(militant agonism)」を提唱し、アゴニズムにおける抵抗と異議申し立ての契機を重視している。[13] あるいは政治学者の乙部延剛は、「成熟の理論」ないし「エートスの陶冶論」としての闘技デモクラシーの可能性と隘路に注目している。[14] これらはアゴニズムを「政治的なもの」の観点から評価する議論と言える。このような議論は確かに、合理性にもとづく民主主義論がヘゲモニーを握るなか、ポスト構造主義的な問題設定を民主主義論に持ち込むものとして有効であった。

しかし、熟議民主主義との論争が深まるにつれて、アゴニズムの議論にも様々な限界が指摘されてきた。なかでも本章が注目したいのは、アゴニズム論の「制度的な赤字(institutional deficit)」と呼ばれるものである。よく参照される批判をここでも取り上げるとすると、たとえばデイヴィッド・ホワースは早くから次のように指摘していた。

これらの説明は民主的な規則や手続きの重要性を仄めかしているものの、それぞれの理論では現状のアレンジメントの批判という点でも、いっそう踏み込んだ代替案という点でもいまだ「制度的な赤字」というべきものが存在している。マルクス主義や自由主義タイプのような壮大な理論化作業に舞い戻ることなく、いっそうきめ細やかな仕事によって、ラディカルで複数主義的なデモクラシーの制度的、手続き的、空間的な支えを作る必要がある。[15]

先に指摘したように、アゴニズムの議論が、規則や手続きを無視してきたわけではなく、折に触れてその必要性に言及してきたことは確かである。だとしても、それらは総じて不十分なものであり、依然として重大な課題であるとホワースは問題提起しているわけだ。[16]

アゴニズムと制度の関係が正面から問われてこなかったことはその通りだろう。それにしても、なぜ制度についての議論が必要なのか。この点を明確にしておく必要がある。アゴニズムについてはむしろ、現行の抑圧的な法や制度に異議申し立てをする、そうしたラディカルなモメントを表現する理論で十分ではないか、そうした擁護は可能だろう。

にもかかわらず、なぜ制度論が求められるのか。たとえばマリー・パクストンは、制度化によってアゴニズムはいっそう活性化すると議論している。すなわち、具体的な制度化を通じて理論に命を吹き込むことになり、政治に白けた人々の状況を克服し、民主主義はより包摂的で多様性に開かれたものになると、制度化の意義が強調される。[17]

さらに制度論の必要性を示すものとして、ここではアンドレアス・カリヴァスの議論を参照することができる。そもそもアゴニズムが、古代ギリシャで行われた競技を指す言葉「アゴーン *agon*」からきていることはよく知られている。にもかかわらず、現代のアゴニズム論は、多元化した価値観やアイデンティティについて雄弁ではあっても、意外なことに、古代ギリシャの経験に言及することがあまりない。カリヴァスの議論はこの欠落を埋めようとするものだ。以下、彼の議論のポイントを確認しておこう。

カリヴァスは、古代アゴニズムにおける貴族主義的な要素を指摘している。競技者は、公衆の前で力、技、勇気を競うことで、自らが優れたものであると示そうとする。彼らにとって何よりも重要なのは、勝利に伴う栄光や名誉であり、カリヴァスはこれを「古代アゴニズムのナルシシズム」と呼んでいる。競技者は観衆が彼を愛するよう振る舞い、彼らの目に映った自分自身と恋に落ちるというわけだ。

勝利への強いこだわりは、必然的に「相手を打ち負かすこと」を意味している。これこそ、現代のアゴニズムがほとんど強調しない点である。現代アゴニズムの民主主義論は、権力関係の転覆や攪乱、多元主義を担保する対立などについては好んで語るものの、具体的なゲームの帰結である勝ち負けにはあまり言及しない。まるでアゴーンには敗者などいないかのように、全員が等しく栄光を享受しているかのようなのだ(18)。

さて、紀元前六〜七世紀になると、古代のアゴニズムに重大な変化が起こる。闘技的な実践が社会の様々な領域(芸術や音楽、修辞学や哲学など)に波及した結果、総じて「アゴーンの平和化」、もしくは「アゴーンの民主化」ともいうべき現象が見られた。これによりアゴーンの貴族主義的でナルシシズム的な性格は薄められ、より民主的なものになる。カリヴァスはこう述べている。

こうして、アゴーンの民主化と民主政治の貴族化のあいだに、興味深い弁証法的な関係が生じた。

相互汚染の創発的なプロセスが、この二つの相反する論理のあいだに起こったのだ。群衆(multitude)は、かつては高貴な者の特権であった実践に加わることができるようになるにつれて、民主的な都市は、個人的な称賛と栄光を求めて他者に勝ろうとする闘争を吸収し、それを新しい目的へと向け変えたのである[19]。

この変化において特筆すべきは、アゴニズムの「制度化」が進んだことだろう。この制度化のなかで、個人的な栄光を追求する過度なナルシシズムは抑制され、飼い慣らされることになる(ちなみにカリヴァスはこうした制度の例として、陶片追放と暴君殺し(tyrannicide)を挙げている)。

以上のような古代アゴニズムの検討を行った上で、カリヴァスが指摘せざるをえないのは、現代のアゴニズム論に漂う「楽観主義」である。現代のアゴニズムでは、対立を望ましいものと考え、それによって多様性や他者への敬意が保証されると考える傾向にある。しかし、勝者と敗者を生み出すゲームが、集団の同質性を高め、相手への攻勢や分断、あるいは排除を加速化することがどうしてないと言えるのか。じっさいこうしたことが、古代の民主主義を衰退させたのではなかったのか。そして、これこそ現代のアメリカを始め、多くの国々で人々のあいだに深刻な分断をもたらしているものではないのか。こうした問題があったからこそ、古代アテナイの人々は複雑な制度的システムを作り上げた。にもかかわらず、そうした真面目な懸念が現代アゴニズムには皆無なのである。カリヴァスは言う。「したがって、このアプローチには制度的、法的な赤字が明白である[20]」。

ここまで、やや詳しくカリヴァスの議論を紹介してきた。過度な敵対を飼い慣らし、共同体を分裂させかねないナルシシズムを抑制するためにこそ、アゴーンの制度化は求められた。だとすると、現代アゴニズム論も対立を手放しで放置するのではなく、どこかで制度の問題と向き合う必要がある。だが幸いなことに、こうした問題関心にもとづいた研究が現れ始めており、これらは「現代アゴニズムの第二世代」と呼べるかもしれない。次節では、そうした研究を概観しつつ、アゴニズムの制度論に迫って行こう。

4　アゴニズムを制度化する

すでに述べたように、熟議民主主義論はミニ・パブリクスや討論型世論調査、あるいはくじ引きという古くて新しい仕組みを応用するなど、様々な観点から熟議の制度化についての検討や実験を進めている。他方で、アゴニズムと制度についての検討ははるかに遅れており、ようやく近年になって本格的な議論が始まったばかりである。本節ではそのなかでもいくつかの議論に注目し、アゴニズムと制度のありうべき関係性について考察することにしたい。

沈黙を破ったのはエド・ヴィンゲンバッハの『闘技民主主義を制度化する（*Institutionalizing Agonistic Democracy*）』（二〇一一年）であった。ヴィンゲンバッハは、これまでの闘技民主主義論においては制度への考察が不十分であったと認めており、どのような制度がアゴニズムと両立するのかを問うている。

議論のポイントを要約しておこう。まず先に見たように、ヴィンゲンバッハは現代アゴニズムの理論を五つに分けた後、それらを「抵抗のアゴニズム」と「多元主義的アゴニズム」に区別する。[21] 前者は、権力関係に抵抗することで、それを不安定化したり掻き乱したりすることを目指す、いわば新しい主体性を歓迎するようなアゴニズムである（先の区別では、反抗的、表出的アゴニズムがこれに該当する）。他方で後者は、ダイバーシティを維持するための規則や手続きを重視しながら、人々のあいだに対立のみならず互恵的な関係をも育もうとするアゴニズムである（先の区別では立憲的、対抗的、応答的アゴニズムがこれに該当する）。このような区別を立てた上で、ヴィンゲンバッハは前者のアゴニズムが制度化にはあまり馴染まないとし、後者のアゴニズムに制度論との親和性を認めている。

第二のカテゴリーのアゴニズムの理論のほうが、制度化されたデモクラシーの可能性にいっそう適している。（…）これらのアゴニズムの諸形態は民主的な諸制度について考えるための見込みのあるコンテクストを与えてくれている。(22)

こうしてヴィンゲンバッハは主要な考察対象を「多元主義的アゴニズム」に限定し、議論を進めていく。それでは、どのようなアゴニズムの制度が提案されるのか。それはロールズの政治的リベラリズムに依拠したものである。ヴィンゲンバッハによれば、ロールズは安定性を重視するあまり、政治の偶発性を犠牲にしてしまうところがあるという。そこでロールズの議論を再検討することで、それをアゴニズムの枠組みとして活用しようとするわけだ。

ヴィンゲンバッハは、部分的に修正された政治的リベラリズムに依拠しながら、「闘技的リベラリズム」という構想を提示している。この議論は、たとえばアゴニズムの理論家がロールズの議論を厳しく批判してきたことからすると、やや挑発的なものであるだろう。だが、この議論は確かにアゴニズムの制度化にむけた大きな一歩であったものの、制度がアゴニズム的な実践を涵養する諸条件を創り出すというのみで、具体的な制度設計にまで踏み込めていない。具体的な提言が出てきたのはようやく最近になってからである。

たとえばより近年の試みとして、マノン・ウェストハルの議論を見てみよう(23)。ウェストハルによると、制度化にかんして、これまでのアゴニズム論には二つの弱点があった。一つは、アゴニズムをもっぱら政治的エートス論と捉える傾向であり、もう一つは、制度的な赤字に応答するために、闘技を実現する理想的な制度を求めてしまうことである。こうした弱点に対し、彼はアゴニズムの理論を「対立の調整」と捉えることを提案する。これにより、どのような制度が対立の調整を可能にしているのかを問うことができるようになる。またそのさい、アゴニズム論の諸概念は「制度設計を評価する批判的尺度」として用いることができる。すなわち、提示された制度化の構想がどれだけ対立を調整しているかと同時に、それをいかに活性化させているかを検証できるのである。

こうしたことを念頭に、ウェストハルは「闘技的なミニ・パブリクス」の制度構想を検討している。よく知られているように、「ミニ・パブリクス」とは少人数で行われる対話の場のことであり、熟議民主主義研究で集中的に研究と実践が進められている制度である。しかし、闘技的な観点からすると、熟議的なミニ・パブリクスにはいくつかの問題がある。たとえばそこではミニ・パブリクスの参加者の無作為抽出が基本とされている。しかし、闘技的な観点からすれば、多様な意見が等しく尊重され、無作為抽出によって集団の代表性が確保されたとしても、それによってはアゴニズムが求める対立は十分に保証されない。アゴニズムを活性化するためには、無作為抽出ではなく「対立指向的な抽出（conflict-oriented selection）」が必要になるとウェストハルは主張する。つまり、論争が活性化するように参加者を抽出する必要があるというわけだ。

そのほか、闘技的なミニ・パブリクスでは、専門知によって党派的な偏りを解消することが目標ではない。そうした専門家や専門知は、場合によっては、党派的な見方を和らげてしまい、対立を不活性化することになりかねないからである。さらに、熟議的なミニ・パブリクスには、政策決定者にとっての諮問機関であったり、信頼できる情報源であることが期待されていたが、アゴニズムはこうした前提に懐疑的である。なぜなら、諮問を主たる役割と考えてしまうと、現行の権力やヘゲモニーにお墨付きを与えてしまうからである。したがって、アゴニズムの観点からすると、ミニ・パブリクスは権力に管理されない批判的なアジェンダ設定者でなければならない。これはミニ・パブリクスが権力の道具ではなく、むしろ市民によるボトムアップ型の手続きであることを意味している。以上が、ウェストハルの「闘技的ミニ・パブリクス」構想のポイントである。これは確かに、闘技的な観点から熟議的なミニ・パブリクスを批判的に評価し、それを修正したうえで、アゴニズムの具体的な制度設計の方向性を示していると言えるだろう。

その他の具体的な制度論として最後に取り上げたいのは、マリー・パクストンの議論である。彼女はアゴニズムの制度的な赤字といった状況に対し、アゴニズムと制度が両立すると言うにとどまらず、むしろアゴニズムは制度を通じて活性化すると述べる。それが「対立の日（Contestation Day）」である。言うまでもなく、これも明らかにブルース・アッカマンとジェイムス・フィシュキンによって提案された

「熟議の日（Deliberation Day）」に着想を得たものである。しかし闘技的な観点から見て、「熟議の日」にはいくつかの問題点がある。「対立の日」は、市民たちが「情熱を持って価値観の違いを表明し、より包摂的かつ積極的な仕方で関与できるような態度や行動を発展させる」[24]ことができるよう「熟議の日」を再設計したものである。

パクストンは「対立の日」を構想するにあたり、アゴニズムのできるだけ多様な側面を取り入れようとしている。しかしそれでも、ムフの議論に特徴的な政治を友‐敵対立として捉える見方については、それが多元主義を危険に晒し、社会を分極化に導くという懸念から、制度化にはそぐわないと考察から外している（他方で、ムフが政治における情念の役割を強調する点については評価する）[25]。そのうえでパクストンは「対立の日」を三つの段階に分けて構想している。これは、対立の日の各段階で、アゴニズムの異なった側面が反映されるための工夫である。たとえばそれは次のようなものだ。

対立の日は、深く根付いた注目の話題を用いることで、市民の参加を動機付け、彼らの情念を再び燃え上がらせようとする（第一段階―ムフ）。そして多様な見解について敬意を持ちつつ批判的に考察するための空間を提供する（第二段階―コノリーとタリー）。それから、集合的な意思決定の作業を通じて団結し、市民の自律性を高め、競争を促す（第三段階―オーウェン）[26]。

以上、本節ではアゴニズムの制度化にかんする近年の議論を紹介してきた。ここで明らかにしたように、最初はやや抽象的な構想にとどまっていたところから、次第に具体的な制度設計にかんする議論も現れ始めている。おそらく今後は実験なども行いつつ、熟議民主主義研究と似たようなコースを辿ることは容易に想像できるだろう。

5　おわりに

本章では、アゴニズムの現代の議論を参照しながらその大まかな特徴と代表的な議論を紹介した。そのうえで、古代ギリシャの事例から制度化の重要性を見るカリヴァスの議論を踏まえ、現代アゴニズムの「制度的な赤字」と呼ばれる状況を確認した。しかし、近年の議論ではそうした赤字を埋め合わそうとする議論も現れ始めている。本稿では、ヴィンゲンバッハ、ウェストハル、パクストンといった論者らの議論を参照しながら、アゴニズムの制度化の事例（「闘技的なリベラリズム」「闘技的なミニ・パブリクス」「対立の日」）について概観してきた。

さて、以上のようなアゴニズムの制度化の試みは、その制度的な赤字を一定程度解消し、アゴニズムの精神を自由民主主義の法制度のなかに位置付けることに貢献する点で、基本的には歓迎すべき動向だろう。これはまた、熟議的な制度設計へのアンチテーゼとしても有効であり、熟議／闘技論争の第二ラウンドとして、制度的民主主義論の活性化のきっかけになることも期待できる。

しかし、一抹の不安もある。それは、本章で検討した制度化の方向性が、熟議モデルが展開してきた議論に大きく依拠していることだ。その結果、アゴニズム論がまたしても熟議モデルの二番煎じのようなものとなり、それとほとんど見分けのつかないものになりかねない。熟議的な制度論とどれだけ違いを出せるのか、これが今後の大きな課題になる。

なぜこうなってしまうのだろうか。問題は、いずれの論者も制度化にあたって、アゴニズムの厄介そうな部分、いわば制度化と衝突しそうな部分をあらかじめ排除していることだ。たとえばヴィンゲンバッハにとってそれは「抵抗のアゴニズム」であり、ウェストハルにとってそれは「政治的エートスとしてのアゴニズム」であり、そしてパクストンにとってはムフ流の友 - 敵関係にもとづいた「対抗者のアゴニズム」であった。こうした操作によりアゴニズムの過剰な部分は切り捨てられ、安定と持続性に都合のよい部分のみが、いささか恣意的に選択されているのである。これが熟議的な制度論との違いを曖昧にしている理由にほかならない。

この問題をどう考えるべきだろう。ここでは、ハンナ・アーレントが革命の経験に見出した創設の行為と安定化のジレンマを参照することができる。アーレントによれば、革命の精神には、新しいものをもたらす行為と安定性・持続性への関心という相反する二つの要素が含まれているという。

どんな革命でも、その最大の事件は創設の行為である以上、革命の精神は、互いに和解しがたく矛盾さえしているようにみえる二つの要素をふくんでいる。新しい政治体を創設し、新しい統治形態を構想するという行為は、その新しい構造の安定性と持続性にたいする重大な関心を、そのうちにふくんでいる。この重大な仕事にたずさわっている人びとは、はじまりを始める人間的能力にたいする楽観的意識、つまりこの地上における何か新しいものの誕生にいつも伴うあの高揚した精神、をかならず経験する。このような安定性に対する関心と新しいものの精神という二つの要素は、政治の思想と用語法の分野で、一つは保守主義とされ、他は進歩的リベラリズムの専有物だと称されているように、互いに対立するようになった[27]。

しかしアーレントはこの二つの要素、すなわち新しい精神と安定性への関心が、創設の行為において排他的なものではないと主張する。むしろそれは「同じ事柄の二つの側面[28]」であり、ここにジレンマは存在しない。二つの要素は切り離しがたく結びついており、両者を対立的に捉えるのは革命後の後知恵にすぎないというわけだ。

アゴニズムにも同じことが言えないだろうか。アーレントに準えて言えば、アゴニズムのうちに区別を設けて、制度化にあたってどちらかを排除する必要はない。いや、それは不可能なのだ。じっさいデイヴィッド・オーウェンは、こうした区別を「説得力のない見解」であると退けている。なぜなら、政治的な活動は現行の立憲主義的な諸規則内部での競争と、それら諸規則そのものをめぐる競争の両方に跨るものであり、この二つの競争に明確な区別は存在しないからである[29]。カリヴァスの議論を想起すれば分かるように、現代アゴニズムの理論は、アゴニズムの荒々しい部分をこそ制度化し、形式化する必要がある。もしアゴニズムの制度論が、熟議の制度論と異なったビジョンを持ちうるとすれば、それはこの困難な企てにかかっていると言えるだろう。

註

(1) シャンタル・ムフ『左派ポピュリズムのために』山本圭・塩田潤訳、明石書店、二〇一九年、一九頁。

（2） 山本圭『アンタゴニズムス――ポピュリズム〈以後〉の民主主義』共和国、二〇二〇年。
（3） たとえある運動が短命であったとしても、その精神や経験、あるいは人脈などが次の運動に引き継がれる、ということは確かにあるだろう。その点で、運動の影響や成果はときに分かりにくい仕方で持続することがありうる。ここではさしあたり、そうした潜在的な持続性ではなく、表面的なレベルにおいてポピュリズム運動の短命さを捉えておきたい。
（4） Wingenbach, Ed, *Institutionalizing Agonistic Democracy: Post-Foundationalism and Political Liberalism*, Farnham: Ashgate, 2011.
（5） Chantal Mouffe, *Agonistics: Thinking the World Politically*, London: Verso, 2013.
（6） ジル・ドゥルーズ『哲学の教科書――ドゥルーズ初期』加賀野井秀一訳、河出文庫、二〇一〇年、七六―七七頁。
（7） Mark Wenman, *Agonistic Democracy: Constituent Power in the Era of Globalization*, Cambridge: Cambridge University Press, 2013, chap. 1.
（8） Vivien Lowndes and Marie Paxton, “Can agonism be institutionalised? Can institutions be agonised? Prospects for democratic design”, *The British Journal of Politics and International Relations*, Vol. 20(3), 2018; Marie Paxton, *Agonistic Democracy: Rethinking Political Institutions in Pluralist Times*, London: Routledge, 2020.
（9） そのほかの区別して、たとえばアンドリュー・シャープの議論がある。シャープはアゴニズムの議論を pragmatic, expressivist and strategic に区別している。Andrew Schaap, “Introduction”, in Andrew Schaap, ed., *Law and Agonistic Politics*, London: Routledge, 2009.
（10） Wingenbach, *Institutionalizing Agonistic Democracy, op. cit.*
（11） 小須田翔「熟議民主主義論における規範と経験の協働――ミニ・パブリックス実験を通した考察」『年報政治学 2018-I号』日本政治学会編、二〇一八年。
（12） 左高慎也「フェミニスト制度論は、どこから来て、どこへ行くのか――フェミニズムと制度論の統合に向けた理論的考察（1）（2）」『名古屋大学 法政論集』二八九号―二九〇号、二〇二一年。
（13） ヴェンマンの「戦闘的アゴニズム」の意義と課題については、Paulina Tambakaki, “Agonism Reloaded: Potentia, Renewal and Radical Democracy”, *Political Studies Review*, Vol. 15 (4), 2017 をも参照されたい。

(14) 乙部延剛「エートスの陶冶とは何か?——成熟の理論としての闘技デモクラシー論」『年報政治学 2019-II 号』日本政治学会編、二〇一九年。

(15) David Howarth, "Ethos, Agonism and Populism: William Connolly and the Case for Radical Democracy", *BJPIR*, Vol. 10, 2008, p. 189.

(16) あるいはトマス・フォッセンもまた、アゴニズムが自由民主主義や熟議民主主義の単なる脚注になるのではなく、成熟したみずからの潮流を生み出したいならば、法や制度の問題にもっと真剣に取り組むべきであると言っている。Thomas Fossen, "Agonism and the Law", *Philosophy and Social Criticism*, 38 (3), 2012, p. 331.

(17) Paxton, *Agonistic Democracy, op. cit.*, p. 92.

(18) Andreas Kalyvas, "The Democratic Narcissus: The Agonism of the Ancients Compared to That of the (Post)Moderns", in Andrew Schaap, ed., *Law and Agonistic Politics*, London: Routledge, 2009, p. 34.

(19) Ibid., p. 25.

(20) Ibid., p. 34.

(21) Wingenbach, *Institutionalizing Agonistic Democracy, op. cit.*, p. 76.

(22) Ibid., p. 77.

(23) Manon Westphal, "Overcoming the Institutional Deficit of Agonistic Democracy", *Res Publica*, 25, 2019.

(24) Paxton, *Agonistic Democracy, op. cit.*, p. 168.

(25) Ibid., p. 83.

(26) Ibid., p. 172. くわえて Marie Paxton, "Bridging the Gap Between Theory and Practice Democratic Theory through an Agonistic Lens", *Democratic Theory* Volume 6, Issue 2, 2019 も参照のこと。

(27) ハンナ・アレント『革命について』志水速雄訳、ちくま学芸文庫、一九九五年、三六二頁。

(28) 同前、三六三頁。

(29) David Owen, "The Expressive Agon: On Political Agency in a Constitutional Democratic Polity", in Andrew Schaap, ed., *Law and Agonistic Politics*, London: Routledge, 2009, p. 79.

第IV部

自由民主主義と代表をめぐるアポリア

政治／社会運動をめぐって

第9章　自由民主主義とＢＬＭ／右派運動
――ベンヤミンの暴力論の視座から

山崎　望

1　「内戦」の時代？

現在世界では、国家間戦争に代わって内戦[1]が紛争の主流となっている。自由民主主義が定着している国も例外ではない。アメリカでは政治的分極化が先鋭化し「準内戦」ともいうべき事態が生じた。ラディカル右派と反ファシスト勢力が衝突したシャーロッツビル事件（二〇一七年）、ＢＬＭ（Black Lives Matter）運動の拡大による「キャピトルヒル自治区」の形成（二〇二〇年）、トランプ支持者による米連邦議会議事堂襲撃（二〇二一年）などである。

人々は、こうした暴力を封じ込め制度化することを試みてきた。一つは主権国家システム／国民国家システムの構築である。主権国家は、国内における内戦を禁止し、国外における紛争を主権国家間の戦争に限定し、暴力を制度化してきた。国内政治と国際政治と分断し、それに即して暴力の配置がなされたのである。

もう一つは、自由民主主義の制度化である。対立関係にあった自由主義と民主主義は、一九世紀から二〇世紀にかけて結合していった。とりわけ第二次世界大戦後には、欧米において民主主義は、選挙によって国民の各々の利害を代表する者を選出する場に限定され、民主主義の直接性や集団の同質性、「喝采」にみられる祝祭性が制限された。また政治体制をめぐる相克は、政策をめぐる政党間の競争や妥協へ置換された。「頭をかち割る代わりに頭数を数える」もしくは「各集団から選出されたエリート間での合意による均衡や安定を目指す」代表制民主主義は、暴力を封じ込める一方、エリート主義により民主主義の潜勢力を封じ込めてきた。さらに自由民主主義の各国は福祉レジームを構築した。福祉レジームにより、国民に労働の規範を内面化して、統計を通じて人口の管理や調整が行われた。こうして階級間の対立に基づく暴力の鎮静化が図られてきた。

しかし領域主権国家システムと、代表制民主主義と福祉レジームから形成されてきた秩序は揺らぎ始めている。一方で国際政治において友/敵を分割する戦争の論理が国内政治において内戦という形で噴出している。他方で人権や統治、民主主義といった規範に基づく他国への介入が恒常化している。かかる現象は国内政治の正統性原理（自由民主主義）と国際政治の正統性（セキュリティ）の区別の融解でもある。

われわれは、国内政治と国際政治の分断された世界へ回帰し、福祉レジームと代表制民主主義の結合を再生すべきなのだろか。それとも国際政治/国内政治を貫徹する正統性を導出すべきなのだろうか。本章では後者の道を模索する。それは代表制をはじめ制度化された水路からあふれ出す暴力、さらに主権国家システムや自由民主主義といった制度化された水路である法＝秩序それ自体が持つ暴力をも直視しながら、民主主義の可能性について考察することである。

2 ラディカル右派運動とＢＬＭ運動

ラディカル右派運動から見える世界

本節では、アメリカを中心に「準内戦」の主体の思想の特徴を論じよう。第一はラディカル右派である。ラディカル右派の特徴として①「われわれとは誰なのか／誰であるべきなのか」というアイデンティティをめぐる問題提起、②同質的で統合された、「われわれ（多数派）」の希求、③「われわれ」の外部にある「他者」、とりわけ人種・民族・宗教・性的な少数派とエリートたちの排斥、④同一化する対象の民族や人種、西洋文明などが衰亡の危機にあるとし、「抵抗する多数派」による民主的運動であるという認識、⑤グローバル化やリベラリズムなど普遍性、平等や交換可能性に対する批判と、民族や人種などの固有性や階統性の擁護、⑥一部の運動にみられる他国の運動との相互の影響、が挙げられる。

ラディカル右派は、排外主義、エスノセントリズム、レイシズム、ナショナリズム、歴史修正主義、性差別主義、地域主義、分離主義、宗教原理主義など多様な思想や運動が離合集散しながら構成されている。ラディカル右派から見た世界は、グローバル化やリベラリズムにより「われわれ」の固有性や階統性が浸食され、他方でエリートと結託した少数派や移民・難民の多様性により、同質的なアイデンティティ集団から構成されていた世界が破壊されていく世界である。それは子孫に至るまで、多数派から少数派へ没落する危機が進行する世界でもある。

こうした世界像を構築するラディカル右派は、一方で政党と連携し、代表制民主主義の制度を通じて民意を構築し、代表／被代表関係を形成することもあれば、代表制を迂回して自らの望む社会の自己統治を求めて直接行動をすることもある。その意味でラディカル右派は、自由主義の持つ様々な規範に抵触し、代表制の枠内に収まらないことがあるとしても、民主主義を希求する民主的衝動（democratic impulse）を持っている。ラディカル右派はナショナルな代表制民主主義から逸脱する部分を持つが、あるべき多数派の「われわれ」による自己統治を希求する民主主義としての側面を持っている。後述するように、その意味において、多様な「少数者による民主主義」に対抗する民主主義でもある。

ＢＬＭ運動から見える世界

これに対して「準内戦」のもう一つの主体であるＢＬＭ運動[2]の思想の特徴を見てみよう。ＢＬＭ運動の特徴として①歴史的連続体としての「黒人」固有の経験を重視する問題提起、②人種（race）のみならず、ジェンダー、セクシュアリティ、階級など多様な差別の軸の交錯を重視し、あらゆる形の差別を批判する「インターセクショナリティ[3]」の実践、③軍事化が進む警察と、民営化された監獄を中心とする「産獄複合体」の廃絶の主張、④福祉・教育を重視した黒人共同体の組織化、⑤レイシズムと結合した資本主義（racial capitalism）への批判、⑥多様なマリノリティに対する反差別運動との国境を越えた連帯が挙げられる。

こうした特徴を持つＢＬＭ運動は、反レイシズム、社会主義、共同体主義、脱植民地主義、フェミニズム、自由主義、エコロジー思想、宗教原理主義など多様な思想や運動が部分的に離合集散しながら構成されている。ＢＬＭ運動から見た世界は、黒人共同体をはじめ多様な共同体から構成される社会が、一方で人種的資本主義により経済的に収奪され、他方で教育機会の欠如や劣悪な住宅環境など制度的人種主義により文化的な承認を奪われ、自らと子孫の生の核心にある共同体が危機にさらされている。それは軍事化された警察やレイシストの暴力によって恒常的に生命の危機に晒される世界でもある。そして国境を越えて人種のみならず、民族やジェンダー、セクシュアリティなど異なる軸によって差別され抑圧される人々が存在しており、支配／従属関係や差別は混淆している、と捉えている。

こうした世界像を構築し、それに規定されてもいるＢＬＭ運動は、一方では思想的な類似点を持つ政党や政治家と連携し、代表制民主主義の制度を通じて民意を構築し代表／被代表関係を形成することもあれば、選挙を黒人共同体の組織化の機会とすることもある。また代表制を迂回して自己統治を求める直接行動をとることもある。[4] ＢＬＭ運動はアナーキズムの契機もあり、代表制の枠内に収まらないが、民主的衝動を持っていることを確認しておこう。脱植民地主義と連動するＢＬＭ運動はアメリカに限定されず、歴史的な奴隷制からの解放という文脈において国境を越え、一国レベルの代表制民主主義に収まらないラディカルな思想である。同時に「黒人」の自律性を否定せずに「われわれ」による自己統治を希求する民主主義としての側面を持っている。その意味において、ＢＬＭ運動は、「長い六〇年代」から台頭してきた「少数者による民主主義」の系譜にあたる運動でもある。[5]

相違点と類似点

代表制を逸脱する契機のある民主的衝動を持つ両者について概観してきたが、両者には多くの相違点がある。まず希求するアイデンティティの隔たりである。ラディカル右派の希求するアイデンティティは支配／従属関係を自明視もしくは正当化する、固定的なものである。これに対してＢＬＭ運動の希求するアイデンティティは支配／従属関係を自明視せずに再審し続け、多様な諸位置（positionalities）が複雑に組み合わさる異種混淆的かつ流動的な過程である。またアイデンティティが形成される家族、共同体、国民にも隔たりがある。ラディカル右派は異性愛・家父長制・性別役割分業が明確な家族像、言語や文化において同質的な共同体や国民国家を希求するが、ＢＬＭ運動は多様な形の家族を追求し、多言語性や多文化性に基づく共同体や国家を希求する。

代表制を逸脱し得る両者の対照性を見てきたが類似点もある。第一に双方ともアイデンティティや承認の次元を重視しており、財の再配分や利益追求は後景化し、アイデンティティをめぐる言語を用いて、希求する社会像が語られている点である。またアイデンティティの対象として互酬性原理に基づく共同体が重視されており、社会契約に基づく自由主義ではなく、共同体をめぐる言語によって自らが求める世界の主張が展開されている点である。第三に、双方とも対象が異なるものの多様性を重視している。ラディカル右派は、人種、民族や国民によって区切られた多様性を主張し、ＢＬＭ運動は「黒人」という「記号」を重視するが、人種、民族、ジェンダー、セクシュアリティ、階層など、より開かれた多様性を擁護する。この点において両者は多様性を抹消する「普遍性」に対して批判的である。ラディカル右派はグローバリズムや自由主義、さらには多文化主義やフェミニズムを「普遍性の脅威」として捉え、ＢＬＭ運動は新自由主義、人種資本主義、「ポスト人種的な社会」を謳う自由主義や巧妙な同質化を招くナショナリズムを「普遍性の脅威」として捉える。第四に、自律や自己統治を希求し、ナショナルな自由民主主義との関係において、自分たちが自律を失い自己統治から疎外されている「ポストデモクラシー」状態にあると捉え、それに対抗する「民主的衝動（democratic impulse）」を持つ点で共通している。「準内戦」の主体たる二つの運動は多くの点で対立しつつも、ナショナルな代表制民主主義を逸脱する「民主的衝動」を有している点では共通している。では、なぜこれらの二つの「民主的衝動」を持った「準内戦」の主体が生成したのであろうか。

2　共有された地平[6]

自由主義と民主主義の乖離

両者が生成してきた共通の地平として、第一に「自由主義と民主主義の乖離」が挙げられる。自由民主主義は、自由主義によって民主主義を制約したエリート主義的な代表制民主主義であった。さらに国家による市場への介入や福祉レジームの形成によって抑制された資本主義が制度化された。両者の結合により自由民主主義体制は安定し利益集団多元主義もしくは階級間の均衡を求める再配分の政治が民主主義の内実となっていた。

しかし定着した自由民主主義は一九六〇年代に入ると「自由主義と民主主義の乖離」の第一の波に直面して変容する。経済成長が鈍化すると、先進諸国では「抑制された資本主義」と代表制民主主義の結合は弛緩した。高度経済成長を前提とした需要喚起による完全雇用の達成は難しくなり、経済システムが危機に陥ったのである。経済システムの危機は、代表制民主主義という政治システムの危機を招来した。この結果、一九七〇年代後半から一九八〇年代に向けて、抑制を解いた資本主義を求める新自由主義と代表制民主主義の新たな結合が進められた。

また利益集団多元主義もしくは階級間の均衡を求める再配分の政治に対して、少数民族、先住民族、移民、抑圧された人種、女性、性的少数派など、多様な少数派による異議申し立ての運動が台頭した。これらの運動はアイデンティティ政治を前景化させた。自由主義による従来の公／私区分により不可視化されていた支配／従属関係を民主主義の平等規範に訴えることによって政治化した。多様な少数派によるアイデンティティ政治の台頭により、民主主義の争点と問題領域は変化し、従来の代表制による対応は困難になった。多数派に重心を置いてきた民主主義から少数派に重心を置いた民主主義へ、転換が起きたのである。

一九六〇年代には、一方では自由主義に再審を迫る、少数派によるアイデンティティ政治へ（①）、他方では資本主義の抑制を批判し「自由」の概念を書き換え、代表制民主主義を形骸化させる新自由主義へ（②）、二つの移行が起きたのである。この結果、自由民主主義の結合が解かれ、自由主義は新自由主義へ、民主主義は少数派のアイデンティティ政治を重視する民主主義へと分解していった（図1参照）。

さらに自由民主主義は、ポスト冷戦期からリーマンショックを経て二〇一〇年代に「自由主義と民主主義の乖離」の第二波により変容する。一方では新自由主義の深化拡大により「ポストデモクラシー」[7]と呼ばれる統治が出現した。自由主義に起源を持つ議会や、代表制を担保する選挙制度や政党は存続してはいる。しかし議会で議論される争点は非民主的な専門家により管理され、国境を越える市場の利益

図1　自由主義と民主主義の乖離（第一波）

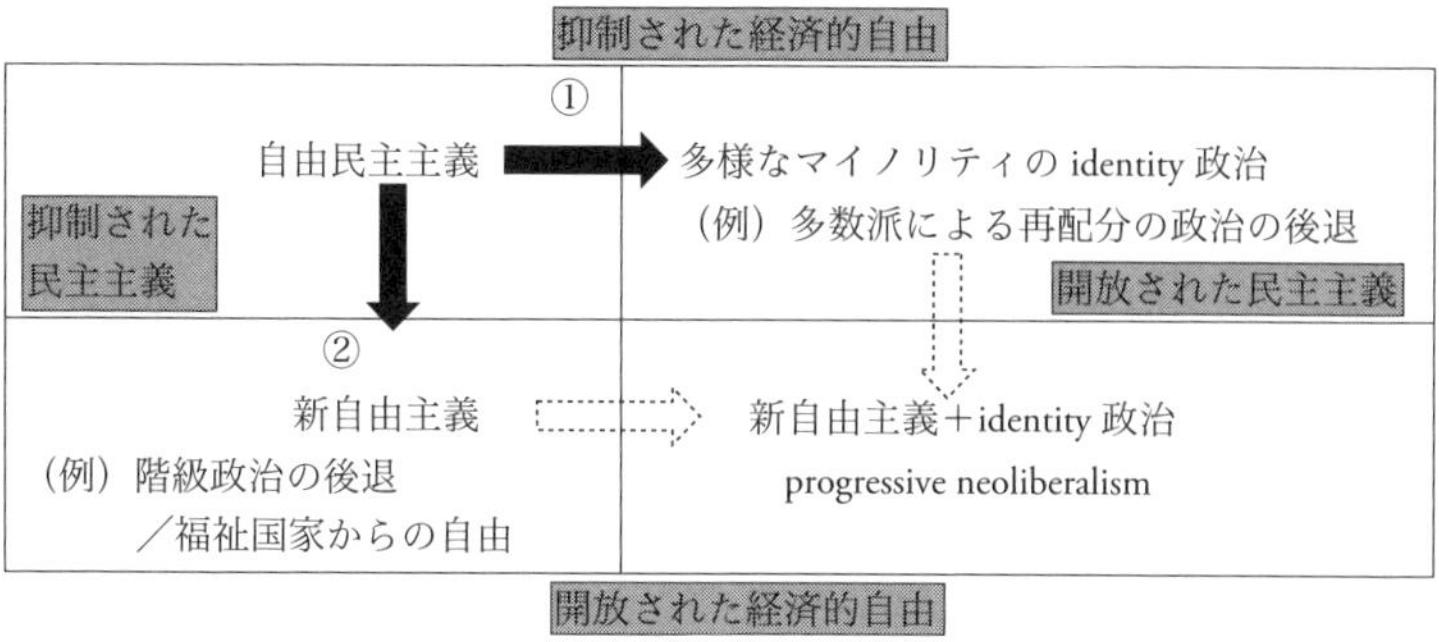

のみを代表するエリート間交渉による統治へ移行する。多くの国民は政府や議会に対する信頼を低下させ、投票率も低下し、政党や労働組合など代表制民主主義を支えた組織の組織率も低下している。いわば「民主主義なき自由主義」（①）へと移行している。

他方では民主的衝動の噴出が起きている。二〇〇八年のリーマンショック以降、緊縮財政や格差の拡大を批判する民衆によって、スペイン、ギリシア、トルコ、アメリカをはじめ広場や公園を占拠（occupy）する運動が世界中に波及した。また政府や企業に対する大規模なデモや共同体の再建など、多様な運動が世界で展開されている。BLM運動もその流れに位置付けることができよう。こうした運動の一部は代表制民主主義の回路に接続し、ポピュリズムという形になることもある。とりわけラディカル右派は、白人至上主義、アイデンティティ主義、排外主義、反移民・難民、多文化主義やフェミニズムを批判する伝統主義や宗教運動と結合し、世界各地で右派ポピュリズムの波を起こしている。トランプ大統領就任やブレグジット、欧州諸国の右派ポピュリズム政党の躍進は自由民主主義の脱定着（deconsolidation）をもたらしている。ハンガリーやポーランドなどでは「イリベラルデモクラシー[8]」、す

図2　自由主義と民主主義の乖離（第二波）

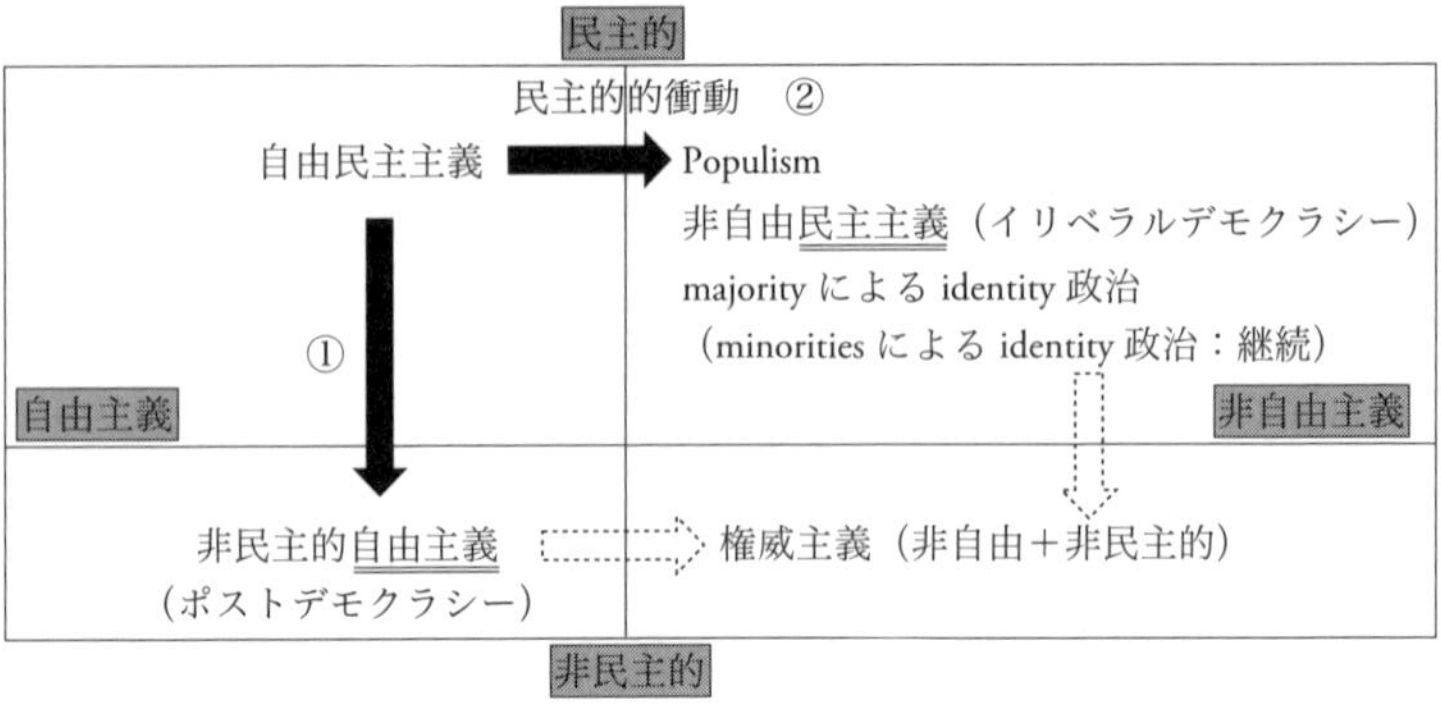

なわち国民の多数派から支持を受けているものの、権力分立を形骸化させ、少数派の人権を抑圧してメディアや野党を弾圧するなど、自由主義的ではない政治体制への移行が起きている（民主化の逆行）。こうした民主的衝動の噴出の一部は、「自由なき民主主義」への移行（②）をもたらしている。

また一九六〇年代の変容とは対照的に、多数派による異議申し立てが前景化している。一九六〇年代において抑圧者や加害者として、もしくは多様な支配／従属構造の維持に加担する者として、多様な少数派に告発された多数派は、新自由主義化の深化に伴う中間層の解体や文化的同質性が低下する中で、「少数派」化が進行し、自らを「被抑圧者」「被害者」として描き直すように変化している。ラディカル右派に見られるように、こうした多数派は様々な形で自らが自明視していたpositionalityを失い、多様な少数派やエリートによって、自らの依って立つ価値観を攻撃されているとして、民主主義の名のもとに「多数派による支配」を掲げて異議申し立てを行っている。再び多数派に重心を置いた民主主義へ、転換が起きつつある（図2参照）。

二度にわたる「自由主義と民主主義の乖離」の波によって、

代表制民主主義には収まらない民主的衝動を持つ二つの運動が生成されたのである。

国民と国家の乖離

自由民主主義体制は国民国家という政治共同体の上に形成されていたが、一九八〇年代以降のグローバル化の進展により国民国家も変容した。まず「国民国家の再審」の第一の波を論じよう。対内的に最高でありとされた主権を上回る権力を持つアクターが市場という私的領域において台頭した。さらに時空秩序を再編するグローバル化は、主権による制御を超えて九〇年代には国境を越える経済危機が頻発した。これに対して、国家を含め、国際機関や地域機構、地方自治体など重層的なアクターによるマルチレベルガバナンスや、企業や社会運動やNPOなど公／私を横断する多様なアクターと協働したネットワークガバナンス、国境を越える諸アクターによるトランスナショナルガバナンスが形成された。閉鎖的な領域に住む人口を一元的に支配する主権ではなく、開放性を持った空間に住む人口を、多様なアクターにより多元的に統治するガバナンスが前景化したのである。

次に「国民の再審」も進展した。一方では、国民の持つ民族（ethnic）の側面を相対化しcivicな側面を重視して擁護するポストナショナリズム論が提唱された。こうしたポストナショナルな市民は、主権国家とのみ結合する必然性は存在せず、地方レベル／国民国家／国境を越えるリージョナルな政治共同体といった重層的な政治秩序像が提唱された。他方では国民という政治共同体のみならず、国民内部のマジョリティとマイノリティ双方の本質主義や植民地主義を批判し、異種混淆性や流動性を擁護するポストコロニアリズムも着目された。「国民国家の再審」の第一の波では、国家による主権的な支配から、多様なアクターによるガバナンスへの移行（①）と国民と民族を切り離すポストナショナリズムや、よりラディカルな植民地主義批判に根差して多様な経緯を持つ人々から構成されるポストコロニアリズムに基づく社会への移行（②）が部分的に進行したのである。

さらに自由民主主義は、対米同時多発テロ、リーマンショック、欧州難民危機など国境を越える問題群の拡大と共に二〇一〇年代に「国民国家の再審」の第二波に直面した。

まず「主権の回復」を訴える運動が台頭（③）した。国境を越えて展開する問題群を制御するために、主権が持っていた力を、市場や国際機関から「取り戻す」ことを主張する潮流が強まっている。国民の安全保障や社会保障の最大の供給主体は国家である（もしくは、あるべき）という認識から、市場や国際機関などに移譲された権力を取り戻すこと、すなわち「主権の回復」を主張する政治が多様なレベルで実践されている。

第二に、「国民の純化」を求める運動が高揚（④）した。「長い六〇年代」以降、国民国家における統合の過剰（それに伴う少数派の序列化や排除）が問題視されてきたが、グローバル化と新自由主義の結合により社会に分断が広がると、統合を模索する政治が前景化した。国民という単位で社会統合を回復するため、内／外の境界線を強化する方法が要請されたのである。統合をめぐる問題の構図の反転によって、多数派の民族や人種を基準とした境界線が引かれ、「国民とは誰か」をめぐる境界線の政治が活性化している。ラディカル右派における多数派の民族・人種から成り立つ国家を希求する運動は、こうした潮流の典型的な事例である。

二度にわたる「国民国家の再審」の波は、グローバル化による時間と空間の再編に伴う問題群に対応

図3　国民国家の再審

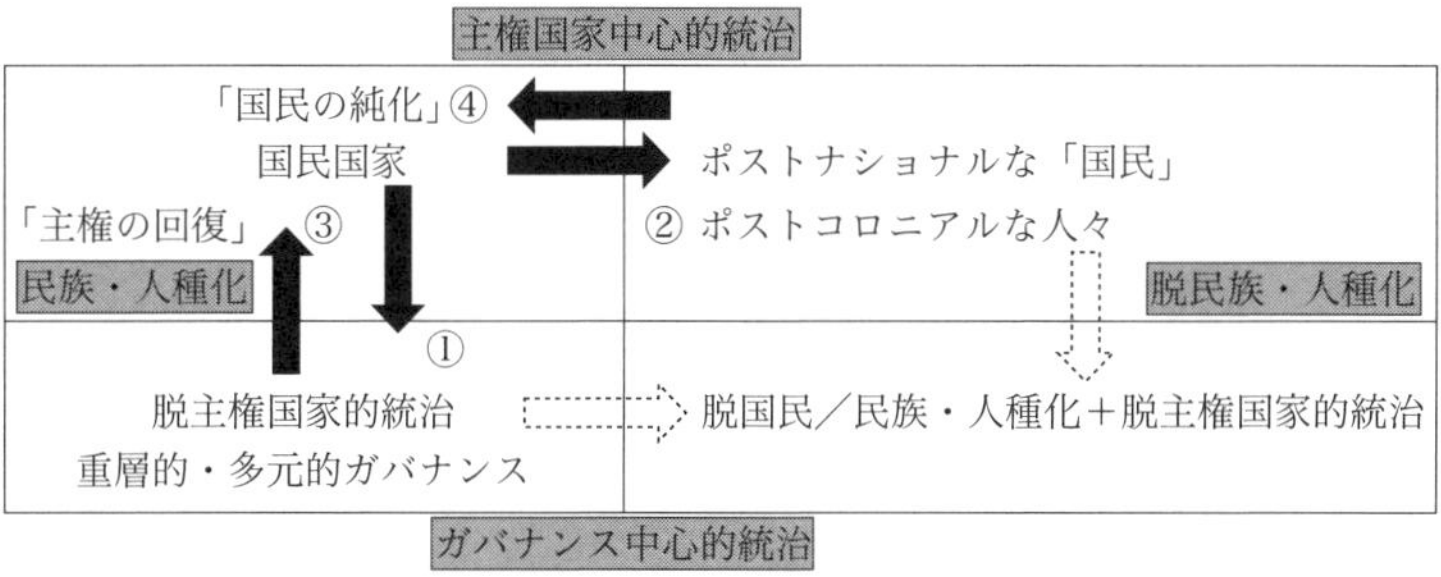

する統治をめぐり、主権やナショナルな代表制民主主義の擬制を再審させた。また代表されるべき民衆の範囲を決める境界線が揺らぎ、国民国家を前提としてきたナショナルな代表制民主主義では対応できない「境界線をめぐる政治」が活性化している。主権や自律性の回復を求める「民主的衝動」に根差したＢＬＭ／ラディカル右派の二つの運動は国民や民衆（demos）、共同体の構成員をめぐる「境界線の政治」を担う準内戦の担い手として、生成されたのである（図3参照）。

ＢＬＭ運動と右派ラディカリズムという、二つの対照的な運動は、二度にわたる「自由主義と民主主義の乖離」と「国民国家の再審」を背景にしており、その帰結としてナショナルな代表制民主主義の機能不全という歴史的文脈を共有しているのである。

3　法措定的暴力としての右派運動／ＢＬＭ運動

ベンヤミン『暴力論批判論』における暴力論の観点から[9]

ラディカル右派とＢＬＭ運動が共有する地平を確認したうえで、本章ではＷ・ベンヤミンの『暴力批判論』（一九二一）を手掛かりに考察を進めよう。第一次世界大戦後のドイツにおける、議会制民主主義に対する極右と極左からの攻撃を背景に、ベンヤミンは暴力を神話的暴力と神的暴力に大別する。前者は法措定的暴力と法維持的暴力に分けられる。国民国家を創設する際、国家の基本構造である国制(constitution)を規定する憲法が措定される。この時に働くものが法措定的暴力である。憲法は国民の名によって制定されるが、国制の制定前の時点で国民は存在しない。国民は憲法が制定された後に存在するものである。しかし憲法の制定、すなわち法措定においては、先取りして国制の創設者たる国民が存在することにされてしまう。後に、J・デリダがベンヤミンの論考を踏まえ論じたように[10]、法の措定とは、根拠や基礎づけなしの「力の一撃」によって成立する法秩序の始まりである。

これに対して法維持的暴力はこうして始まった法秩序の維持において行使される。法維持的暴力が日々行使され続けることによって、憲法による法秩序が行為遂行的に更新されるのである。法維持的暴力の担い手は、警察や裁判官はもちろん、法を守り生活することを通じて行為遂行的に法を維持する民衆も含まれる。

こうした法措定的暴力と法維持的暴力は相互浸透している。ベンヤミンは警察に焦点を当てて論を進めているが、警察が取り締まりを通じて法の維持を行う場は、法維持的暴力のみならず、その都度、法措定的暴力が繰り返し行使されている場でもある。非日常的な法措定的暴力と、日常的な維持的暴力の概念はベンヤミンが生きた時代において人々が直面した体制選択の問題に限定されるものではない。

二つの法措定的暴力のヘゲモニー争い

本論で論じてきたラディカル右派とBLM運動も、こうした法措定的暴力として把握することができよう。

「自由主義と民主主義の乖離」と「国民と国家の再審」を歴史的文脈として台頭した両者は、ナショナルな自由民主主義という法＝秩序の暴力に対抗し、新たな法＝秩序の措定を試みている。ＢＬＭ運動は現在の法秩序を、奴隷制と不可分のアメリカの建国（さらに多くの諸国における自由民主主義の成立）以降、すなわち法措定的暴力が行使されて以降、現在を制度的人種主義など多様な差別が埋め込まれた維持的暴力が行使され続けていると捉え、制度的人種主義や人種資本主義を敵として批判し、黒人共同体の再建を訴える。これに対してラディカルな右派は、現在の法＝秩序を「われわれ」のアイデンティティや文明を破壊する法措定的／維持的暴力が埋め込まれたものであり、エリートや移民といった「少数派」を敵として、固有性を蝕む自由主義やグローバル化を批判し、同質的な共同体の再生を訴える。

　両者はナショナルな自由民主主義の法措定／維持的暴力をどのように捉えるか、をめぐるヘゲモニー闘争をしている。民主的衝動を抱いた両者はオルタナティヴとなるべき政治共同体の構成をめぐり相克している。換言すれば、形骸化が進む現在のナショナルな自由民主主義に対して、共同体にとっての正義を形づくる物語である「神話」を持つ共同体を創造するため、神話的暴力の一形態である法措定的暴力を行使しているのである。

4 「法措定／法維持的暴力」としてのナショナルな自由民主主義

周縁化されるラディカリズム

民主的衝動に満ちた法措定的暴力に対して、現行の法＝秩序を形成しているナショナルな自由民主主義は如何に対応するのであろうか。ある人々にとって自明な日常が法＝秩序に即した生活が、ひとたび「暴力」として構築され定義を変えられ、民主的衝動に満ちた人々が異議申し立て声を上げる時、それを当たり前と思ってきた人々にとっては異議申し立ての声こそ、日常をかき乱す暴力となる。現在の法＝秩序とは異なる法措定をしようとする人々に対して、現状を維持しようとする暴力、すなわち法維持的暴力が行使されることになる。例えば米連邦議事堂を襲撃したラディカル右派は「民主主義の敵」とされ、BLM運動の当事者は「テロリスト」とされる。ナショナルな自由民主主義の法維持的暴力の前に、いずれの法措定的暴力も周縁化されている。代表制には収まり得ない、ラディカル右派が求める主権や自律性の回復も、BLM運動が求める黒人の解放（liberation）の可能性も、「予め」排除されているのである。

なぜ二つの法措定的暴力は、民主的衝動を持っているにもかかわらず周縁化されるのであろうか。（両者の目的の正統性がどうであれ）連邦議事堂襲撃もキャピトルヒル自治区建設も、制度化された代表制民主主義の過程を中断させるものであり、その手段として、国内政治の正統性である自由民主主義から逸脱する「準内戦」という形の暴力を用いている。国内政治から追放した、国際政治でのみ正統性を持つ手段である暴力を国内政治に挿入し内戦の可能性を復活させることは、国内政治の正統性である自由民主主義を浸蝕するものであり、許容されないのである。

二つの法措定的暴力が可視化され、暴力という手段の使用ゆえに退けられることと対照的に不可視化[11]されるのは、ナショナルな自由民主主義の法維持的暴力である。ベンヤミンは論じたように、自らが法措定的暴力によって生成する国家は、法措定的暴力を持つ他の存在に対して（当時の文脈では、他の国家と労働組合に対してである）強い警戒心をもつ。法維持的暴力と法措定的暴力の連続性を考えれば、ナショナルな自由民主主義自体が法措定的暴力に貫徹されている。ある暴力に正統性を与えるか／奪うか、を決める実践は、ナショナルな自由民主主義の措定と同時に形成される国際政治／国内政治の境界線の確定、公／私の境界線の確定に伴う暴力を不可視化する。[12]冒頭に挙げた覇権競争と連動した「世界内戦」の時代における、国際政治／国内政治、公的領域／私的領域の政治を貫徹する正統性の問いに応えるならば、民主的衝動を持った右派ラディカリズムとBLM運動を周縁化し、法＝秩序を形成しているナショナルな自由民主主義の法措定／法維持的暴力の姿を明確化する必要があろう。

法措定／維持的暴力としての「ナショナルな自由（代表制）民主主義」

ここでは、ナショナルな代表制民主主義に焦点をあて、その法措定的／維持的暴力について論じよう。第一に国際／国内という境界線を確定する法措定／維持は、政治を国内政治と国際政治に分割し、異なる正統性を持たせる。一部の国においては自由民主主義という正統性の下で、国内政治において多数派支配と「抑制された対立」を組み合わせた代表制民主主義が制度化される。しかし法措定／維持は同時に、その外部、すなわち国際社会の形を定めるものでもある。歴史的にみれば、ナショナルな代表制民主主義の成立過程は、国際社会における植民地主義という少数派支配のシステムの形成過程と同時に進展した。植民地帝国の解体後も、植民地主義を内包する少数者支配の世界秩序が継続し、ナショナルな代表制民主主義はその内部に組み込まれている。国境を越えて広がる「グローバルサウス」は代表されず、国境を越える民衆の力の生成は、国際政治／国内政治の分断を通じて抑圧される。ナショナルな代表制民主主義による法措定／法維持は、同時に、その外部において民衆（demos）として構築されず、代表もされない人々を生み出す。国内政治と国際政治の分断によって、（国内における）多数派支配の正統化と共に（国際社会における）少数派支配が正統化されてきたのである。

またナショナルな代表制民主主義は、国内政治における対立の強度を一定の枠に限定する。しかし内戦を封じ込める「対立の抑制」[13]を制度化する法措定／法維持は、同時に国際社会における対立の限定を解き、戦争という形の暴力を正統化する。現代では戦争の対象となる「敵」は他の主権国家に限定されず、国内を含めてグローバルな規模で生成されている。国内の「抑制された対立」の下で代表される民衆を確定する法措定／維持は、民衆の外部たる他者を生成し、他者を国際社会におけ「抑制なき対立」の下で、敵として構築する過程と結合し得るのである。

第二に公／私という境界線を確定する法措定／維持は、政治を公的領域と私的領域に分割し、異なる正統性の下に両者を配置する。先に論じたように、国内政治における多数派支配と「対立の抑制」を組み合わせた代表制民主主義の法措定／維持は同時に、その外部、すなわち私的領域の形を定めるものでもある。私的領域として市場と家族が挙げられるが、前者では資本制の下で資本家による支配／労働者の従属関係が形成されてきた。後者では家父長制の下で年長の男性による支配／女性や子供の従属関係が形成されてきた。

さらに政治と経済における分離、例えば政治における平等と、経済における不平等に抗い新たな法措定を行おうとした社会主義者や共産主義者たちは、たびたび暴力によって弾圧されてきた。また家庭では、家父長制に対して異議申し立てをしてきた女性や子供も、たびたび暴力によって弾圧されてきた。私的領域（市場や家庭）における少数者支配や暴力は、私的領域の出来事として不可視化されるか（もしくは正統化され）従属的位置に置かれた多数者は、多くの場合「私化（privatize）」され、代表される民衆として構築されなかったのである。[14]

ナショナルな代表制民主主義の法措定／維持を、国内／国際および公／私の境界線の確定という観点から、換言すれば世界秩序の構成の観点から捉えると、少数者支配や暴力と結合されていることが明らかになる。支配と暴力の大海に浮かぶ孤島の如きナショナルな代表制民主主義は、国際社会と私的領域における支配と暴力の大海を形成してもいるのである。それにもかかわらず、もしくはそれ故に、ナショナルな代表制民主主義の法措定／維持的暴力は不可視化される。民主的衝動を持つ、ラディカル右派とBLM運動の法措定的暴力は、不可視化されたナショナルな代表制民主主義の法維持的暴力、そして法措定的暴力を可視化する効果を持つ。

冒頭で論じたように国際政治／国内政治、公／私の境界線の確定と同時に措定／維持されるナショナルな代表制民主主義も暴力に貫徹されているならば、「世界内戦」による境界線の融解は、われわれに改めて、法＝秩序＝暴力をいかに措定／維持するのか、それを正当化するのか、もしくは措定／維持から脱する道はあるのか、という問いをつきつける。法措定的暴力による法秩序の確立が法維持的暴力の行使へと続き、それに対してラディカル右派やBLM運動のような新たな法措定的暴力とナショナルな自由民主主義の法維持的暴力の争い（＝準内戦）が起こり、さらにナショナルな自由民主主義による法維持的暴力が……という暴力の連鎖、すなわち呪縛圏（Bankreis）へ封じ込められる懸念をベンヤミンは指摘していた。あらゆる法＝秩序の措定と維持、もしくはそれを可能にする言語遂行的行為に対する批判的視点を確保する効果を持つベンヤミンの暴力概念は、あらゆる法措定を等価とみなす危険や、暴力からの解放に向けた想像を困難にする、もしくは暴力から解放された世界をもたらすメシアの到来を待望する効果も持つ。次章では、いかなる法＝秩序を構成するのであれ、暴力が内在していることを見据えた上で、暴力の脱正統化の営みの「始まり」を確保する道を模索する。

5　呪縛圏からの脱出？

「純粋な手続き」：話し合いとプロレタリア・ゼネストをめぐって

ベンヤミンは神話的暴力に対峙する神的暴力を構想したが、本論では神的暴力の解釈ではなく、神話的暴力を批判する思考の過程に手がかりを探そう。

法と暴力の密接な絡まりに着目するベンヤミンは、目的と手段の連関を切断することで暴力へ対峙することを構想する。目的が正しければ、暴力という手段が正当化されると捉える自然法的アプローチと、暴力であっても手続きが正しければ目的も正当化されると捉える実定法的アプローチの両者を批判するベンヤミンは、この両者に共通する目的と手段の連関を批判し[15]、目的と切断された「純粋な手段」と、手段と切断された「純粋な目的」を考察する。本章では前者の「純粋な手段」に着目しよう。ベンヤミンは具体的事例として、私人間の合意の技術として「話し合い（Unterredung）」と「プロレタリア的ゼネスト」を挙げている。前者に類似した政治そのものの純粋手段として、ベンヤミンは外交官の交渉を挙げている。戦争という法措定的暴力の発動につながる暴力の可能性を前提に、それを間接的に解決する手段として、既存の契約に依存することなしの調停、平和裡の「話し合い」が要請される。後者のプロレタリア的ゼネストは労働の罷免という「行為の中断」を通じて、既存の法＝秩序に代わり得るものであり、戦争と並び、革命という形の法措定的暴力の発動につながる可能性を秘めている[16]。

ここでは法措定的暴力に抗する、目的なき手段としての「話し合い」と「プロレタリア的ゼネスト」の共通点に着目しよう。両者には「中断」という共通点がある。外交官による「話し合い」は戦争という暴力の連鎖を、また「プロレタリア的ゼネスト」は資本蓄積の運動を中断する。W・ハーマッハーは、ベンヤミンについて論じた「アフォーマティヴ、ストライキ」と題された論文で「（法）措定的行為及びその〈法措定的行為と凋落の〉弁証法の〈廃絶＝脱措定〉」を、遂行的な法の措定／維持を中断するアフォーマティヴな政治的出来事[17]」として把握する。アフォーマティヴな出来事によって何が起きるのか、教育学者のG・ビースタの議論を参照しよう[18]。ビースタは、子どもに教師が「「あなたはそれについてどう思いますか？」と問いかけることで、自分にとって望ましいと考えていることが本当に望ましいことなのか、立ち止まる契機をつくること[19]」、すなわち自明と思ってきたことを立ち止まって再考させる契機をつくる中断の重要性を主張する。この中断こそがアフォーマティヴな出来事であり、「世界の破壊（自分を否定して世界に同一化する）」と「自己の破壊（世界を否定して自分に閉じこもる）」の中間地点に留まり続けることを可能にする、とビースタは論じる。そうした中間地点は、いかなる法措定や境界線の確定も不可能な、決定不可能性の時空でもある。この決定不可能性の時空において法措定をすることとは、同時に、法措定に根拠がないこと、他でもあり得ることを抱え込むことであり、脱措定の可能性を生み出し続ける。法の維持が法措定を行為遂行的に繰り返すことであるならば、その度に行為遂行性は、みずからを可能とすると同時に中断し得るという両義的な力を持つアフォーマティヴに晒され続ける。ビースタの議論を法措定／維持的暴力の文脈にあてはめるならば、第一に法措定／維持的暴力による法＝秩序や境界線の確定の自明性が中断される。境界線を可能ならしめてきた行為遂行的な実践は自明性を失い中断される。第二にそれに代替する新たな法措定的暴力も発動以前に停止し、正統性が再審される。第三に中断は法＝秩序を形作る言説の網の目を変化させる時空を開示し[20]、行為遂行的な新たな法＝措定への可能性の条件をもたらす。アフォーマティヴな出来事は、呪縛圏からの一時的な離脱を可能とする。それは暴力の脱正統化／正統化をめぐる思考の「始まり」を可能にする。

かかるアフォーマティヴな実践による中断による既存の目的と手段の連関の切断は、必ずしも新たな法措定による秩序の到来を約束するものではない。また中断は、正当化されているナショナルな自由民主主義の法措定的／維持的暴力の再審へ人々を誘うが、ラディカル右派やＢＬＭ運動による法措定的暴力を肯定／否定するものでもない。「アフォーマティヴはパフォーマティヴを生じるがままにする[21]」のである。

アフォーマティヴによる中断と民主主義の刷新

代表制民主主義を逸脱する「準内戦」という暴力が噴出しているように、国際政治の時空で正当化されてきた暴力が、国際政治／国内政治の境界線を貫徹して溢れ出していること論じてきた。また代表制を逸脱する側面を持つラディカル右派やＢＬＭの運動が「自由主義と民主主義の乖離」と「国民国家の再審」という歴史的文脈を共有し、国内政治の正統性となってきた民主主義に転化し得る民主的衝動を持つ法措定的暴力であること、そしてナショナルな自由民主主義もまた法維持／措定的暴力であることを指摘してきた。準内戦という現在の代表制民主主義の危機は、法措定／維持的暴力のヘゲモニー争いの過程として捉えられよう。

法措定をめぐるヘゲモニー闘争が行われる時代において、アフォーマティヴな出来事は、暴力の呪縛圏からの部分的解放と、暴力の脱正統化の機会を人々に与える。アフォーマティヴな出来事による中断は、法措定／維持的暴力をもたらす言説の連続体に亀裂を入れ、暴力ないし「権力の空虚な場」（C・ルフォール）をもたらす。ルフォールによれば、この空虚な場を誰が満たすか、が民主主義の中心的な課題である。アフォーマティヴな出来事によって生じる「権力の空虚な場」こそが、民主主義の可能性の条件となる。アフォーマティヴな出来事こそが右派ラディカリズムとＢＬＭ運動という民主的衝動の主体による法措定的暴力と、これを吸収しつつ対抗するナショナルな代表制民主主義の法措定／維持的暴力の双方を中断させると同時に、その新たな生成の可能性の条件となる「空虚な場」を作りだす。では、いかにしてアフォーマティヴな出来事は生じるのか。ビースタが挙げている「あなたはそれについてどう考えますか」という問いかけは、そうした出来事を生じさせる一つの事例であろう。もしくは

「社会契約」をはじめ、事前に関係性を定めた契約や合意に依存していない、基礎づけなき「話し合い」や、資本蓄積の運動の自明性を停止するゼネストもそうした事例になり得るだろう。これらは法措定／維持的暴力によって作られた境界線の内部の主体に再審の契機を与え、自己を再帰的に捉え直すことにより、自己と他者の境界線の基礎づけが揺らぎ、他でもあり得た／得るものを認識する可能性へ人々は誘われる。外部へと放擲し不可視化されてきた他者の痕跡を自らの内に見出し、到来する予期せぬ外的な他者との関係を刷新することで、主体を脱構成化し新たな主体の構成への可能性が開かれるのである。

国内政治において正統性を供給してきたナショナルな自由民主主義も、ラディカル右派とＢＬＭ運動にみる民主的衝動も、ベンヤミンが指摘したように暴力から無縁ではない。しかし「権力の空虚な場」を可能性の条件とする民主主義は同時に、暴力を中断し境界線を再審して刷新する可能性も内包している。国際政治／国内政治を貫徹する正統性として暴力が前景化される現在、暴力と結合しつつ、それを中断させる契機を持つ民主主義を正統性とする道もまた残されているのではないだろうか。

註

（1） 内戦の概念については Giorgio Agamben, *Stasis: La Guerra civile come paradigm politico*, Torino: Bokkati Boringhieri, 2015（高桑和巳訳『スタシス――政治的パラダイムとしての内戦』青土社、二〇一六年）を参照。

（2） ＢＬＭ運動の歴史と思想については、Keeanga-Yamahtta Taylor, *From #Black Lives Matter to Black Liberation*, Chicago, Haymarket Books, 2016 および Geya Theresa, Johnson Alex Lubin, *Futures of Black Radicalism*, London and New York: Verso, 2017 を参照。

（3） Kimberlé Williams Crenshaw, “Demarginalizing the intersection of race and sex: a Black feminist critique of antidiscrimination doctrine, feminist theory and antiracist politics", in *University of Chicago Legal Forum*, 1989 および Patricia Hill Collins, Sirma Bilge (eds.), *Intersectionality*, Cambridge, Polity Press, 2020（下地ローレンス吉孝監訳・小原理乃訳『インターセクショナリティ』人文書院、二〇二一年）を参照。

（4）例えば、警察の撤退によって国家による法＝秩序が消えた時空において、ＢＬＭ運動が一時的に形成したシアトルの「キャピトルヒル自治区」が挙げられよう。

（5）ＢＬＭ運動と自由民主主義の節合を重視するならば、ＢＬＭ運動は公民権運動の後継として位置づけられるが、ラディカリズムを重視するならば、マルコムＸやブラックパンサー党の後継として位置づけられよう。

（6）本章における議論は、議論の展開上の必要性から、序論と一部重複がある。

（7）Colin Crouch, *Post-Democracy*, Cambridge: Polity Press, 2003（山口二郎監修、近藤隆文訳『ポスト・デモクラシー――格差拡大の政策を生む政治構造』青灯社、二〇〇七年）。

（8）Fareed Zakaria, *The Future of Freedom Liberal Democracy a Home and Abroad*, New York: Norton, 2007, pp. 89–118.

（9）本章の議論は一部、山崎望「ＢＬＭ運動と右派運動に見る危機の時代の「民主的衝動」」Journalism, 第三七〇号、岩波書店、二〇二一年と記述が重複することをお断りしたい。

（10）Jacques Derrida, *Force de loi, Le «Fondement mystique de l'autirité»*, Paris: Galilée, 1994（堅田研一訳『法の力』法政大学出版局、一九九九年）。

（11）国内政治／国際政治における正統性の分離の擬制性は、準内戦のような例外状態における合法的な物理的暴力（軍隊・警察）の行使（可能性の高まり）において明確化する。

（12）境界線をめぐるベンヤミン、シュミット、アレントの思考の共通性と隔たりを論じた杉田敦「法と暴力――境界画定／非正規性をめぐって」『増補版　境界線の政治学』岩波現代文庫、二〇一五年を参照。

（13）国内における「抑制された対立」は、あり得る法措定を排除する法維持的暴力であり、国際政治における対立を主権国家間に限定する法措定も、他の形の法措定を排除する法維持的暴力である。換言すれば、いかなる対立の形態が正統化されるかをめぐる、ヘゲモニー闘争の展開でもある。

（14）総力戦の経験を背景にした第一波フェミニズムによる女性参政権の獲得やコーポラティズムの形成などは、その例外である。

（15） 手段目的連関から外れた事物や行為が持つ、他のものでもあり得る潜勢力に着目し「政治的なものの主体とは決して見なされなかった者たちをも包摂する」民主主義の見通しについて、大竹弘二『公開性の根源』太田出版、二〇一八年、四八九―五二三頁参照。

（16） ベンヤミンは、プロレタリア・ゼネストは、「国家暴力の絶滅を唯一の課題とする」「アナーキー的」なものであり法措定を求めない、として評価している。

（17） Welner Hamacher, “Afformative, Stirike”, in ChristianL. Hart Nibbrig (Hg.), *Was heißt «Darstellung»?*, Frankfurt am Main: Suhrkamp, 1994, SS. 345–346.

（18） ハーマッハーおよびビースタをめぐる議論については、稲葉小春（一橋大学大学院博士課程）との議論に多くを依っており、記して感謝する。稲葉小春「主体形成における教育の介入の可能性――教育の不確実性を受容して」（一橋大学大学院修士論文）二〇二〇年、参照。

（19） Gerr J. J. Biesta, *Beyond Learning: Democratic Education for a Human Future: Education, Philosophy and Culture*, Boulder: Paradigm, 2006, pp. 150–151.

（20） 中断は、人間関係の網の目としての「世界」を変化させる「始まり」（アレント）との類似性が高いと言えよう。中断をめぐる思想とアレントの思想の関係については後日を期したい。ベンヤミンとアレントを対比し、暴力は権力の創出や公的自由の達成はできない、として暴力の限界を指摘する Richard J. Bernstein, *Violence: Thinking without Banisters*, Cambridge: Polity Press, 2013（齋藤元紀監訳『暴力』法政大学出版局、二〇二〇年）参照。しかし暴力／権力の区分は、法に内在する暴力の問題化を困難にする。

（21） Hamacher, “Afformative, Stirike”, *op. cit.*, S. 359.

第10章　現代のアクティヴィズムにおいて「代表」は機能しているのか
——「代表」しているのは誰なのか、あるいは「代表」されないのは誰なのか

富永京子

1　反グローバリズム運動での経験

筆者が「社会運動」に参加したと明確に言えるのは、二〇一二年夏のイギリス・ブライトンでのミーティングである。二〇一三年に開催されたG8（二〇二二年時点ではG7）サミットに対する抗議行動に向けて行われたキックオフミーティングだったと記憶している。

アナキスト流のミーティングは、参加者が円形に並び、それぞれに自己紹介するところから始める。それぞれの発言に応じて、賛同や質問といったハンドサインを用いる形式のミーティングは、シアトルWTO閣僚会議への抗議行動以降、過去二〇年行われた閣僚会議に対する抗議行動ですっかり定着したスタイルと言える(1)。

参加者は約三〇名程度いたと記憶しているが、日本から来た参加者は私一人である。つたない英語で自己紹介しつつ、「英語が下手で申し訳ないけれど……」というと、多くの人々が「それはあなたが申

し訳なく思う必要はないし、気にするべきではない」と声をかけて下さった。サミット抗議行動のような反グローバリズム運動は、多様性の包摂、異質性を超えた相互理解の場であるからこそ、少数者を置いていかない気遣いが見られ、感動したのは確かだが、気にかかることもあった。

それは会合後の出来事である。この会合では、手作りの菓子や紅茶が振る舞われたのだが、汚れた食器の洗浄はもっぱら女性が行っていた。もちろん、男性に声をかければやってくれたかもしれないが、汚れた食器があるという事実に「気づいた」のが女性だけということだったのだろう。ある女性参加者は、なるべく水を使わないアナキスト流の洗い方を私に教えてくれながら言った。「結局どこでも、食器を洗うのは女の仕事と見なされているってことだよね」。筆者は翌年のサミット抗議行動を待たず帰国したため、この後開催された連続ミーティングにも抗議行動にも参加することはなかったが、この夏の経験はよく覚えている。

グローバル化に伴う社会の個人化・流動化とともに、社会運動の「脱組織化」が論じられて久しい。また二〇一〇年以降、オキュパイ・ムーブメントやフライデーズ・フォー・フューチャーといった世界同時多発行動やグローバルな移動を伴う行動も継続的に行われている。こうした運動は、一九七〇年代以降に現れた「新しい社会運動」(2)の特徴を引き継ぎ、日常そのものを運動化するという性質を持つ一方、一九九〇年代以降の運動に顕著な、国境を超えた多様な参加者を歓迎するという性質を持つ。この二つの特性こそが、筆者に「英語話者でない者の歓迎」を暖かく感じさせた一方で、「日常に温存される性別役割分業」に戸惑いを抱かせたと考えられる。

本章を通じて問いたいのは、参加者が複雑化・多様化し、生活を運動化することによって、社会運動による制度や意識の革新とともに日常の刷新をも図ろうとする現代のアクティビズムにおいて、「代表」は機能しているのか、「代表」しているのは誰なのか、また「代表」されないのは誰なのか、という点である。

2　先行研究

本節では、第一に社会運動内部の意思決定をめぐる概念として「水平性（Holizontality）」と「予示的政治（Prefiguration）」について説明し、政治学における「代表」概念との接合性について論じる。その上で、分析にあたって有用と考えられる、アクティヴィスト・アイデンティティ（Activist Identity）概念を概説する。

水平性、予示的政治、「構造なき専制」問題と「代表」

二〇〇〇年代以降において頻繁に見られるようになった世界同時多発行動や閣僚会議への抗議行動は、運動の理念として水平性（Holizontality）と予示的政治（Prefiguration）を掲げている[3]。このうち、水平性は組織・意思決定の構造に繋がるもので、予示的政治は運動の手法と理念に関わるものであるため、まずはそれぞれがなぜ運動の中で重要視されているのかを説明していきたい。

第一に、意思決定の「水平性」である。これは、冒頭で著者が示したような、構成員の中でリーダーやヒエラルキーを作らずに集合的意思決定を促す仕組みであり、もともとはグローバルな運動だけでなく一九七〇年代以降のフェミニズム運動や農民運動でも行われてきた[4]。

こうしたタイプの運動において「代表」は何を指すのか、という問いに答えることは極めて難しいが、まずは社会運動論の先行研究から議論を進めたい。水平的・平等な運動組織において、何が「代表」されないのか、という問いは一九七〇年代から投げかけられており、とりわけジョー・フリーマンは、構造なき専制（Tyranny of Structurelessness）問題という議論を行っている[5]。フリーマンは、明確で合意された手続きがなく、組織がトップダウン的でない「無構造」性が社会運動の特質である一方、「無構造」であるがゆえに専門家や知識人といった発言力の強い人物、あるいはメディアの注目を受けやすいスター活動家が社会運動のなかで影響力を持ってしまうという現象を明らかにした。こうした社会運動における属人性への依拠は、近年の反グローバリズム運動などにも同じく見られる[6]。

また、特にグローバルな社会運動の中では生まれながらの属性や出自が発言力に対して大きな影響力を及ぼしており、専門家や長い社会運動のキャリアを有する人々のほか、白人や男性の発言力が強くなりがちであるという問題は多くの研究で論じられてきた[7]。過去の社会運動に存在した「構造なき専制」問題は、運動参加者の出自や階層の多様性が広がる状況においても同様に見られるどころか、ある意味で、より強化されていると言ってもいいだろう。

では、なぜ運動を代表する人々が、白人や男性といったいわゆる「マジョリティ」と呼ばれるような存在になってしまうのか。これに関しては、近年の社会運動を論じる上で用いられる二つ目の概念、「予示的政治」（Prefiguration）が多少なりとも関連しているのではと筆者は考える。オキュパイ・ムーブメントや台湾のひまわり運動、香港の雨傘運動から、WTO閣僚会議やG7サミットのような国際会議への抗議行動は、ある場を一定期間において占拠する「占拠活動」である。その中では、ヴィーガン・フードの供給が行われたり、LGBTQフレンドリーな空間が設営されたり、当該運動の目的とは直接には関連しない社会問題に対するティーチ・インやヨガ講座が行われていたりもする。そこでの生活そのものが、例えば資本主義や新自由主義、既存の性役割に縛られないオルタナティブの政治の実践であり、こうした生活のあり方そのものが「予示的政治（Prefiguration）」として概念化されている。反グローバリズム運動が掲げた「Another World is Possible / Other Worlds are Possible」というスローガンが象徴的だが、このスローガンが示すとおり、この空間で人々が行うことは、敵手に対抗し、要求を伝えるだけではない。オキュパイや抗議行動の空間は、理想的な政治や社会、人間関係を今まさに理想をともにする人々と実現する試みでもある[8]。

国境を越えてアクティヴィストたちが集まる予示的政治の場としての抗議行動は、火力などを使わず、ソーラークッカーで食事を準備したり、障害者でも楽しめるサッカーを考案するなど、日常とは異なる生活を生み出す実験ができるという意味でオルタナティブな政治の場であると言えるが、日常に温存された偏見や因習が反映されてしまうこともある[9]。例えば、トイレや寝室の部屋割りを「男／女」に限定したり、あるいは政治的・宗教的理念により限られた食材を用いて食事をしなければならない人々を排除してしまうなどがその一例であるだろう。それは社会におけるシスジェンダーなどのいわゆる「マジョリティ」が推し進めたルールが、運動の場においても再現されてしまうということでもある。

こうした社会運動の議論を、「代表」概念に置き換えるといかなる形で解釈されるか。政治学においては、とりわけフェミニズム／ジェンダー論の実証研究において代表制について分析されることが多い。これらは上述した「予示的政治」による運動形成という観点からも接合性が高いと考えられるため、フェミニズムにおける政治的代表に関する先行研究を検討したい[10]。

申琪榮は、女性政党／フェミニスト政党を記述的代表と実質的代表の観点から分類した。記述的代表を満たす、つまり、構成員の過半数を女性が占める政党として「女性主導型」「女性被動員型」の二つの型がありえると指摘する。その一方、政党には実質的代表に基づく利益追求のあり方がある点を指摘し、具体的には性別役割分業に基づき利益を求める「実践的利益（practical interests）」と、女性に押し付けられた役割分業の改廃を利益とする「戦略的ジェンダー利益（strategic gender interests）」の二つに分類されると主張した[11]。

一方、このような女性団体・女性政党にも、参加者の多様化・個別化がみられ、それがいかにして代表されているのかを指摘した研究者が、アシュリー・イングリッシュである。イングリッシュは、女性団体において有色人種、LGBTQ、貧困女性、独身／既婚女性といった人々が存在するという交差性（intersectionality）を指摘した上で、こうした交差性が制度形成プロセスに反映される、あるいは反映されない過程を明らかにしている[12]。

申の分析枠組やイングリッシュの実証研究は、女性に限らず多くの交差性を持ったマイノリティが参与する現代の社会運動においてもある程度有効となるだろう。一方で、政治学の実証研究と社会運動論の事例研究のあいだには大きな対象の差異がある。政党や利益団体、あるいは制度形成を目的とする公式化の度合いが高い市民団体を対象とする政治学の研究対象に比べ、上述した社会運動は、日常的営為と集合行動を通じて水平性や予示的政治を実現することが目的であり手段となる。このような場合、

「代表」概念を論じる上で、中の分類した組織構造や利益の種類に加え、構成員のアイデンティティが重要になってくると考えられる。そこで本研究は、社会運動組織において「代表」概念を構成員の認知的側面から捉えるために、アクティヴィスト・アイデンティティという分析枠組みを提示したい。

「真にこの運動を代表するのは誰か？」：アクティヴィスト・アイデンティティ

グローバル化した現代の社会運動では、多様性・複雑性に基づく水平性と平等性が尊ばれ、日常を通じて新しく政治を作り変えようとすることそのものが運動になる。そこでは様々なアクターが存在するため「記述的代表」を明確に提示することができず、また利益も多様であるという点で「実質的代表」を簡単に論じることもできないはずだ。しかし、実際に運動を行う上では、例えば専門家や知識人、白人や男性が運動の利益を代表する傾向にあるというのもまた先行研究が主張した論点であった。

参加者と利益が多様であり、参加の水平性を強調しているにもかかわらず、なぜ社会運動参加者はその構成員の中で「中心」と「周辺」を作り、社会運動を代表する人々とそこからこぼれ落ちる人々を作ってしまうのだろうか。本研究では、多様な構成員を統べる概念として「集合的アイデンティティ」に着目し、その派生形としての「アクティヴィスト・アイデンティティ」について議論したい。

社会運動における構成員間の同一性を高め、連帯を持続させる概念として、アイデンティティは最も多く論じられる概念の一つであろう[13]。第一に見られるものとしては、アルベルト・メルッチによって提唱された集合的アイデンティティ（Collective Identity）であり、女性や労働者、障害者といった、属性や出自を共有することによって成り立つ概念とされている。一九七〇年代以降、マイノリティによる「新しい社会運動」が台頭した際に、さまざまな運動がなぜ発生したのかを説明するために用いられた[14]。その後、アイデンティティ概念は個人間に対してのみならず、個人の帰属する組織や、人々の用いるレパートリー（デモやピケといった、社会運動の目的を達成するために用いられる戦術）に対しても応用されるようになった。例えば、同じく医療運動に従事する人々でも、「国境なき医師団」と「世界の医療団」、どちらに帰属意識を持つかは異なる（Organizational Identity）。医療運動全体に帰属意識を持つ人ももちろん存在する[15]（Movement Identity）。

しかし、本章冒頭で紹介したような反グローバリズム運動は、こうした「組織」や「戦術」、あるいは属性・出自に基づく集合的アイデンティティの形成が極めて困難な状況にある。なぜなら多くの参加者たちは、ある一定期間「占拠」を行うための場に集合し、またそれぞれの生活の場に戻っていくからだ。持続的な組織でない以上、組織に基づくアイデンティティを形成することは難しく、また先述したように属性や出自も多様であるから、その意味で集合的アイデンティティを形成することは困難であるだろう。例えば予示的政治における一つ一つの生活の営為を運動の「戦術」ととらえ、そこに愛着を見出すというやり方もありえるだろうが、生活空間の中での営為（イコール戦術と捉えてもよいだろう）は多様に存在するため、その一つ一つにいちいち帰属意識を持ちづらい。

では、彼らはどうやって他の運動参加者との連帯を形成するのだろうか？　ここで筆者が注目する概念として、人々が「社会運動家（Activist）」であることに自己同一性を見出すというアクティヴィスト・アイデンティティ（Activist Identity）がある。特定の組織や運動を超えた、「社会運動家」同士の連帯や、社会運動家としての行為規範・慣習に対する帰属意識である。

多様な出自を持つ活動参加者たちは、継続的に左派的な社会運動に従事する、「アクティヴィスト」としての自覚・規範を媒介に連帯する。しかしその規範は、必ずしも活動参加者個人にとってポジティブな要素だけで成り立っているのではない。例えばクリス・ボベルは、アクティヴィスト・アイデンティティを構成する要素として「無私の精神」と「謙虚さ」が重要だと説く。持っている資源をすべてなげうって活動することが望ましく（「無私」）、また、常に謙虚であることを求められる。ボベルは、自分の足りなさを自覚しながら、完璧を目指して活動しなければならないという規範が社会運動従事者に共有されていることを明らかにした[16]。

こうした規範は、デモやストライキといった路上で行う集合的な行動にも、日常を運動化するタイプの活動にも同様に見られるものである。例えば、エマ・クラドックは、反緊縮運動においては権威と闘うことが好ましいとされ、デモや座り込みといった「前線」で闘った者こそが尊ばれるべきだという文化を指摘する。一方で、ケア労働のせいで会議に出られない主婦や、路上に出られずインターネットでしか運動に参加できない人々に見られる、社会運動に十分に参加できない「罪悪感」や「恥」の感情の存在を示す[17]。これに対し、ローラ・ポートウッド・ステイサーの論稿やヤコブソンとリンドブルムの研究は、ライフスタイルを通じた運動にも、例えば食肉をしない、電気を使わない、といった運動の理念に即した「正しい」ライフスタイルが求められ・徹底される点を検証した[18]。

アクティヴィスト・アイデンティティ研究の知見を踏まえるならば、集合行動と日常生活を刷新する役割を持つグローバルな社会運動は、日常と集合行動両面において「正しい社会運動」をめぐる規範が形成されることになる。かつ、その規範を徹底できているか否かを定める変数として、直接間接的にジェンダーが関わっていることを、先行研究は指摘している。[19]

例えば「規範的な」「正しい」ライフスタイルを通じた運動の理念の反映について、私的な領域だからこそ女性優位と考えられるかもしれない。しかし、職業を通じた啓蒙活動や日々の生活に根ざしたアナキズムなどのライフスタイルの実践は、ライフスタイルとアクティヴィズム双方においてより多くの資源が行使でき、選択肢も多様である若年層、白人、中流階級といった、いわゆる「マジョリティ」に属する男性のほうがよりコミットできることも明らかにされている。[20] また先述の通り、女性活動家や若年活動家は路上で行う集合的な行動、また夜間のミーティングにも十分に参加できず、自らが周縁化されている、という感情を抱くことになる。[21]

また、ジェンダー差に関しては興味深い結果もある。それは、女性活動家ほど「無私の精神」や「謙虚さ」を内面化してしまうがために、いつまでも運動に十分に参加できていない「恥」や「罪悪感」を抱くという研究である。[22]

こうした議論を踏まえると、「社会運動を代表する人々とそこからこぼれ落ちる人々」が発生する要因をより複合的に捉えられる。組織的な集合行動にせよ、個人的なライフスタイルを通じた活動にせよ、「代表的とされる／正しいとされる運動」を行うにあたっては、時間やキャリアの選択肢といった、コミットメントをするための資源が関わってくる。その点では、金銭資源が限られる学生や、時間資源が限られ、ケア労働に従事する主婦層、キャリアの選択肢が限られる有色人種の人々よりも、たとえ運動の構成員において少数だったとしても、白人、男性、中産階級の男性が「望ましい」運動に適合的ということになるだろう。しかし、資源だけが社会運動の「代表」を決めるわけではない。運動の中で代表として振る舞えない人々は、「恥」や「罪悪感」を抱き、その「謙虚さ」を内面化することによって、より活動の中で周縁化されているという思いを強く抱いてしまうことになる。

3　分析視角と研究の手法――運動における女性の周辺化と「書かれたもの」を対象に

先行研究を踏まえて、本研究の問いは以下のように展開できる。すなわち、従事者が多様化・複雑化し、組織的な集合行動、日常を通じた運動を包括するような社会運動においてもなお、社会運動を「代表」する存在、社会運動を「代表」できない存在がいる、さらに、そうした「代表」の存在は、社会運動の担い手が多様化した現代においてもある程度属性によって規定できると解釈できる。それは、政治学の先行研究が実証的に提示した「記述的代表」や「実質的代表」概念に反映されるものとはやや異なることが想定される。

具体的には、社会運動を代表する、あるいは代表からこぼれてしまう存在を定める上で、大きく要因として効いてくるのが「資源」と「認知」ということになる。日常を通じたものであれ、組織的な集合行動であれ、主流とされる社会運動に参加する資源がある人々こそが運動を「代表」する存在になり、そうでない人々はこぼれ落ちてしまう。さらに、こぼれ落ちた人々は、「恥」や「罪悪感」といった負の念から、ますます社会運動において周辺に位置づけられているという気持ちが強くなってしまう。

しかし、ここで疑問が生じる。先行研究の多くは、多くが欧州や北米、あるいは南米といった国々の社会運動を事例としており、日本を対象としたものはほぼない。そもそも、日本では社会運動や市民活動そのものの参加率が極めて低く、忌避感も高い[23]。日本における社会運動コミュニティのサイズは決して大きくない。そうした小さいサイズの社会運動コミュニティにおいてもやはり、北米や欧州、南米と同じように社会運動の「代表」が機能していると言えるのだろうか。

そこで本研究では、日本をベースとした社会運動コミュニティを中心に活動する社会運動参加者たちについて、政治的代表とアクティヴィスト・アイデンティティの視角から調査を行う。分析視角としては先行研究と同じく、社会運動を代表しない存在である、とりわけ女性、若年層といったアクティヴィストに焦点を合わせ、彼女たちがいかに社会運動の「中心」や「代表」から外れていかざるを得なかったのか、また、外れていく際の心境を明らかにする。

本研究では、分析対象として、社会運動に参与した女性たちの執筆したZINEや書籍[24]を対象としている。補足データとして、当該事項に関して論じられた新聞記事も使うが、報道がごく少数ということもあり、一部に限る。また、インターネット記事についても補足的に言及するだけとなる。近年、日本でも#MeTooや#KuTooといったイッシューに関するフェミニズム運動が盛んであるが、オンライン空間では社会運動における女性の周縁化という議論は多くない。多くの人が反応しやすいネット空間において女性の周縁化という議論を行うと、対抗する理念を持つ識者や、男性活動家・男性識者から多くの批判や疑念の声が投げかけられることと無縁ではないだろう[25]。

収集するデータの基準として、労働運動や環境保護運動など、社会運動に一参加者として継続的に加わっている女性活動家の執筆記事（writing）を集めた。このうち数名の執筆者には、過去に聞き取り調査も行ったため、必要に応じて参照している。また、参照した内容としては、社会運動の中でどのような活動を特に「正しい」と捉えているか、運動をする過程で、コミットできていないという罪悪感や、周辺化されているという意識を抱いているか、あるいはそれぞれの参加者が、社会運動の中で抑圧されたり、自らが十分に発言・活動できていないと感じる局面はどのようなとき／人間関係においてだったか、また、社会運動に対してどれくらい資源を投下しているか、そのことをどう考えているか、という点である。こうした点を先行研究と対比しながら議論を展開し、社会運動において「代表すること」あるいは「代表からこぼれ落ちること」について考究したい。

運動における性別役割分担・コミットメントの矮小化

第一に、女性・若年活動参加者が社会運動の「周辺」に追いやられたと感じる局面として、社会運動における性別役割分業を押し付けられた時、また、コミットメントを矮小化されたときがある。これは形式的なリーダーや事務局、共同代表といった役割においても見られる事態であり、実際に栗田隆子は、労働運動において女性の運動リーダーが少ない実態を示している。また、後房雄・坂本治也はサードセクター全体において女性役員が一九・五％と決して高い比率ではないことを明らかにしている[26]。このような実態は日本のみならず同じであり、環境運動に関する海外の先行研究でも言及されている[27]。

先行研究でも、エマ・クラドックは、とりわけデモの「前線」において男性が主要な役割をなすことを明らかにしたが[28]、むしろこうした役割分業はどちらかといえば社会運動の担い手が多様化する以前、全共闘運動などに見られるものだ。例えば日本でウーマン・リブ運動が生じる土壌となった全共闘運動において、女性が「前線」で闘うのではなく、背後で行われる調理担当や荷物持ちとしての役割を担ったことは多くの書籍等でも言及されているとおりである。(29) 早稲田大学の女子学生(一九六四年入学)の主張は、社会運動における性別役割分担の最たるものであろう。

女子学生はまず「救対」、デモのときは「荷物持ち」という感じがあり、わたしはそれに反発しました。男より非力でも、私だって荷物持ちよりもデモをしたい。炊き出しのおにぎりを握るより集会で発言したい、と思っていましたし、実行しました。でも、それは当時、役割分担があたりまえのこととなっており、たいへん疲れることでもありました。(30)

このように、男性がデモや機動隊との攻防といったフロントステージ、女性がその準備や設営を行うというバックステージで活動する性別役割分担は現代の運動では見られない。しかし、その代わりに生まれたのは、男性が女性をいわば「プロデュース」する、というスタイルである。そこには、一般社会の性的役割分業を、形は変われども社会運動の中で投影されていることに気づく。小林哲夫は安保法制抗議行動に参加した学生ネットワーク「SEALDs」のメンバーの語りを引用している。

私たちSEALDs女子は自分達が期待される役割に十二分に気付いていた。たとえば——討論会などで、「政治なんて勉強したことのない」「頭が悪い」「でも可愛い」「女子」大生として、隣でしゃべる男性メンバーに花を添えることがあった。デモでは「もっと派手な格好をするように」と男性メンバーから冗談交じりに言われた。(中略) 写真素材で優れた容姿だと判断されたメンバーを前面に出していく「戦略的決定」は、当たり前に下された——など。

SEALDsは、男女が平等に振る舞うことができるという意味で、「過去の運動とは異なる」「新時代の」学生運動として取り上げられたが、現実は、その象徴として女性メンバーの肖像が消費され続けたわけです。(31)

男女の「分業」は、フロントステージを担う男性とバックステージを担う女性（全共闘運動）、という構図から、フロントステージの中で異なる役割を担う男女（安保法制抗議行動）、という構図へと変容していったと言える。しかし重要なのは、いつでも決定権を握るのが男性や年長者であるということだ。安保法制抗議行動に参加した荘津巴氏、カメムシ氏は、社会運動における「若者」と「女性」が周縁化されているという共通性を踏まえた上で、以下のように指摘する。

カメムシ：だってそうじゃん。取り巻きにさ「俺たちが守ってやってる！」「俺たちが守るから、お前らがんばれ！」みたいに言われてさ、「いやちょっと、いいっす」みたいにさ、言えないっていうかさ（笑）。（中略）で、やっぱりさ、「俺たちが守るから」っていうのに、すごくパターナリズムを感じるよね。

荘津：うん。「守ってやるから、我々の想定する範囲で頑張れ。」と。保護というのは統制と同時に為される。(32)

分業が行われる論理は二つある。一つは、日常における家父長制の反映（「炊き出しのおにぎり」「華を添える女性」イコール家事に従事する、見られる性としての女性）であり、二つ目は、イベントにおける動員の役割（「写真素材で優れた容姿だと判断されたメンバーを前面に出していく」）であろう。もちろん、この二つは簡単に分けられるものでもなく、運動のオーディエンスが家父長制を内面化している以上、動員の梃子にもなりうる。

こうした役割分担は、社会運動組織／コミュニティ内での発言の影響力にそのまま関わり、会議などで発言を遮られる、長時間にわたり男性がコメントをし続ける、といった形で、女性参加者の「周辺化」へと繋がることとなる。たとえ記述的代表として女性の数が多数を占めていたとしても、それは彼女たちの主体的な参加に基づく「女性主導型」の団体ではなくあくまで「女性被動員型」の運動体にすぎない実態を、上述の語りは表していると言えるだろう。

また、ここでもう一つ論点を提示しておきたい。それは、なぜ「彼女たち」は、仮に運動内で行われる性別役割分業に疑問を持ったとしても、疑義を呈示できないのか、という点にある。上述の対談でも、カメムシ氏は「「いやちょっと、いいっす」みたいにさ、言えない」と、「守られる」役割への拒絶を示せずにおり、小林氏のインタビューでも、安保法制抗議行動に参加した女性たちは「自分達が期待される役割に十二分に気付いていた」としながら、それを批判できないでいる。

なぜ、彼女たちは自らが「動員されている」構造に気付いているにもかかわらず反論できないのだろうか。この疑問を解くために、組織と個人にとってより困難な事態である「ハラスメント」について論じていきたい。

ハラスメント：「運動を守る」ために

前節では、男性活動参加者が主導する形で、女性参加者に対する性別役割の押しつけが行われる点を明らかにした。こうした意思決定の不均衡や、特定の属性を持つ運動従事者の周縁化は、時としてハラスメントに発展することもある。前出した『全共闘からリブへ』でも、ハラスメントに関する語りは多く見られる。九州大学に在籍していた女性の述懐では、性別役割分担とともにハラスメントの経験が赤裸々に語られる。

バリケードのなかでは、「性的分業」が貫かれ、「飯炊き」や「活動家を支える恋人」が女に求められました。その枠からはみ出す女に居場所は少なく、活動家の女性の友人はわずかでした。（略）東京から大阪に帰る動員の労働者のバスに便乗させてもらったときに、胸を触られているときがついたときに抗議できず、寝返りを打っただけの私。[33]

これに加え、「強姦[34]」、「ハウスワイフとセックスフレンドとしての口説き[35]」といった被害も数多く見られる。こうしたハラスメントは過去の運動に限らず、毎日新聞（毎日新聞デジタル二〇二〇年一一月八日）でも安保法制抗議行動に参加した女性たちへのハラスメントが、琉球新報（二〇二一年九月二一日）でも沖縄の基地問題に関わる女性へのハラスメント問題が取り上げられている。

二〇一八年一月に被害に遭った女性は県内の運動団体の宿泊施設広間で、団体メンバー（当時）の男性から性的嫌がらせを受けた。女性は強い口調で何度も制止したが、男性は女性をどう喝し、広間にいた別のメンバーも止めなかったという。女性は寝室に逃げたが、男性が寝室に入ってきたため叫び、最終的に宿泊者が止めたという。（琉球新報二〇二一年九月二一日）

沖縄の社会運動を中心に報道している乗松聡子氏によれば、このようなハラスメントは反基地運動以外の運動でも珍しいものではない（琉球新報二〇二一年一〇月三日）。しかし、「運動を潰したくない」「運動体は「分断につながる」と言って口をつぐませている」（琉球新報二〇二一年九月二一日）といった原因から告発に至らない。また小林哲夫は、二〇一五年の安保法制抗議行動において、運動に賛同する評論家や作家、ジャーナリスト、出版社社長や市民活動家といった人々が、女性参加者へのセクハラあるいはストーカーのような執拗なつきまといをしたことを明らかにした[36]。それが告発されなかった理由はやはり前出の運動と同じく「それを明らかにしたら運動にダメージを与える」「一人でも多く国会前に来て欲しいから黙っていた」というものだった。個人より組織を優先する態度は、ある種の「社会運動らしい社会運動」の像を被害者も加害者も守ろうとしているためだと言えるだろう。

ハラスメントが社会運動における「代表」へと影響する作用として、された側が離脱してしまい、特定の属性の人しか運動に残らないという、構成員比の偏りに直結する点がある。栗田は、二〇一三年に行われた「労働組合内部でのセクハラおよび性差別の問題について語る集い」の告知文を引用し、以下のように語る。

労働組合は、組織内部でのセクハラや性差別の問題について、企業以上に鈍感だと言われています。そうなってしまう大きな理由の一つとして考えられるのは、労働組合の内部でセクハラなどの問題が起きた場合、「被害者が活動から去っていき、加害者が活動に残り続ける」という傾向があることです。(中略)組合の中でトラブルが発生した時、その被害者は、多くの場合、すぐに活動から離れてしまいます。経済的な負担を負ってまでして、わざわざ嫌な思いをしなければならないというのは、ぜんぜん理にかなわないからです。

そして、被害者が活動から去っていく一方で、加害者は何食わぬ顔で組織に残り続けます。このようなことが幾度となく繰り返されることにより、労働組合の組織内部から「被害者の視点」が失われていき、それと反比例する形で、「加害者視点」だけが濃縮還元されて、その濃度を増していくのです[37]。

(中略)

上記は「労働組合」となっているが、他の社会運動でも当てはまることはとても多い。公の場でありながらも、「賃金」が発生しにくい場であるからこそ、「来る者は拒まず、去る者は追わず」となり、問題がそのままになる[38]。

組織のレベルでは「正しいとされる社会運動」の像を維持するために告発が回避され、一方で、個人のレベルでは、告発して運動組織にとどまり続けるよりも離脱を選んだほうがコストやリスクが抑えられるため、結果としてハラスメントに対して声を上げる機会は奪われ、運動体は共通した属性の人々で占められる。性別役割を押し付けられていたくらいであれば、離脱はまだ生じず、記述的代表として女性参加者を「動員型」と言えど団体やネットワークに押し留めることができるかもしれない。しかし、ハラスメントという決定的事態になってしまえば、そもそも団体やネットワークに留まる必要のない女性参加者は離脱してしまう。そのため、そもそも記述的な代表としてすら女性たちは運動の中で存在し得なくなってしまう。

4　「セイファー・スペース」としての女性運動とアクティヴィスト・アイデンティティ

ここまで、性別役割分業とハラスメントという視点から、いかにして女性が運動内の「代表」からこぼれ落ちていくのかという過程を見てきたが、一方でこうした過程が先行研究の知見と整合的でないことにも気づくだろう。先行研究によれば、社会運動の代表からこぼれてしまう存在を定める要因は「資源」と「認知」であり、運動にコミットできる資源がある白人男性や中産階級の人々こそが運動で「代表」を占めることになる。しかし、前節までで検討した結果としては、資源の問題はそれほど大きくなく、むしろ日常における性別役割をそのまま社会運動の参加者へと押し付けたり、社会運動への動員のために敢えて性別役割分業を利用したりといった理由から、女性の運動参加者の役割が定められていくことがままあった。

このような状況に対して、「正しい社会運動像」を保持し、分断や外部からのバッシングから運動組織を守るために告発や異議申し立てが回避される状況がある。この中で、中心を占めるような役割を担えない、正しい活動家になれない、といった、先行研究に見られる「恥」や「罪悪感」といった認知に関する言及もほぼ見られない。異議申し立てや告発よりは離脱を選んでしまうため、コミットし続けるモチベーションが高くならないということが背景にあるだろう。

しかし興味深いことに、彼女たちのアクティヴィスト・アイデンティティはまた別の運動の中で表出される。ハラスメントを受けた、もともと従事していた運動を離脱した後女性運動に参加しながらアイデンティティを形成していくことが少なくない。これは、日本の全共闘運動の帰結の一つがウーマン・リブであったことを考えると、それほど珍しい事態ではないだろう。[39] 現代においても、やはり他の運動でのハラスメントや周辺化から女性運動に行き着いた人々の語りは多く見られる。旧優生保護法に取り組む大学生(二〇二一年時点で二〇歳前後と思われる)である池澤は、環境運動に参加したときの被害経験を以下のように語っている。

女性差別がある中で、おちおち運動もしてられないと思ってしまう。運動で知り合った男性に手を握られて身体が動かなくなったことがある。署名活動やスタンディングで街頭で立っていると長々と話しかけられたり、一緒に写真を撮って欲しいと言われたりしたこともある。(優生の運動以外の経験も含む。)女性と見られたからこのような対応をされるのだろうと思いいたると、屈辱だと感じる。もっと、女性問題にも声を上げていきたい。[40]

筆者が予備的に聞き取りをする中でも、他の運動で心身的に消耗・疲弊した結果、女性運動に行き着いた人々の話は少なくなかった。[41] 男性との運動における性別役割分業の受け入れや、ハラスメントに疲弊した結果が、女性問題への目覚めや女性運動への参与に繋がるという帰結は納得できるものであろう。さらに女性運動では運動の手法も広がり、日常を通じた活動、例えば手芸やＤＩＹ（Do It Yourself）といった活動から、セルフ・ヘルプ・グループに近い語り合い、ＳＮＳを通じた緩やかなネットワーキングやおしゃべりなど多岐にわたる。もちろんその一方で、性暴力に反対するフラワーデモや、日本におけるオンラインアクティヴィズムの代表的存在となった#MeTooなど集合的な運動も行われている。

しかし、日常も非日常も運動であるからこそ、彼女たちはアクティヴィスト・アイデンティティをめぐる「恥」や「罪悪感」に突き当たるように思われる。フェミニストグループ「ＦＲＯＧ」の竹下美穂は、彼女が考える「フェミニスト」に対する葛藤やコンプレックスを以下のように吐露している。

日本では「フェミニスト」としてカムアウトするって結構勇気がいると私は思っている。遥洋子くらいちょっと頭切れるタレントでなくちゃ、蔦森樹のようにジェンダーの枠を越えて悩みつつも堂々と生きるくらいでなくちゃ、はたまた上野千鶴子くらいに論とエスプリで相手の虚を突く鋭さがなくちゃ、と変に意識してしまう。かっこいいフェミニストって結構たいへんだなあ、と緊張してしまう。[42]

「頭の切れ」や「論とエスプリ」「鋭さ」がフェミニストの武器とされ、このような武器を持たない参加者に対して関与を尻込みさせてしまったり、賛同者に対してどこかで恐怖感を持たせてしまうという議論は現在においてもなされている。[43] 実際には多岐にわたる問題意識や出自を持つ参加者が運動を担っているため、一部の参加者において形成されがちな理想像でしかないのだが、結果としてスターに脚光が当たり、[44] そうした「スター」の像が他の参加者において共有され、当の本人にプレッシャーを与えてしまう[45]ことは過去においても現代においても珍しくない。

もう一点は、「自立」や「自主性」に対する強い理想と、それに届かない自分に対する劣等感や罪悪感である。それまで大学自治などの学生運動に関わってきた依田那美紀、井上彼方は、ルッキズムの内面化や、自身の身体に対する自立性といった点で、デモをともにする人々からの孤立感を味わう。

私は去年の一一月大阪で行われたSlut Walkで、「My body My choice」と大きな声で呼びかける群れの中にいたんですが、後ろめたかった。私は「セックスしたいのか／したくないのか」、これまで私は自分の中の意思を確かに打ち立てたことがあっただろうか、って。この人たちと連帯したくてここにいるのに、同じところに立つ資格がない気がしました。一時間弱、あるきながら、私はそのスローガンを一度も声に出せなかったです。[46]

こうした自立性や自主性の欠如に対する罪悪感は、デモや議論の場で生じるものだけではない。フェミニズム運動が「個人的なことは政治的なこと」を掲げている限り、日常においても自主性をめぐる視点は厳しく自己に向けられる。一九九一年生まれのフェミニストであり、過去に反貧困運動や学生運動に参加した東洋鍋子と桐島さと子は、私生活上のパートナーに精神的な面で少なからず依存している実態を踏まえて、「フェミニストとしては矛盾しているのか、精神的に自立していないのか、グルグルしています[47]」と語る。

申の分類した記述的代表の観点から言えば[48]、この段階で女性参加者は「女性被動員型」ではない「女性主導型」の組織形成を行ったということができる。しかし一方で、そこで求められている利益が誰のためにあるのか、という問いに直面する。全共闘からリブへ、環境運動から優生保護法へ、ルッキズムの内面化からリプロダクティブ・ライツへ、と女性であることへの自主性・自律性を掲げる運動は、実質的代表の観点から言えば、女性に押し付けられた役割分業の改廃を目的とする、戦略的ジェンダー利益に基づく運動と言える。しかしその中で、彼女たちは、性別役割分業に基づき利益を求めるという、実践的利益に依拠している自己のすがたに逡巡してしまう。

環境運動や労働運動、安保法制抗議行動において、抑圧し主導する「男性参加者」と、抑圧され、動員される「女性参加者」という形で役割と格差が結果として女性参加者が記述的代表からこぼれ落ちてしまうという代表制の問題は、ここに来て「理想」と「現実」、あるいは「組織」と「個人」をめぐる代表制の問題へと形を変える。実際には戦略的ジェンダー利益を志して運動に関与した女性参加者たちであったが、組織で掲げられる目的に完全に一致しない自らの現実を顧みて、「恥」や「罪悪感」といった感情を抱いてしまう。

5　考察

事例分析を踏まえると、女性社会運動参加者たちは労働運動、平和運動、反基地運動といった社会運動においては代表され得ず、役割の面でもマジョリティである男性社会運動参加者にイニシアティブを握られ、動員の客体となってしまう側面が強くあることが明らかになった。こうした構造は、参加者の属性が多様化し、組織が流動的になっている近年の社会運動においても、それ以前の全共闘運動においても根深く存在していることも判明した。

彼女たちがいわゆる記述的代表からも「こぼれ落ちてしまう」仕組みは、我々の日常に深く根を下ろす性別役割分業とその延長線上にあるハラスメントが原因と考えられるが、日本における社会運動への忌避感とも連続していると解釈できる。

女性運動家が、例えばデモを後ろで支える、彼女たちいわく「馬鹿な、でも可愛い女子大生」役を演じなければならないという「役割」は、我々が日常的に温存してしまっている女性役割をそのまま社会運動へと反映したものだ。とりわけ近年の社会運動は、社会運動に付与されている「危険」「非日常」というイメージを回避し、「普通」のイメージを付与しようとしたあまりに、[49]こうした「典型的な女性」像を動員の引き金とせざるを得ず、そのために典型的な役割分業を、望まない形で女性に負わせざるを得なかったのではないか。

また、女性参加者たちは、性別役割やハラスメントに疑問を持っていたとしても「運動を潰したくない」「分断につながる」「運動にダメージを与える」といった理由から異議申し立てをできない、という状況にある。このような知見は、欧州や北米・南米の運動を対象とした研究にはあまり見られない、日本特有の事態として解釈できる。あくまで筆者の考察の域にとどまるが、個々の参加者がこうした行動を取らなければいけない背景にも、日本社会における社会運動への忌避感の高さ、参加率の低さが関連しているのではないかと考えられる。参加率が低く、決して多くの人に歓迎されない行動だからこそ、参加者や支援者をなんとかして繋ぎ止め、「危険ではない」「普通の」運動のイメージを維持しなくてはならない。そのためには、内部でのハラスメントは「スキャンダル」として処理し、隠匿する必要がある、という考え方に繋がるのではないか(50)。

では、社会運動の記述的代表からこぼれ落ちた彼女たちはどの段階で「代表」されるのか。本章で見てきたとおり、他の運動から離脱した女性の運動参加者は、その後女性運動を主導的に担う立場となる。こうした形での運動の連続性は、一九六〇年代後半にみられる学生運動・新左翼運動から第二波フェミニズムという流れで世界的に生じた現象でもあるが、近年の日本においても同様によく見られる現象である。

この段階ではじめて、女性参加者たちは、社会運動において自らが自らの属性を代表しているのか、あるいは自分の利益が代表されうるのか、ということを考える段階に置かれる。しかし、その中で顕著に見られたのは、運動が掲げている戦略的ジェンダー利益に照らして、自らが性別役割分業に基づく実践的利益に依拠しながら日常を送っているということに「恥」や「罪悪感」を抱いてしまう女性参加者たちの姿だ。

このような代表制をめぐる女性たちの葛藤は、近年の女性運動と政治的代表の研究が論じてきた「交差性」の問題と重複しつつも、やや異なる側面を見せる。交差性と政治的代表に関するイングリッシュの研究は、有色人種やLGBTQといったマイノリティ女性たちの利益が反映されやすくなる条件や、独身女性が疎外・周縁化されやすくなる実態を示す[51]。その一方、フェミニスト運動において「恥」や「罪悪感」を抱く女性たちは、既婚／独身、ヘテロセクシュアルであるか否か、あるいは当該社会において民族マイノリティであるか否かによらず、皆「本物のフェミニストになれない」「フェミニスト運動を代表できない」というアクティヴィスト・アイデンティティにまつわる逡巡を抱えている。このような認知的側面から見た「代表」をめぐる葛藤は、記述的代表／実質的代表と異なりつつも部分的に関連を持つプロセスとして着目してもよいだろう。

＊本章の執筆に際して、本書執筆メンバーのほか、坂本治也氏と寺下和宏氏から有益なご助言をいただいた。心よりお礼申し上げる。また、本研究はＪＳＰＳ科研費19K13929、江頭ホスピタリティ財団研究開発助成事業、研友社調査研究助成金、山岡記念財団研究助成、労働問題リサーチセンター、村田学術振興財団研究助成の支援を受けたものである。

註

(1) Graeber, D., *Direct Action: An Ethnography*, Oakland: AK Press, 2009.
(2) Alberto Melucci, *Nomads of the Present*, London: Hutchinson Radius, 1989.
(3) Marianne Maeckelbergh, "Doing is Believing: Prefiguration as Strategic Practice in the Alter Globalization Movement", *Social Movement*

Studies, 10(1), 2011, pp. 1–20; Konstantinos Eleftheriadis, “Organizational Practices and Prefigurative Spaces in European Queer Festivals”, *Social Movement Studies*, 14:6, 2015, pp. 651–667; Kyoko Tominaga, “Social Reproduction and the Limitations of Protest Camps: Openness and Exclusion of Social Movements in Japan”, *Social Movement Studies*, 16, 2017, pp. 269–282.

（4）Joe Freeman, “The Tyranny of Structurelessness”, *Berkeley Journal of Sociology*, 17 (ArticleType: research-article / Full publication date: 1972–73 / Copyright ©1972 Regents of the University of California), pp. 151–164.

（5）Freeman, Ibid.

（6）Andrea Rigon, “Unequal Power Relations in the Governance of the World Social Forum Process: an Analysis of the Practices of the Nairobi Forum”, *Interface* 7 (2), 2015, pp. 75–97; 富永京子『社会運動のサブカルチャー化——G８サミット抗議行動の経験分析』せりか書房、二〇一六年。

（7）Juris, J. S., *Networking Futures*. Durham: Duke University Press, 2008; Maeckelbergh, “Doing is Believing”, op. cit. など。

（8）Greame Chesters, “Social Movements and the Ethics of Knowledge Production”, *Social Movement Studies*, 11:2, 2012, pp. 145–160.

（9）富永京子前掲『社会運動のサブカルチャー化』、A. Feigenbaum, F. Frenzel, and P. McCurdy, *Protest Camps*, London: Zed Books, 2013.

（10）Ki Young Shin, “An Alternative Form of Women’s Political Representation: Netto, a Proactive Women’s Party in Japan”, *Politics and Gender* 16(1), 2020, pp. 78–98; Ashley English, “She Who Shall Not Be Named: The Women That Women’s Organizations Do (and Do Not) Represent in the Rulemaking Process”, *Politics and Gender* 15 (3), 2019, pp. 572–598; Ashley English, “Where Are All the Single Ladies? Marital Status and Women’s Organizations’ Rule-Making Campaigns”, *Politics and Gender* 16 (2), 2020, pp. 581–607.

（11）Shin, “An Alternative Form of Women’s Political Representation, op. cit.

（12）English, “She Who Shall Not Be Named”, op.cit., “Where Are All the Single Ladies?” op. cit.

（13）James M. Jasper, *The Art of Moral Protest*, Chicago: University of Chicago Press, 1997; Francesca Polletta and James Jasper, “Collective Identity and Social Movements”, *Annual Review of Sociology* 27, 2001, pp. 283–305.

（14）Alberto Melucci, *Nomads of the Present*, op. cit.; Alberto Melucci, “Individual Experience and Global Issues in a Planetary Society”,

Social Science Information 35(3), 1996, pp. 485–509.

(15) Polletta and Jasper, “Collective Identity and Social Movements”, op. cit.

(16) Chris Bobel, “ ‘I'm not an Activist, though I've Done a Lot of It’: Doing Activism, Being Activist and the ‘Perfect Standard’ in a Contemporary Movement”, *Social Movement Studies* 6(2), 2007, pp. 147–159.

(17) Emma Craddock, “Caring about and for the Cuts: A Case Study of the Gendered Dimension of Austerity and Anti-austerity Activism”, *Gender, Work and Organization*, 24, 2017, pp. 69–82; Emma Craddock, “Doing ‘Enough’ of the ‘Right’ Thing: the Gendered Dimension of the ‘Ideal Activist’ Identity and its Negative Emotional Consequences”, *Social Movement Studies*, 18(2), 2019, pp. 137–153; Craddock, E., *Living Against Austerity: A Feminist Investigation of Doing Activism and Being Activist*, Bristol University Press, 2021; Jacqueline Kennelly, “It’s This Pain in My Heart that Won’t Let Me Stop: Gendered Affect, Webs of Relations, and Young Women’s Activism”, *Feminist Theory*, 15(3), 2014, pp. 241–260; Hanabeth Luke, Rasch Elisabet D., Evensene Darrick, and Köhne Michiel, “Is ‘activist’ a dirty word? Place identity, activism and unconventional gas development across three continents”, *The Extractive Industries and Society*, 5(4), 2018, pp. 524–534.

(18) Portwood-Stacer, L., *Lifestyle Politics and Radical Activism*, London: Bloomsbury, 2013; Kerstin Jacobsson and Jonas Lindblom, “Moral Reflexivity and Dramaturgical Action in Social Movement Activism: The Case of the Plowshares and Animal Rights Sweden”, *Social Movement Studies*, 11(1), 2012, pp. 41–60.

(19) Portwood-Stacer, Ibid.; Daniel K. Cortese, “I’m “good” activist, You’re “bad” activist, and Everything I Do Is Activism: Parsing the Different Types of “Activist” Identities in LGBTQ Organizing”, *Interface*, 7(1), 2015, pp. 215–246; Jessica K. Taft, “Teenage Girls’ Narratives of Becoming Activists”, *Contemporary Social Science*, 12(1-2), 2017, pp. 27–39; Craddock, “Caring about and for the Cuts”, Craddock, “Doing ‘Enough’ of the ‘Right’ Thing”, Craddock, *Living Against Austerity, op. cit.*; Kennelly “It’s This Pain in My Heart that Won’t Let Me Stop”, op. cit; Luke et al. “Is ‘activist’ a dirty word?” op. cit.; Laura Lyytikäinen, “Gendered and Classed Activist Identity in the Russian Oppositional Youth Movement”, *The Sociological Review*, 61(3), 2013, pp. 499–524.

(20) Portwood-Stacer, *Lifestyle Politics and Radical Activism*, op. cit.; Cortese, “I’m “good” activist, You’re “bad” activist”, op. cit.

(21) Craddock, “Caring about and for the Cuts”, Craddock, “Doing ‘Enough’ of the ‘Right’ Thing”, Craddock, *Living Against Austerity,*

op. cit.; Kennelly "It's This Pain in My Heart that Won't Let Me Stop", op. cit; Luke et al. "Is 'activist' a dirty word?" op. cit.

（22） Taft, "Teenage Girls' Narratives of Becoming Activists", op. cit.; Craddock, "Caring about and for the Cuts", Craddock, "Doing 'Enough' of the 'Right' Thing", Craddock, *Living Against Austerity, op. cit.*; Kennelly "It's This Pain in My Heart that Won't Let Me Stop", op. cit; Luke et al. "Is 'activist' a dirty word?" op. cit.; Lyytikäinen, "Gendered and Classed Activist Identity in the Russian Oppositional Youth Movement", op. cit.

（23） 富永京子「若者の「社会運動嫌い」？――社会運動に対する忌避感とその原因」『生活経済政策』第二八八号、二〇二一年、一七―二一頁、坂本治也・秦正樹・梶原晶「ＮＰＯへの参加はなぜ忌避されるのか――コンジョイント実験による忌避要因の解明」『年報政治学』二〇二〇年二号、三〇三―三二七頁。

（24） 本章で対象とした、女性運動参加者によるルポルタージュやエッセイは計三八冊である。うち、ZINEは二五冊、ほかは商業流通されている書籍・雑誌であるが、紙幅に限りがあるため、引用した資料のみを巻末にまとめている。

（25） 林香里編『足をどかしてくれませんか。――メディアは女たちの声を届けているか』亜紀書房、二〇一九年。

（26） 栗田隆子『ぼそぼそ声のフェミニズム』作品社、二〇一九年、後房雄・坂本治也「日本におけるサードセクター組織の現状と課題――二〇一七年一〇月：平成二九年度第四回サードセクター調査による検討」『RIETI Discussion Paper Series 17-J-063』二〇一七年、一三頁（https://www.rieti.go.jp/jp/publications/dp/17j063.pdf）。

（27） Todd E. Malinick, David B. Tindall and Mario Diani, "Network centrality and social movement media coverage: A two-mode network analytic approach", *Social Network* 35, 2013, pp. 148–158.

（28） Craddock, "Caring about and for the Cuts", Craddock, "Doing 'Enough' of the 'Right' Thing", Craddock, *Living Against Austerity, op. cit.*

（29） 小林哲夫『女子学生はどう闘ってきたのか』サイゾー、二〇二〇年、女たちの現在を問う会『全共闘からリブへ――銃後史ノート戦後篇』インパクト出版会、一九九六年。

（30） 小林前掲『女子学生はどう闘ってきたのか』一〇二頁、女たちの現在を問う会前掲『全共闘からリブへ』八八頁。

（31） 小林前掲、一一二―一一三頁。

（32） 革命的昆虫カメムシX・荘津巴「緊急対談」『COVEN vol.1』二〇一五年、六頁。

(33) 小林前掲、一〇七頁、女たちの現在を問う会前掲、一三七頁。
(34) 小林前掲、一三頁、女たちの現在を問う会前掲、一三一頁。
(35) 女たちの現在を問う会前掲、一一一頁。
(36) 小林前掲、一一五頁。
(37) 栗田前掲『ぼそぼそ声のフェミニズム』一八四頁。原典は以下のツイートとなる。https://twitter.com/waseda_akane/status/1385909166218297344; https://twitter.com/waseda_akane/status/1385910268447830016; https://twitter.com/waseda_akane/status/1385910610111631361（最終アクセス：二〇二一年一一月二九日）
(38) 栗田前掲『ぼそぼそ声のフェミニズム』一八四―一八七頁。
(39) 女たちの現在を問う会前掲、小林前掲。
(40) 池澤美月「旧優生保護法に取り組む学生の想い」『SOSHIREN ニュース女のからだから』第三八三号、二〇二一年、九頁。
(41) 予備聞き取り、二〇二〇年二月。
(42) 竹下美穂「東アジアフェミ事情」あくまで実践 獣フェミニスト集団ＦＲＯＧ編『今月のフェミ的』インパクト出版会、二〇〇七年、三六頁。
(43) 林前掲『足をどかしてくれませんか。』。
(44) Freeman, "The Tyranny of Structurelessness", op. cit.
(45) 石川優実『もう空気なんて読まない』河出書房新社、二〇二〇年。
(46) 依田那美紀・井上彼方「「ルッキズム」とどうやって生きてきたか――なかったことにしないための往復書簡」井上彼方編『社会・からだ・私についてフェミニズムと考える本』社会評論社、二〇二〇年、一〇四頁。
(47) 桐島さと子・東洋鍋子「「理解のある彼くん」について」ゆとり世代フェミニズム編『呪詛 vol.3』二〇二一年、二八―三七頁。
(48) Shin, "An Alternative Form of Women's Political Representation", op. cit.
(49) 富永京子『社会運動と若者――日常と出来事を往還する政治』ナカニシヤ出版、二〇一七年。

(50) ハラスメントを「スキャンダル」として処理した事例としては、台湾の「ひまわり運動」においても生じた。ひまわり運動においてリーダーの役割を担っていた陳為廷氏は運動の成功後、立法院補欠選挙に出馬表明するものの、過去の強制わいせつ事件が原因で出馬を取り下げざるを得なくなった事態が、ドキュメンタリー映画『私たちの青春、台湾』(二〇一八)にて描かれている。氏は事件が明るみに出た際「運動の際は特に問題にならなかった」と語っている。また、台湾と日本の社会運動参加率は、双方とも極めて低い(朝岡誠「誰がデモに参加するのか」田辺俊介編『民主主義の「危機」——国際比較調査からみる市民意識』勁草書房、二〇一四年)。

(51) English, "She Who Shall Not Be Named", op. cit., "Where Are All the Single Ladies?" op. cit.

あとがき

本書のプロジェクトが始動したのは、二〇一七年に遡る。執筆者の一人である山本圭氏（立命館大学）との共編著『ポスト代表制の政治学――デモクラシーの危機に抗して』（ナカニシヤ出版）を二〇一五年に公刊した後、内外で民主主義をめぐる様々なダイナミズムが続いた。

国内では、二〇一五年に平和安全法制に反対する大規模なデモが起き、「民主主義って何だ？」という声が路上に響いたことが急速に忘れられていく頃だった。

国外では、二〇一六年にイギリスでEU離脱（Brexit）の決定がなされ、アメリカではD・トランプが大統領選挙で勝利を収めた。民主主義が根付いている代表的な国として参照されてきた両国において多くの識者の想定外の現象が起き、その背景としてポピュリズムに注目が集まった。ポピュリズムの波は英米のみならず、世界各地に連鎖的な広がりを見せ、民主主義を活性化させるのか、それとも民主主義を破壊するのか、多くの議論が世界中で巻き起こった。

他方では、中国やロシアといった権威主義体制をとる諸国のプレゼンスが着目され、一度自由民主主義が定着していた諸国でも、再度、権威主義体制への接近が起きる「民主化の逆行」の事例が次々と起きた。世界の国々で、民主化の潮流は逆転して、それに代わって「権威主義化」が進んでいる、という指摘も着目された。

民主主義は他の支配の諸類型と比較して優位性を持つものなのか。現在、どのような困難につきあたっているのか。そうした中で代表制民主主義や自由民主主義は持続可能なのか。ポピュリズムや大規模デモ、社会運動は民主主義の一つの形なのか。もしそうであるならば多様な形を持つ民主主義の間の関係はどのようなものになるのか。民主主義とは何なのか。

こうした問いに答えるべく、多様な民主主義間の配置を明確化する研究構想が山崎、山本圭氏、高橋良輔氏の三名の間で共有され、二〇一七年にＪＳＰＳ科研費：基盤(C)「『ポスト代表制』時代の民主主義――新たなるコンステレーションの模索」（二〇一七年－二〇二一年：研究代表者：山崎望、17K03556）の助成を受けることになった。

しかしこうした難問に三人だけで挑むことは不可能であり、各分野で専門的知見を持ち優れた業績を上げてきた研究者に協力を呼びかけ、「民主主義理論研究会」を立ち上げた。幅広い年齢構成で、専門分野も政治理論、政治思想史、比較政治学、社会運動論と多岐にわたるメンバーたちと、二〇一七年から毎年、研究会を重ねて自由闊達な議論を行った。コロナ禍により思い通りに研究が進まない中でもオンライン研究会を開催し、本書の公刊に漕ぎつけることができた。多忙な中で研究会に参加して論文を寄せて頂いた執筆者には改めて感謝の意を表したい。

また「民主主義理論研究会」と共催形式で研究会を開催して頂いた、早稲田大学政治理論研究会、ＪＳＰＳ科研費：基盤(B)「動的均衡としての世界秩序研究――〝権力の形態学〟による検証」（二〇一六年－二〇一九年、研究代表者：齋藤純一先生、16H03581）、ＪＳＰＳ科研費：基盤(A)「資本主義と民主主義の両立（不）可能性の政治理論的研究」（二〇一九年―二〇二四年、研究代表者：田村哲樹先生、19H00579）の研究会に参加している皆様に感謝申し上げたい。

コロナ禍という想定外の出来事があったにもかかわらず、本書を公刊できたことは多くの方に支えて頂いたからに他ならない。一人一人お名前を記すことができないが改めて感謝する次第である。

研究プロジェクトが長期化する中で、民主主義をめぐる状況も変化し続けている。二〇二〇年のアメリカ大統領選挙では、接戦の末、J・バイデン候補がD・トランプ候補に勝利して大統領に就任したが、ブラック・ライブズ・マター運動の広がりにも象徴されるように、内戦に譬えられるほど政治的対立と社会的分断は深刻である。二〇二一年一月には連邦議会が開かれていた議事堂が、選挙の不正を訴えるトランプ大統領の支持者による襲撃を受け、一時的に占拠される事件が起きた。アメリカのみならず、自由民主主義の国々において社会的分断や政治的な混迷は深まっている。

また二〇一九年には香港で、逃亡犯条例改正案を撤回する要求に端を発し、香港民主化デモが起きたが中国共産党により弾圧され、二〇二〇年七月には香港国家安全法が施行され、香港における民主主義は形ばかりのものになった。さらに二〇二二年二月には、二〇一四年のクリミア危機に続き、ロシアがウクライナ全土への侵略を開始し、ウクライナの自由民主主義に危機が迫っている。多くの諸国がロシアへの経済制裁を行う中、ウクライナへの軍事支援を行うNATO諸国とロシアの軍事的緊張も高まり核兵器使用というエスカレーションの可能性すら指摘されている。冷戦期を彷彿とさせるように、世界が自由民主主義と権威主義によって二分され、民主主義の世紀ではなく、戦争の世紀へと向かっているかのようである。

本書でも指摘されているように、自由民主主義は内外から多様な形の脅威にさらされているが、いかにして民主主義を手放すことなく、持続させていくのか。民主主義は平等で多数者である民衆（demos）による支配である以上、その課題はわれわれ民衆の手にかかっている。何らかの形で、本書がアカデミズムの内外において、われわれ民衆の中で議論を喚起する一助となり、文字通り危機におかれた民主主義の刷新に貢献することが出来れば、本書の目的は達成されることになる。

本書の公刊は、法政大学出版局の奥田のぞみさんの尽力なしには不可能であった。出版についての相談をしてから、コロナ禍という想定外の出来事があったとはいえ、あまりに長い時間が経過してしまった。その間、的確な助言と励ましを頂いたことで本書の公刊が可能になった。執筆者を代表して感謝申し上げたい。

最後に、本書のプロジェクトの始動時に、大胆かつ魅力的な構想を共に作り上げた高橋良輔氏は本書を目にする前に、二〇二一年三月に天に召された。長い間、大切な友人であると共に研究に取り組んできた仲間であり、本書を心待ちにしていた高橋氏に本書を捧げたい。

＊本書はＪＳＰＳ科学研究費基盤(C)「『ポスト代表制』時代の民主主義――新たなるコンステレーションの模索」（二〇一七年―二〇二二年：研究代表者・山崎望、17K03556）の研究成果である。

二〇二二年六月

山崎　望

編者紹介

山崎 望（やまざき のぞむ）序論・第９章
駒澤大学法学部教授（現代政治理論）
主な業績：『来るべきデモクラシー――暴力と排除に抗して』，有信堂，2012年，『ポスト代表制の政治学――デモクラシーの危機に抗して』（共編著）ナカニシヤ出版，2015年，『奇妙なナショナリズムの時代――排外主義に抗して』（共編著）岩波書店，2015年，「21世紀に自由民主主義は生き残れるか――正統性の移行と再配置される暴力」日本国際政治学会編『国際政治』194号，2018年，『時政学への挑戦――政治研究の時間論的転回』（共編著）ミネルヴァ書房，2021年，「コロナ危機は自由民主主義を変えたのか？」宮本太郎編『自助社会を終わらせる』岩波書店，2022年など。

サピエンティア　65
民主主義に未来はあるのか？

2022年7月20日　初版第1刷発行

編　者　山崎 望
発行所　一般財団法人　法政大学出版局
〒102-0071　東京都千代田区富士見2-17-1
電話03（5214）5540／振替00160-6-95814
組版　言海書房／印刷　平文社／製本　積信堂
装幀　奥定泰之

ISBN 978-4-588-60365-5　Printed in Japan

大竹弘二（おおたけ こうじ）第7章
南山大学国際教養学部准教授（近現代ドイツ政治思想）
主な業績：『正戦と内戦――カール・シュミットの国際秩序思想』以文社，2009年，『公開性の根源――秘密政治の系譜学』太田出版，2018年ほか。

山本 圭（やまもと けい）第8章
立命館大学法学部准教授（現代政治理論，民主主義論）
主な業績：『不審者のデモクラシー――ラクラウの政治思想』岩波書店，2016年，『アンタゴニズムス――ポピュリズム〈以後〉の民主主義』共和国，2020年，『現代民主主義――指導者論から熟議，ポピュリズムまで』中公新書，2021年ほか。

富永京子（とみなが きょうこ）第10章
立命館大学産業社会学部准教授（社会運動論）
主な業績：『社会運動のサブカルチャー化―― G8サミット抗議行動の経験分析』，せりか書房，2016年，『社会運動と若者――日常と出来事を往還する政治』，ナカニシヤ出版，2017年，“Protest journey： the practices of constructing activist identity to choose and define the right type of activism”, *Interface* 12 (2), 2021ほか。

執筆者紹介（執筆順）

早川 誠（はやかわ まこと）第1章

立正大学法学部教授（現代政治理論）

主な業績：『代表制という思想』風行社，2014年，「国民投票は直接民主制か？」『現代思想』第50巻第3号，2022年ほか。

森 政稔（もり まさとし）第2章

東京大学大学院総合文化研究科・教養学部教授（社会思想史）

主な業績：『変貌する民主主義』ちくま新書，2008年，『戦後「社会科学」の思想——丸山眞男から新保守主義まで』NHKブックス，2020年ほか。

小川有美（おがわ ありよし）第3章

立教大学法学部教授（ヨーロッパ政治論）

主な業績：『ポスト代表制の比較政治——熟議と参加のデモクラシー』（編著）早稲田大学出版部，2007年，『ヨーロッパ・デモクラシー——危機と転換』（共編著）岩波書店，2018年ほか。

松尾隆佑（まつお りゅうすけ）第4章

宮崎大学テニュアトラック推進室講師（政治学，政治理論）

主な業績：『ポスト政治の政治理論——ステークホルダー・デモクラシーを編む』法政大学出版局，2019年，『3・11の政治理論——原発避難者支援と汚染廃棄物処理をめぐって』明石書店，2022年ほか。

内田 智（うちだ さとし）第5章

早稲田大学政治経済学術院招聘（特別）研究員，青山学院大学ほか非常勤講師（現代政治理論，国際政治思想）

主な業績：「現代デモクラシー論における熟議の認知的価値——政治における『理由づけ』の機能とその意義をめぐる検討」『政治思想研究』第19号，風行社，2019年，「もうひとつのグローバルな『批判的＝政治的』正義論の可能性——分配的正義論と政治的リアリズムを超えて」『思想』第1155号，岩波書店，2020年ほか。

板橋拓己（いたばし たくみ）第6章

東京大学法学部教授（国際政治史）

主な業績：『中欧の模索』創文社，2010年，『アデナウアー』中公新書，2014年，『黒いヨーロッパ』吉田書店，2016年ほか。